1890 GENEALOGICAL CENSUS RECONSTRUCTION

MISSOURI EDITION

VOLUME 3

Sherida K. Eddlemon

HERITAGE BOOKS
2004

HERITAGE BOOKS
AN IMPRINT OF HERITAGE BOOKS, INC.

Books, CDs, and more – Worldwide

For our listing of thousands of titles see our website
at
www.HeritageBooks.com

Published 2004 by
HERITAGE BOOKS, INC.
Publishing Division
65 East Main Street
Westminster, Maryland 21157-5026

COPYRIGHT © 2004 SHERIDA K. EDDLEMON

OTHER HERITAGE BOOKS AND CDS BY SHERIDA K EDDLEMON:
Index to the Arkansas General Land Office, 1820-1907, Volumes 1-8
Index to the Arkansas General Land Office, 1820-1907, Volumes 1-10 *CD*
A Genealogical Collection of Kentucky Birth and Death Records, Volume 1
Kentucky Genealogical Records & Abstracts, Volumes 1 & 2
1890 Genealogical Census Reconstruction, Mississippi Edition, Volumes 1 & 2
Missouri Genealogical Records & Abstracts, Volumes 1-7
Missouri Birth and Death Records, Volumes 1-4
Missouri Genealogical Gleanings 1840 and Beyond, Volumes 1-8
The "Show-Me" Guide to Missouri: Sources for Genealogical and Historical Research
Ten Thousand Missouri Taxpayers
Records of Randolph County, Missouri, 1833-1964
Ralls County, Missouri, Settlement Records, 1832-1853
Morgan County, Missouri, Marriage Records, 1833-1893
Lewis County, Missouri, Index to Circuit Court Records Vol. 1, 1833-1841 & Vol 2, 1841-1851
Genealogical Abstracts from Missouri Church Records and Other Religious Sources, Vol 1
Callaway County, Missouri, Marriage Records, 1821 to 1871
Butler County, Missouri, Genealogical Tidbits
HB Archives: Missouri Volumes 1 & 3 *CD*
1890 Genealogical Census Reconstruction, Missouri Edition, Volume 1 & 2
Genealogical Gleanings from New York Fraternal Organizations, Volume 1
Our Ancestors of Albany County, New York, Volume 1
1890 Genealogical Census Reconstruction, Ohio Edition, Volume 1
Our Ancestors of Cuyahoga County, Ohio: Volume 1
1890 Genealogical Census Reconstruction, Tennessee Edition, Volume 1
Tennessee Genealogical Records and Abstracts, 1787-1839, Volume 1
Dickson County, Tennessee, Marriages
Genealogical Abstracts From Tennessee Newspapers, 1791-1808
Genealogical Abstracts From Tennessee Newspapers, 1803-1812
Genealogical Abstracts From Tennessee Newspapers, 1821-1828
Tennessee Genealogical Records *CD*
Genealogical Abstracts of the Cumberland Presbyterian Church, Vol. 1, 1836 and Beyond

All rights reserved. No part of this book may be reproduced or transmitted in any form or by any means, electronic or mechanical, including photocopying, recording or by any information storage and retrieval system without written permission from the author, except for the inclusion of brief quotations in a review.

International Standard Book Number: 0-7884-2591-9

PREFACE

For years as a beginning genealogist, I was told that the 1890 Population Census was destroyed by fire in 1921. This is the third volume in a series using alternate sources devoted to reconstruction of individuals that may have been listed on the destroyed 1890 census. Data is collected between the time periods of 1881 to 1891.

However the destruction and lost of these records was not as simple as that. This census included much more information and was surrounded with complaints and controversy. Officials from New York and Minnesota were accused of adding fraudulent names for political reasons.

The records of the 1890 census were not in the vault. At that time there was not a National Archives to house the records. Firemen trampled over volumes and poured thousands of gallons of water to extinguish the fire. The basement vault with volumes damaged by water were from the years 1830, 1840, 1880, 1900 and 1910. Most of these volumes were opened dried and salvaged. The census schedules of 1790-1820 and 1850-1870 were on a separate floor and not damaged. The 1920 census was housed in a different building.

To this day it unknown exactly what caused the fire to happen. The cause of the fire was shrouded in rumor and speculation. The one thing that everyone agreed on that the fire had not been burning long when it was reported by James Foster, government employee. The fire was a national disaster and drew attention to the country's paper heritage. A fire could have easily have consumed the Declaration of Independence and the Constitution.

For some reason no salvage attempts were made to preserve the soaked 1890 census. There was extreme pressure from the Library of Congress, the National Genealogical Society, and the Daughters of the American Revolution to get Congress and President Hoover to try to save the 1890 census.

In May 1921 the new census director, William Steuart, arranged for the records to be returned to the census building and try to put them in some kind of order. Not much else is clear but in December, 1932 according to the federal regulation of that time, the Chief Clerk of the Bureau of Census sent a list to the Librarian of Congress a list of papers scheduled for destruction. Item 22 on that list was the 1890 census and the Librarian did not identify 1890 Original population schedules as a permanent record.

On February 21, 1933 Congress ordered the destruction of 1890 census. It is unknown the exact date of their destruction. Some records point to the destruction as late as 1935 and others in 1934. The one ironic note to this entire event is that the destruction of these priceless records was ordered by Congress one day before the cornerstone for the new National Archives was laid to ground. A few fragments of the 1890 census were missed by the congressional destruction order and have been microfilmed. They are from the states of Alabama, Georgia, Illinois, Minnesota, New Jersey, New York, North Carolina, Ohio, South Dakota, Texas and the District of Columbia. There are approximately 6,100 name on the fragments.

Was it because of political intrigue? Was it just simple bungling on the part of a government official? Where was the public outcry from the genealogy and historical societies? What were the reasons the 1890 census was destroyed along with the information it contacted on our ancestors? Hopefully, you will find your missing ancestor with the pages of this book.

ABBREVATIONS

B	Born
D	Died
PRTS	Parents
MD	Marriage Date
CO	County
CMTS	Comments
C	Cemetery
ID	Issue Date
BP	Birth Place
DP	Place of Death
IDM	Issue date of Marriage License
RDM	Return date of Marriage License
L	Land
MIL	Military Information
PMD	Place of Marriage
Race	Race

Aaronson, Johan Adolf: (DI) Jul. 16, 1892, (A) 21Y, (B) 1871, (BP) Sweden, (CO) St. Louis

Abbott, William: (CMTS) 1899 Tax List, Crawford Twp., Wallace, (CO) Buchanan

Abernathey, Jacob J.: (ID) Aug. 22, 1894, (L) Booneville, (AN) MO3420.327, (CO) Adair

Abernathy, J. S.: (CEN) 1893 NE State Census, MO Veterans, (MIL) 21th MO Infantry, Co. I, (RES) Alma, NE

Able, Celeste: (A) 21Y, (BP) MO, (B) 1899, (Race) White, (CEN) 1920 Census San Francisco, San Francisco Co., CA

Achey, Jonathan: (ID) Sep. 5, 1895, (L) Springfield, (AN) MO6010.146, (CO) Taney

Acquaviova, Salvatore: (DI) Apr. 6, 1896, (A) 24Y, (B) 1872, (BP) Italy, (CO) St. Louis

Acquaviva, Joseph: (DI) Apr. 6, 1896, (A) 40Y, (B) 1856, (BP) Italy, (CO) St. Louis

Acton, Oliver L.: (ID) Feb. 6, 1892, (L) Springfield, (AN) MO5960.040, (CO) Taney

Actor, John A.: (A) 21Y, (BP) MO, (B) 1899, (Race) White, (CEN) 1920 Census Monterey, Monterey Co., CA

Adams, Angeline: (ID) Dec. 20, 1881, (L) Springfield, (AN) MO5890.093, (CO) Taney

Adams, Edward R.: (A) 21Y, (BP) MO, (B) 1899, (Race) White, (CEN) 1920 Census Inglewood, Los Angeles Co., CA

Adams, Elijah W.: (ID) Aug. 24, 1897, (L) Springfield, (AN) MO6020.445, (CO) Taney

Adams, Jesse: (ID) Jan. 30, 1889, (L) Springfield, (AN) MO5910.464, (CO) Taney

Adams, Jesse: (ID) Dec. 20, 1881, (L) Springfield, (AN) MO5890.093, (CO) Taney

Adams, Lucy: (B) 1887, (D) 1894, (CO) Ray, (C) Crowley Cemetery

Adams, William J.: (ID) Apr. 6, 1898, (L) Springfield, (AN) MO6030.197, (CO) Taney

Adams, William R.: (OC) Postmaster, Goodloe, Dec. 18, 1893, (CO) Taney

Adams, Susan B.: (OC) Postmaster, Goodloe, Jun. 10, 1899, (CO) Taney

Adams. Isaac F.: (OC) Postmaster, Brown Branch, Oct. 27, 1898, (CO) Taney

Addison, John F.: (ID) Dec. 3, 1892, (L) Springfield, (AN) MO5980.275, (CO) Laclede

Agee, George W.: (ID) Mar. 17, 1892, (L) Springfield, (AN) MO5970.046, (CO) Laclede

Ahmann, Orie H.: (A) 21Y, (BP) MO, (B) 1899, (Race) White, (CEN) 1920 Census Riverside, Riverside Co., CA

Ahrens, George: (DI) Apr. 4, 1896, (A) 55Y, (B) 1841, (BP) Germany,

(CO) St. Louis

Aird, Hugh: (CEN) 1893 NE State Census, MO Veterans, (MIL) 1st MO Infantry, Co. D, (RES) Nebraska City, NE

Aitken, Katherine: (A) 21Y, (BP) MO, (B) 1899, (Race) White, (CEN) 1920 Census San Francisco, San Francisco Co., CA

Albalt, John: (DI) Oct. 21, 1890, (A) 50Y, (B) 1840, (BP) Germany, (CO) St. Louis

Albright, Albert D.: (OC) Blacksmith, (RES) Kansas City, MO, (CMTS) City Directory Kansas City, MO, 1899

Albright, William H.: (A) 21Y, (BP) MO, (B) 1899, (Race) White, (CEN) 1920 Census Los Angeles, Los Angeles Co., CA

Alder, Frances: (B) 1861, (D) 1898, (CO) Ray, (C) Crowley Cemetery

Alder, Kelly: (B) 1886, (D) 1887, (CO) Ray, (C) Crowley Cemetery

Alexander, Charles A.: (A) 21Y, (BP) MO, (B) 1899, (Race) White, (CEN) 1920 Census Placentia, Orange Co., CA

Alexander, Charlotte: (A) 21Y, (B) 1899, (BP) MO, (Race) White, (CEN) 1920 Census Lebanon, Laclede Co., MO

Alexander, James C.: (A) 21Y, (BP) MO, (B) 1899, (Race) White, (CEN) 1920 Census San Bernardino, San Bernardino Co., CA

Alexander, John D.: (B) Feb. 2, 1817, (D) May 2, 1892, (DP) Mercer Co., MO

Alexander, Ray: (B) Aug. 26, 1899, (D) Jan, 1977, (RES) Lebanon, MO, (CO) Laclede

Alexander, William: (ID) May 25, 1883, (L) Booneville, (AN) MO3290.202, (CO) Hickory

Alkire, Henry T.: (ID) May 23, 1898, (L) Booneville, (AN) MO1150.323, (CO) Holt

Allaire, Covert I.: (OC) Blacksmith, (RES) Kansas City, MO, (CMTS) City Directory Kansas City, MO, 1899

Allen, Joseph: (ID) Mar. 25, 1896, (L) Booneville, (AN) MO3430.141, (CO) Laclede

Allen, Joseph N.: (CEN) 1893 NE State Census, MO Veterans, (MIL) 6th MO S. M., Co. B, (RES) Mt Clare, NE

Allen, Joshua: (ID) Apr. 6, 1898, (L) Springfield, (AN) MO6030.263, (CO) Taney

Allen, Leven Cooper: (BP) MO, (MIL) U. S. Army. Reg. Adj.. Apr. 26, 1883-Apr. 26, 1887, Capt., Feb. 24, 1891, Maj. 12th Inf., Oct. 10, 1899

Allen, Marion D.: (MD) Nov. 13, 1881, (Spouse) Elizabeth J. McGinis, (CO) Laclede

Allen, Thomas J.: (ID) Jun. 1, 1882, (L) Springfield, (AN) MO5760.057, (CO) Taney

Allen, Thomas J.: (ID) Nov. 10, 1882, (L) Springfield, (AN) MO5760.184, (CO) Taney

Allen, W. P.: (CEN) 1893 NE State Census, MO Veterans, (MIL) 21th MO Infantry, Co. F, (RES) Homer, NE

Allen, Wilce L.: (ID) Jul. 3, 1897, (L) Booneville, (AN) MO3430.386, (CO) Hickory

Allen, William: (MD) Feb. 8, 1882, (Spouse) Elisabeth Blewett, (CO) Laclede

Allen, William T.: (MD) Feb. 24, 1881, (Spouse) Mary E. Casey, (CO) Laclede

Allen, Joshua: (OC) Postmaster, Day, Nov. 16, 1892, (CO) Taney

Alley, Samuel M.: (ID) Jul. 17, 1890, (L) Springfield, (AN) MO5930.094, (CO) Taney

Allison, Charles C.: (ID) Feb. 26, 1891, (L) Booneville, (AN) MO3410.003, (CO) Laclede

Allison, William: (ID) Jun. 30, 1884, (L) Booneville, (AN) MO3390.014, (CO) Laclede

Alms, Andrew: (ID) Sep. 5, 1890, (L) Springfield, (AN) MO5930.461, (CO) Taney

Alms, Fletcher: (ID) Apr. 11, 1892, (L) Springfield, (AN) MO5970.277, (CO) Taney

Alms, George: (ID) Jul. 17, 1890, (L) Springfield, (AN) MO5930.137, (CO) Taney

Alms, Henry G.: (ID) Apr. 1, 1892, (L) Springfield, (AN) MO5970.181, (CO) Taney

Alms, John: (ID) Jan. 18, 1892, (L) Springfield, (AN) MO5950.472, (CO) Taney

Aloe, Alfred: (BP) MO, Corp. CO. E, 8th Cav., Jan. 25, 1887-Sep. 18, 1898, 1st Lt. 2nd MO Inf., May 17, 1898-Aug. 1, 1898

Alsop, Robert Joseph: (DI) Jul. 8, 1891, (A) 25Y, (B) 1866, (BP) New Foundland, (CO) St. Louis

Alsup, George W.: (ID) Oct. 10, 1896, (L) Springfield, (AN) MO5800.047, (CO) Taney

Alsup, James W.: (ID) Nov. 16, 1897, (L) Springfield, (AN) MO5800.157, (CO) Taney

Altimus, Peter: (OC) Blacksmith, (RES) Kansas City, MO, (CMTS) City Directory Kansas City, MO, 1899

Alumbaugh, Joe: (A) 21Y, (BP) MO, (B) 1899, (Race) White, (CEN) 1920 Census Riverside, Riverside Co., CA

Alyea, Florance E.: (A) 21Y, (BP) MO, (B) 1899, (Race) White, (CEN) 1920 Census Corona, Riverside Co., CA

Ammerman, I. J.: (CEN) 1893 NE State Census, MO Veterans, (MIL) 8th MO Cavalry, Co. K, (RES) So Sioux City, NE

Anders, G. H.: (CEN) 1893 NE State Census, MO Veterans, (MIL) 41st MO Infantry, Co. I, (RES) Pine Glen, NE

Andersag, Bartholome: (ID) Sep. 23, 1893, (L) Springfield, (AN) MO5990.234, (CO) Taney

Andersag, Peter: (ID) Oct. 21, 1891, (L) Springfield, (AN) MO5950.112, (CO) Taney

Andersen, John M.: (MD) Dec. 15, 1881, (Spouse) Harriet A. James, (CO)

Laclede
Anderson, Aaron T.: (ID) Mar. 13, 1895, (L) Springfield, (AN) MO6000.406, (CO) Laclede
Anderson, August G.: (OC) Blacksmith, (RES) Kansas City, MO, (CMTS) City Directory Kansas City, MO, 1899
Anderson, D. L.: (CEN) 1893 NE State Census, MO Veterans, (MIL) 1st MO Infantry, Co. K, (RES) Ashland, NE
Anderson, J. B.: (CMTS) 1899 Tax List, Crawford Twp. Wallace, (CO) Buchanan
Anderson, James M.: (CMTS) 1899 Tax List, Crawford Twp., Wallace, (CO) Buchanan
Anderson, John A.: (ID) Sep. 7, 1892, (L) Booneville, (AN) MO6060.386, (CO) Hickory
Anderson, L. S.: (CMTS) 1899 Tax List, Crawford Twp., Wallace, (CO) Buchanan
Anderson, Nelson P.: (OC) Blacksmith, (RES) Kansas City, MO, (CMTS) City Directory Kansas City, MO, 1899
Anderson, R. D.: (CEN) 1893 NE State Census, MO Veterans, (MIL) 7th MO Cavalry, Co. H, (RES) DeWitt, NE
Anderson, R. E. L.: (CMTS) 1899 Tax List, Crawford Twp., Wallace, (CO) Buchanan, Wallace
Anderson, Samuel H.: (MD) Jan. 1, 1882, (Spouse) Melissa E. Weaver, (CO) Laclede
Anderson, W. S.: (CMTS) 1899 Tax List, Crawford Twp., Dearborn, (CO) Buchanan
Andrew, Harold S.: (A) 21Y, (BP) MO, (B) 1899, (Race) White, (CEN) 1920 Census Los Angeles, Los Angeles Co., CA
Andrews, George W.: (ID) Mar. 13, 1895, (L) Springfield, (AN) MO6000.336, (CO) Laclede
Andrews, James F.: (CEN) 1893 NE State Census, MO Veterans, (MIL) 11th MO Cavalry, Co. M, (RES) Lamar, NE
Andrews, Julian E.: (ID) Jun. 23, 1888, (L) Springfield, (AN) MO5900.426, (CO) Taney
Andric, Pete: (A) 21Y, (B) 1899, (BP) MO, (Race) White, (CEN) 1920 Census Osage, Laclede Co., MO
Angst, Carl L.: (B) 1898, (BP) IA, (CEN) 1920 Census Union, Laclede Co., MO
Annis, John: (DI) Apr. 6, 1896, (A) 43Y, (B) 1853, (BP) Poland, (CO) St. Louis
Anschuetz, Otto: (Song) *The Little Flatterer*, (PUB) Kunkel Bros., St. Louis, 1885
Anwander, Julius: (OC) Blacksmith, (RES) Kansas City, MO, (CMTS) City Directory Kansas City, MO, 1899
Anzalone, John: (DI) Apr. 6, 1896, (A) 26Y, (B) 1870, (BP) Italy, (CO) St. Louis
Appel, Louis: (DI) Oct. 6, 1892, (A) 30Y, (B) 1862, (BP) Germany, (CO)

St. Louis
Applegate, I. P.: (CEN) 1893 NE State Census, MO Veterans, (MIL) 43rd MO Infantry, Co. F, (RES) Ong, NE
Appling, Joseph S.: (MD) Jan. 29, 1882, (Spouse) Annie Worley, (CO) Laclede
Archer, Elijah: (CEN) 1893 NE State Census, MO Veterans, (MIL) 29th MO Infantry, Co. C, (RES) Geneva, NE
Archie, Babe: (A) 21Y, (BP) MO, (B) 1899, (Race) White, (CEN) 1920 Census Vallejo, Solano Co., CA
Arena, Tony: (DI) Apr. 6, 1896, (A) 21Y, (B) 1875, (BP) Italy, (CO) St. Louis
Areno, Pietro: (DI) Apr. 6, 1896, (A) 30Y, (B) 1866, (BP) Italy, (CO) St. Louis
Argabright, J. H.: (CEN) 1893 NE State Census, MO Veterans, (MIL) 12th MO Cavalry, Co. G, (RES) Nemaha, NE
Armstrong, Albert: (CEN) 1893 NE State Census, MO Veterans, (MIL) 7th MO Cavalry, Co. E, (RES) Syracuse, NE
Armstrong, Albert A.: (B) Mar. 10, 1886, (BP) Lexington, MO, (CO) Lafayette, (PRTS) Joseph Armstrong and Sarah F. Allen
Armstrong, William A.: (B) Dec. 7, 1881, (D) Mar. 4, 1963, (BP) Anderson, MO, (CO) McDonald, (PRTS) Michael Armstrong
Arnold, Ama: (A) 21Y, (B) 1899, (BP) MO, (Race) White, (CEN) 1920 Census Lebanon, Laclede Co., MO
Arnold, Anthony A.: (ID) Jan. 21, 1893, (L) Booneville, (AN) MO3300.334, (CO) Laclede
Arnold, Emery: (MD) Aug. 24, 1882, (Spouse) Rebecca Bray, (CO) Laclede
Arnold, Fred C.: (A) 21Y, (BP) MO, (B) 1899, (Race) White, (CEN) 1920 Census Vallejo, Solano Co., CA
Arnold, Harvey L.: (ID) May 31, 1899, (L) Springfield, (AN) MO6060.230, (CO) Laclede
Arnold, Isaac H.: (ID) Apr. 25, 1898, (L) Springfield, (AN) MO1150.279, (CO) Taney
Arnold, Mary A.: (ID) Nov. 11, 1895, (L) Springfield, (AN) MO6010.235, (CO) Laclede
Arnold, Richard: (ID) Oct. 10, 1896, (L) Springfield, (AN) MO5800.044, (CO) Taney
Asbury, Harry H.: (ID) Aug. 20, 1892, (L) Booneville, (AN) MO3300.305, (CO) Hickory
Ascher, ????: (Song) *O Hear Our Prayer*, (PUB) Reade & Stevens, Kansas City, 1884
Asewath, Grace: (A) 21Y, (BP) MO, (B) 1899, (Race) White, (CEN) 1920 Census Fresno, Fresno Co., CA
Ashbaugh, John: (CMTS) 1899 Tax List, Crawford Twp., Halleck, (CO) Buchanan
Ashbaugh, William: (CMTS) 1899 Tax List, Crawford Twp., Halleck,

(CO) Buchanan
Asher, Raul: (A) 21Y, (BP) MO, (B) 1899, (Race) White, (CEN) 1920 Census Vallejo, Solano Co., CA
Ashley, Amos: (ID) Jul. 17, 1890, (L) Springfield, (AN) MO5930.265, (CO) Taney
Ashley, William J.: (MD) Jan. 17, 1882, (Spouse) Maggie Walker, (CO) Miller
Aspey, Joseph: (ID) May 31, 1892, (L) Booneville, (AN) MO3410.410, (CO) Hickory
Atchley, Elizabeth M.: (ID) Nov. 9, 1891, (L) Booneville, (AN) MO3410.117, (CO) Hickory
Atchley, Thomas V.: (ID) Nov. 9, 1891, (L) Booneville, (AN) MO3410.117, (CO) Hickory
Atkins, George B.: (OC) Blacksmith, (RES) Kansas City, MO, (CMTS) City Directory Kansas City, MO, 1899
Atkins, John T.: (OC) Blacksmith, (RES) Kansas City, MO, (CMTS) City Directory Kansas City, MO, 1899
Atkinson, A C.: (ID) Jun. 23, 1888, (L) Springfield, (AN) MO5900.382, (CO) Taney
Atkinson, Charley: (B) Nov. 16, 1899, (D) Jun, 1983, (RES) Lebanon, MO, (CO) Laclede
Atkinson, F. W.: (OC) Blacksmith, (RES) Kansas City, MO, (CMTS) City Directory Kansas City, MO, 1899
Atkinson, John H.: (ID) May 31, 1892, (L) Springfield, (AN) MO5970.325, (CO) Taney
Atkinson, Salina: (ID) Jun. 23, 1888, (L) Springfield, (AN) MO5900.382, (CO) Taney
Atkinson, Samuel J.: (CEN) 1893 NE State Census, MO Veterans, (MIL) 2nd MO Cavalry, Co. D, (RES) Fairmont, NE
Atkisson, John S.: (ID) Mar. 2, 1897, (L) Springfield, (AN) MO6020.226, (CO) Taney
Atwood, Albert: (MD) Sep. 14, 1895, (Spouse) Mrs. Mary Ann Rosenbaum, (CO) Howell
Atwood, Albert S.: (A) 21Y, (BP) MO, (B) 1899, (Race) White, (CEN) 1920 Census Suisun, Solano Co., CA
Atwood, Francis M.: (ID) Nov. 21, 1896, (L) Springfield, (AN) MO5800.099, (CO) Laclede
Austin, Glenn: (A) 21Y, (BP) MO, (B) 1899, (Race) White, (CEN) 1920 Census San Diego, San Diego Co., CA
Austmeyer, Henry: (OC) Blacksmith, (RES) Kansas City, MO, (CMTS) City Directory Kansas City, MO, 1899
Awbery, Joseph R.: (ID) Jan. 21, 1893, (L) Springfield, (AN) MO5980.382, (CO) Taney
Awbrey, Jerry: (ID) Sep. 5, 1895, (L) Springfield, (AN) MO6010.147, (CO) Taney
Awbrey, William H.: (ID) Mar. 7, 1892, (L) Springfield, (AN)

MO5960.474, (CO) Taney
Ayres, Martha M.: (ID) Sep. 15, 1893, (L) Springfield, (AN) MO5990.223, (CO) Taney
Ayres, Vinson M.: (ID) Jul. 17, 1890, (L) Springfield, (AN) MO5930.162, (CO) Taney
Azlein, H. H.: (CMTS) 1899 Tax List, Crawford Twp., Wallace, (CO) Buchanan
Babb, Brigna M.: (B) 1898, (BP) MO, (CEN) 1920 Census, Franklin, Laclede Co., MO
Baches, Eunice N.: (A) 21Y, (BP) MO, (B) 1899, (Race) White, (CEN) 1920 Census Stockton, San Joaquin Co., CA
Bachtold, Andrew: (OC) Blacksmith, (RES) Kansas City, MO, (CMTS) City Directory Kansas City, MO, 1899
Backman, William J.: (A) 21Y, (BP) MO, (B) 1899, (Race) White, (CEN) 1920 Census, Pasadena, Los Angeles Co., CA
Bacon, Ivon G.: (A) 21Y, (B) 1899, (BP) MO, (Race) White, (CEN) 1920 Census Lebanon, Laclede Co., MO
Bacon, Mollie: (B) Oct. 6, 1899, (D) May, 1968, (RES) Lebanon, MO, (CO) Laclede
Baer, Frederick: (DI) Jun. 8, 1894, (A) 37Y, (B) 1857, (BP) Germany, (CO) St. Louis
Bafummo, Eveole: (DI) Jan. 23, 1891, (A) 33Y, (B) 1858, (BP) Italy, (CO) St. Louis
Bafunno, Antonio: (DI) Dec. 5, 1890, (A) 39Y, (B) 1851, (BP) Italy, (CO) St. Louis
Bagley, Allen R.: (ID) Aug. 10, 1888, (L) Springfield, (AN) MO5910.242, (CO) Taney
Bagnell, Robert: (DI) Nov. 9, 1894, (A) 53Y, (B) 1841, (BP) Canada, (CO) St. Louis
Bailey, Calvin: (ID) Aug. 9, 1895, (L) Springfield, (AN) MO6010.123, (CO) Taney
Bailey, Charlie A.: (A) 21Y, (BP) MO, (B) 1899, (Race) White, (CEN) 1920 Census Angel Island, Marin Co., CA
Bailey, N. C.: (ID) Feb. 24, 1892, (L) Booneville, (AN) MO3420.260, (CO) Hickory
Bailey, William A.: (ID) Apr. 18, 1895, (L) Booneville, (AN) MO3420.483, (CO) Laclede
Baily, Walter B.: (ID) Feb. 5, 1891, (L) Booneville, (AN) MO3400.429, (CO) Hickory
Bain, W. A.: (CEN) 1893 NE State Census, MO Veterans, (MIL) 44th MO Infantry, Co. A, (RES) Elk Creek, NE
Bains, Frank W.: (A) 21Y, (BP) MO, (B) 1899, (Race) White, (CEN) 1920 Census Vallejo, Solano Co., CA
Bainter, James: (CEN) 1893 NE State Census, MO Veterans, (MIL) 1st MO Cavalry, Co. B, (RES) Spring Ranch, NE
Baird, Henry L.: (OC) Blacksmith, (RES) Kansas City, MO, (CMTS)

City Directory Kansas City, MO, 1899
Baird, T. W.: (CEN) 1893 NE State Census, MO Veterans, (MIL) 21st MO Infantry, Co. B, (RES) Steel City, NE
Bakeman, Nellie: (A) 21Y, (BP) MO, (B) 1899, (Race) White, (CEN) 1920 Census Fresno, Fresno Co., CA
Baker, Cecil: (A) 21Y, (BP) MO, (B) 1899, (Race) White, (CEN) 1920 Census Township 3, Fresno Co., CA
Baker, E. M.: (CEN) 1893 NE State Census, MO Veterans, (MIL) 5th MO Cavalry, Co. D, (RES) Auburn, NE
Baker, Frank: (OC) Blacksmith, (RES) Kansas City, MO, (CMTS) City Directory Kansas City, MO, 1899
Baker, John C.: (ID) Jan. 25, 1896, (L) Springfield, (AN) MO6010.261, (CO) Laclede
Baker, Leon J.: (A) 21Y, (BP) MO, (B) 1899, (Race) White, (CEN) 1920 Census Los Angeles, Los Angeles Co., CA
Baker, Louis C.: (OC) Blacksmith, (RES) Kansas City, MO, (CMTS) City Directory Kansas City, MO, 1899
Baker, Luther V.: (ID) Sep. 25, 1894, (L) Springfield, (AN) MO5990.474, (CO) Taney
Baker, Mrs. M. S.: (CMTS) 1899 Tax List, Crawford Twp., Halleck, (CO) Buchanan
Baker, Oliver: (CEN) 1893 NE State Census, MO Veterans, (MIL) 12th MO Cavalry, Co. M, (RES) Oak, NE
Baker, Robert A.: (ID) Apr. 17, 1899, (L) Springfield, (AN) MO6060.101, (CO) Taney
Baker, Robert A.: (ID) Oct. 21, 1891, (L) Springfield, (AN) MO5950.217, (CO) Taney
Baker, Jr., Zeb.: (CMTS) 1899 Tax List, Crawford Twp., Halleck, (CO) Buchanan
Baker, Zola: (B) Aug. 23, 1899, (D) Nov., 1975, (RES) Conway, MO, (CO) Laclede
Baler, S. F.: (MD) May 22, 1881, (Spouse) Missouri F. Baler, (CO) Laclede
Ballard, John K.: (ID) Nov. 13, 1895, (L) Booneville, (AN) MO3300.495, (CO) Laclede
Ballard, Ollice: (A) 21Y, (BP) MO, (B) 1899, (Race) White, (CEN) 1920 Census Napa, Napa Co., CA
Balling, Charles A.: (OC) Blacksmith, (RES) Kansas City, MO, (CMTS) City Directory Kansas City, MO, 1899
Banke, Mary E.: (A) 21Y, (BP) MO, (B) 1899, (Race) White, (CEN) 1920 Census Berkeley, Alameda Co., CA
Banks, Israel: (CEN) 1893 NE State Census, MO Veterans, (MIL) 26th MO Infantry, Co. I, (RES) Auburn, NE
Banks, William: (ID) Aug. 15, 1898, (L) Plattsburg, (AN) MO1150.344, (CO) Holt
Banning, Ray: (B) Sep. 22, 1899, (D) Dec. 27, 1987, (RES) Phillipsburg,

MO, (CO) Laclede
Bannon, Francis M.: (A) 21Y, (BP) MO, (B) 1899, (Race) White, (CEN) 1920 Census Los Angeles, Los Angeles Co., CA
Barbee, Ellen: (A) 21Y, (BP) MO, (B) 1899, (Race) White, (CEN) 1920 Census Los Angeles, Los Angeles Co., CA
Barbee, J. L.: (CMTS) 1899 Tax List, Crawford Twp., Wallace, (CO) Buchanan
Barbee, J. S.: (CMTS) 1899 Tax List, Crawford Twp., Wallace, (CO) Buchanan
Barbee, James D.: (CMTS) 1899 Tax List, Crawford Twp., Wallace, (CO) Buchanan
Barbee, Miss Kate: (CMTS) 1899 Tax List, Crawford Twp., Wallace, (CO) Buchanan
Barber, Thomas J.: (ID) Jul. 3, 1888, (L) Springfield, (AN) MO5910.189, (CO) Taney
Barclay, Rufus O.: (MD) Nov. 25, 1882, (Spouse) Mary A. Bench, (CO) Laclede
Barger, George: (ID) Jan. 7, 1893, (L) Booneville, (AN) MO3420.077, (CO) Hickory
Barger, George M.: (ID) Nov. 28, 1896, (L) Springfield, (AN) MO6020.168, (CO) Taney
Barham, Leshi T.: (A) 21Y, (BP) MO, (B) 1899, (Race) White, (CEN) 1920 Census San Joaquin, Sacramento Co., CA
Barham, Seth L.: (ID) Jan. 14, 1899, (L) Springfield, (AN) MO1150.404, (CO) Taney
Barham, Seth L.: (ID) Jan. 14, 1899, (L) Springfield, (AN) MO1150.405, (CO) Taney
Barhart, Lela: (A) 21Y, (BP) MO, (B) 1899, (Race) White, (CEN) 1920 Census Glendale, Los Angeles Co., CA
Bariletti, John: (DI) Oct. 13, 1896, (A) 25Y, (B) 1871, (BP) Italy, (CO) St. Louis
Barker, Abraham L.: (MD) Nov. 4, 1882, (Spouse) Ordella Taylor, (CO) Laclede
Barker, John C.: (ID) Oct. 7, 1893, (L) Springfield, (AN) MO5990.300, (CO) Laclede
Barker, John D.: (ID) Nov. 21, 1888, (L) Booneville, (AN) MO3300.036, (CO) Hickory
Barker, John D.: (ID) Nov. 21, 1888, (L) Booneville, (AN) MO3300.037, (CO) Hickory
Barker, John D.: (ID) Nov. 21, 1888, (L) Booneville, (AN) MO3300.038, (CO) Hickory
Barker, John D.: (ID) Nov. 21, 1888, (L) Booneville, (AN) MO3300.039, (CO) Hickory
Barker, John D.: (ID) Sep. 26, 1889, (L) Booneville, (AN) MO3300.094, (CO) Hickory
Barler, William A.: (MD) Sep. 25, 1881, (Spouse) Mary A. Tosh, (CO)

Laclede
Barlow, Joseph B.: (ID) Mar. 7, 1892, (L) Springfield, (AN) MO5960.343, (CO) Laclede
Barnes, John L.: (ID) Mar. 13, 1895, (L) Springfield, (AN) MO6000.320, (CO) Laclede
Barnes, Richard: (A) 21Y, (BP) MO, (B) 1899, (Race) White, (CEN) 1920 Census Los Angeles, Los Angeles Co., CA
Barnes, Samuel T.: (ID) Aug. 24, 1897, (L) Booneville, (AN) MO3430.445, (CO) Laclede
Barnett, John E.: (MD) Jan. 11, 1882, (Spouse) Annie I. Davis, (CO) Laclede
Barnett, Thomas M.: (A) 21Y, (B) 1899, (BP) MO, (Race) White, (CEN) 1920 Census Franklin, Laclede Co., MO
Barnhart, George N.: (ID) Dec. 1, 1896, (L) Fayette, (AN) MO3310.061, (CO) Osage
Barr, Jacob: (ID) May 28, 1889, (L) Springfield, (AN) MO5780.283, (CO) Taney
Barr, Sien M.: (MD) Aug. 13, 1882, (Spouse) Margaret Robertson, (CO) Laclede
Barr, Sion M.: (ID) Jan. 20, 1881, (L) Springfield, (AN) MO5890.009, (CO) Laclede
Barrett, David: (DI) Apr. 1, 1896, (A) 44Y, (B) 1852, (BP) Ireland, (CO) St. Louis
Barrett, James: (B) May 13, 1899, (D) Dec, 1987, (RES) Phillipsburg, MO, (CO) Laclede
Barrett, John H.: (DI) Apr. 1, 1896, (A) 29Y, (B) 1867, (BP) Ireland, (CO) St. Louis
Barry, John: (DI) Apr. 4, 1896, (A) 37Y, (B) 1859, (BP) Ireland, (CO) St. Louis
Barry, Patrick: (DI) Apr. 6, 1896, (A) 65Y, (B) 1831, (BP) Ireland, (CO) St. Louis
Bartholdt, William: (OC) Blacksmith, (RES) Kansas City, MO, (CMTS) City Directory Kansas City, MO, 1899
Bartholomew, Clara: (A) 21Y, (BP) MO, (B) 1899, (Race) White, (CEN) 1920 Census Los Angeles, Los Angeles Co., CA
Bartholomew, Claude C.: (A) 21Y, (BP) MO, (B) 1899, (Race) White, (CEN) 1920 Census San Diego, San Diego Co., CA
Barton, William: (MD) Sep. 6, 1882, (Spouse) Katy Wilson, (CO) Laclede
Bartshe, Daniel: (ID) Nov. 1, 1890, (L) Booneville, (AN) MO3400.300, (CO) Hickory
Bartshe, James: (ID) Jan. 20, 1881, (L) Booneville, (AN) MO3380.133, (CO) Hickory
Basey, Homer: (A) 21Y, (BP) MO, (B) 1899, (Race) Colored, (CEN) 1920 Census Los Angeles, Los Angeles Co., CA
Basham, Forest: (B) 1894, (D) 1896, (CO) Ray, (C) Crowley Cemetery
Baskett, James E.: (A) 21Y, (BP) MO, (B) 1899, (Race) White, (CEN)

10

1920 Census Richmond, Contra Costa Co., CA
Basnett, William H.: (ID) Jun. 30, 1884, (L) Booneville, (AN) MO3390.011, (CO) Laclede
Bass, Roy L.: (A) 21Y, (BP) MO, (B) 1899, (Race) White, (CEN) 1920 Census San Francisco, San Francisco Co., CA
Bass, W. B.: (CMTS) 1899 Tax List, Crawford Twp., Wallace, (CO) Buchanan
Bassett, Samuel M.: (CEN) 1893 NE State Census, MO Veterans, (MIL) 26th MO Infantry, Co. A, (RES) Blair, NE
Bassore, George: (B) Nov. 25, 1899, (D) Nov, 1985, (RES) Lebanon, MO, (CO) Laclede
Bastian, Josef: (DI) Apr. 2, 1896, (A) 60Y, (B) 1836, (BP) Germany, (CO) St. Louis
Bateman, Cornelius: (ID) Jan. 25, 1896, (L) Springfield, (AN) MO6010.265, (CO) Taney
Bateman, Joseph S.: (ID) Jan. 25, 1896, (L) Springfield, (AN) MO6010.264, (CO) Taney
Batt, George C.: (ID) Mar. 28, 1891, (L) Springfield, (AN) MO5780.417, (CO) Taney
Battle, Clara: (A) 21Y, (BP) MO, (B) 1899, (Race) White, (CEN) 1920 Census Los Angeles, Los Angeles Co., CA
Baughman, Peter W.: (ID) Jul. 9, 1895, (L) Springfield, (AN) MO6010.069, (CO) Taney
Bauman, William: (OC) Blacksmith, (RES) Kansas City, MO, (CMTS) City Directory Kansas City, MO, 1899
Baumert, Rudolph: (OC) Blacksmith, (RES) Kansas City, MO, (CMTS) City Directory Kansas City, MO, 1899
Baumhoer, Anthony: (ID) Nov. 11, 1896, (L) Fayette, (AN) MO3310.054, (CO) Osage
Baxter, Clay: (A) 21Y, (BP) MO, (B) 1899, (Race) White, (CEN) 1920 Census San Bernardino, San Bernardino Co., CA
Bayles, James A.: (ID) Jun. 20, 1893, (L) Springfield, (AN) MO5790.289, (CO) Taney
Bayless, Vernon. (A) 21Y, (BP) MO, (B) 1899, (Race) White, (CEN) 1920 Census McKittrick, Kern Co., CA
Beal, Joseph J.: (ID) Apr. 9, 1892, (L) Booneville, (AN) MO3410.318, (CO) Hickory
Beal, Martin: (ID) Mar. 13, 1895, (L) Springfield, (AN) MO6000.302, (CO) Laclede
Bean, George W.: (ID) May 4, 1885, (L) Springfield, (AN) MO5900.123, (CO) Laclede
Beard, John F.: (ID) Feb. 1, 1893, (L) Springfield, (AN) MO5980.436, (CO) Taney
Beard, Willis H.: (ID) Feb. 9, 1898, (L) Springfield, (AN) MO6030.144, (CO) Taney
Bearden, Sarah J.: (ID) Oct. 5, 1896, (L) Springfield, (AN) MO5800.038,

(CO) Taney
Beasley, Lena: (B) Apr. 2, 1899, (D) Nov. 15, 1967, (RES) Lebanon, MO, (CO) Laclede
Beavens, J. M.: (CMTS) 1899 Tax List, Crawford Twp., Dearborn, (CO) Buchanan
Bechtel, Andrew: (OC) Blacksmith, (RES) Kansas City, MO, (CMTS) City Directory Kansas City, MO, 1899
Beck, I. M.: (CEN) 1893 NE State Census, MO Veterans, (MIL) 10th MO Infantry, Co. H, (RES) Wescott, NE
Becker, Martin: (OC) Blacksmith, (RES) Kansas City, MO, (CMTS) City Directory Kansas City, MO, 1899
Becvar, Anton: (DI) Apr. 4, 1896, (A) 46Y, (B) 1850, (BP) Bohemia, (CO) St. Louis
Bedford, John B.: (OC) Postmaster, Kirbyville, Dec. 2, 1885, (CO) Taney
Bedford, John R.: (OC) Postmaster, Layton's Mill, Jan. 21, 1888, (CO) Taney
Bedingfield, James M.: (ID) Dec. 10, 1881, (L) Springfield, (AN) MO5760.021, (CO) Taney
Beegey, Julius: (OC) Blacksmith, (RES) Kansas City, MO, (CMTS) City Directory Kansas City, MO, 1899
Beel, Marcus F.: (A) 21Y, (BP) MO, (B) 1899, (Race) White, (CEN) 1920 Census Oakland, Alameda Co., CA
Beeson, William: (ID) Jun. 11, 1895, (L) Springfield, (AN) MO6000.485, (CO) Taney
Begley, John: (ID) Oct. 11, 1888, (L) Booneville, (AN) MO3400.003, (CO) Laclede
Behrends, Charles A.: (ID) Jul. 3, 1888, (L) Springfield, (AN) MO5910.120, (CO) Laclede
Behrends, Ernestine: (ID) Jul. 3, 1888, (L) Springfield, (AN) MO5910.120, (CO) Laclede
Beil, Adam: (OC) Blacksmith, (RES) Kansas City, MO, (CMTS) City Directory Kansas City, MO, 1899
Beiswinger, Ruth: (A) 21Y, (BP) MO, (B) 1899, (Race) White, (CEN) 1920 Census Los Angeles, Los Angeles Co., CA
Bell, Daniel D.: (ID) Feb. 25, 1899, (L) Booneville, (AN) MO6060.090, (CO) Adair
Bell, James B.: (ID) Apr. 20, 1885, (L) Springfield, (AN) MO5770.025, (CO) Taney
Bell, James W.: (ID) Mar. 13, 1893, (L) Springfield, (AN) MO5990.063, (CO) Laclede
Bell, William: (OC) Blacksmith, (RES) Kansas City, MO, (CMTS) City Directory Kansas City, MO, 1899
Belstroem, Jonas O.: (ID) May 28, 1888, (L) Booneville, (AN) MO3390.448, (CO) Hickory
Bench, Daniel: (ID) Jul. 17, 1890, (L) Springfield, (AN) MO5930.180, (CO) Laclede

Bench, James: (MD) May 30, 1881, (Spouse) Fannie Adams, (CO) Laclede
Bench, John: (ID) May 25, 1883, (L) Booneville, (AN) MO3290.210, (CO) Laclede
Bench, William R.: (ID) Jul. 17, 1890, (L) Springfield, (AN) MO5930.091, (CO) Laclede
Bender, Benjamin: (ID) Jan. 23, 1897, (L) Plattsburg, (AN) MO4860.126, (CO) Grundy
Bennett, Hazel E.: (A) 21Y, (BP) MO, (B) 1899, (Race) White, (CEN) 1920 Census San Francisco, San Francisco Co., CA
Bennett, Lafayette: (ID) Jan. 20, 1885, (L) Booneville, (AN) MO3290.309, (CO) Hickory
Benson, J. B.: (CEN) 1893 NE State Census, MO Veterans, (MIL) 8th MO S. M., Co. C, (RES) Elwood, NE
Bentley, Lewis H.: (ID) Aug. 9, 1895, (L) Springfield, (AN) MO6010.118, (CO) Taney
Benton, Alfred C.: (ID) Apr. 18, 1891, (L) Springfield, (AN) MO5940.464, (CO) Laclede
Benton, James F.: (ID) Jun. 26, 1890, (L) Springfield, (AN) MO5780.375, (CO) Taney
Benton, James F.: (ID) Nov. 15, 1892, (L) Springfield, (AN) MO5790.230, (CO) Taney
Benton, James F.: (ID) Nov. 30, 1894, (L) Springfield, (AN) MO6000.134, (CO) Taney
Benton, Nathaniel G.: (ID) Feb. 17, 1890, (L) Springfield, (AN) MO5920.333, (CO) Laclede
Benton, William F.: (A) 21Y, (BP) MO, (B) 1899, (Race) White, (CEN) 1920 Census Los Angeles, Los Angeles Co., CA
Bergstrasser, John: (OC) Blacksmith, (RES) Kansas City, MO, (CMTS) City Directory Kansas City, MO, 1899
Bergstrom, Charles B.: (OC) Blacksmith, (RES) Kansas City, MO, (CMTS) City Directory Kansas City, MO, 1899
Berkoff, L. J.: (A) 21Y, (BP) MO, (B) 1899, (Race) White, (CEN) 1920 Census Vallejo, Solano Co., CA
Bernal, Michael: (DI) Apr. 6, 1896, (A) 63Y, (B) 1833, (BP) Poland, (CO) St. Louis
Bernardo, Giovanni: (DI) Apr. 6, 1896, (A) 28Y, (B) 1868, (BP) Italy, (CO) St. Louis
Beroth, Oben: (ID) Nov. 28, 1896, (L) Springfield, (AN) MO6020.163, (CO) Taney
Berry, Benjamin F.: (ID) Jul. 11, 1892, (L) Springfield, (AN) MO5790.202, (CO) Taney
Berry, Chloe: (B) Sep. 30, 1899, (D) May, 1986, (RES) Lebanon, MO, (CO) Laclede
Berry, Thomas J.: (ID) Mar. 15, 1882, (L) Springfield, (AN) MO5890.175, (CO) Taney

Berry, Thomas J.: (ID) May 25, 1883, (L) Springfield, (AN) MO5760.262, (CO) Taney

Bertram, Russell T.: (A) 21Y, (BP) MO, (B) 1899, (Race) White, (CEN) 1920 Census San Francisco, San Francisco Co., CA

Berwick, J. C.: (CEN) 1893 NE State Census, MO Veterans, (MIL) 11th MO Infantry, Co. B, (RES) Kearney, NE

Bethell, Edd: (A) 21Y, (BP) MO, (B) 1899, (Race) White, (CEN) 1920 Census Township 17, Kern Co., CA

Betschart, Louis: (ID) Sep. 14, 1896, (L) Springfield, (AN) MO6020.004, (CO) Taney

Betteys, Franklin M.: (CEN) 1893 NE State Census, MO Veterans, (MIL) 12th MO Cavalry, Co. B, (RES) Hastings, NE

Betts, Charles H.: (CEN) 1893 NE State Census, MO Veterans, (MIL) 3rd MO Cavalry, Co. B, (RES) Valentine, NE

Beuten, Herman A.: (DI) Jan. 4, 1892, (A) 53Y, (B) 1839, (BP) Germany, (CO) St. Louis

Bevridge, G. B.: (CEN) 1893 NE State Census, MO Veterans, (MIL) 3rd MO Cavalry, Co. A, (RES) Auburn, NE

Bida, Adalbert: (DI) Apr. 6, 1896, (A) 26Y, (B) 1870, (BP) Bohemia, (CO) St. Louis

Bieber, Jeannette: (A) 21Y, (BP) MO, (B) 1899, (Race) White, (CEN) 1920 Census Los Angeles, Los Angeles Co., CA

Biel, Adam: (OC) Blacksmith, (RES) Kansas City, MO, (CMTS) City Directory Kansas City, MO, 1899

Bielicki, Jan: (DI) Apr. 6, 1896, (A) 40Y, (B) 1856, (BP) Poland, (CO) St. Louis

Bielowski, Stanislau: (DI) Apr. 4, 1896, (A) 28Y, (B) 1868, (BP) Poland, (CO) St. Louis

Biers, Jonathan: (ID) Jul. 17, 1890, (L) Springfield, (AN) MO5930.294, (CO) Taney

Bierschwal, W. Charles: (A) 21Y, (BP) MO, (B) 1899, (Race) White, (CEN) 1920 Census O'Neal, San Joaquin Co., CA

Bigbee, John F.: (MD) Jan. 17, 1882, (Spouse) Mary S. Johnson, (CO) Laclede

Biggs, Albert: (ID) Feb. 1, 1894, (L) Springfield, (AN) MO5990.420, (CO) Laclede

Biggs, George H.: (Song) *By Gone Days*, (PUB) Huyett Bros., St. Joseph, MO, 1885

Bigler, John C.: (ID) Apr. 9, 1892, (L) Booneville, (AN) MO3410.359, (CO) Hickory

Bingham, James: (B) Aug. 5, 1899, (D) Jan, 1985, (RES) Lebanon, MO, (CO) Laclede

Bingham, Mansfield E.: (ID) Sep. 20, 1897, (L) Springfield, (AN) MO6020.491, (CO) Laclede

Binning, Joseph: (MD) Sep. 2, 1882, (Spouse) Hattie Young, (CO) Laclede

Bird, John W.: (ID) Jun. 30, 1884, (L) Booneville, (AN)
MO3290.261, (CO) Hickory
Birmingham, Thomas: (CEN) 1893 NE State Census, MO Veterans,
(MIL) 33th MO Infantry, Co. E, (RES) Hubbell, NE
Bishop, C. H.: (CEN) 1893 NE State Census, MO Veterans, (MIL) 32nd
MO Infantry, Co. G, (RES) Kearney, NE
Biszantz, Adam: (ID) Mar. 13, 1895, (L) Springfield, (AN) MO6000.315,
(CO) Laclede
Biszantz, Maine E.: (ID) Mar. 13, 1895, (L) Springfield, (AN)
MO6000.315, (CO) Laclede
Black, James R.: (MD) Apr. 24, 1882, (Spouse) Mary E. Dennis, (CO)
Laclede
Black, Jewel: (A) 21Y, (BP) MO, (B) 1899, (Race) White, (CEN) 1920
Census Los Angeles, Los Angeles Co., CA
Black, Oras F.: (A) 21Y, (BP) MO, (B) 1899, (Race) White, (CEN) 1920
Census San Francisco, San Francisco Co., CA
Black, Ray A.: (A) 21Y, (BP) MO, (B) 1899, (Race) White, (CEN) 1920
Census San Francisco, San Francisco Co., CA
Black, Samuel M.: (MD) Aug. 10, 1882, (Spouse) Maggie A. Pittman,
(CO) Laclede
Blackiston, William D.: (CMTS) 1899 Tax List, Crawford Twp., (CO)
Buchanan, Wallace
Blackwell, Daniel: (ID) Feb. 13, 1899, (L) Springfield, (AN)
MO6060.048, (CO) Taney
Blackwell, Joseph C.: (ID) Jun. 30, 1884, (L) Booneville, (AN)
MO3390.023, (CO) Hickory
Blackwell, M. L.: (A) 21Y, (BP) MO, (B) 1899, (Race) White, (CEN)
1920 Census Bakersfield, Kern Co., CA
Blackwell, Sarah E.: (ID) Oct. 5, 1896, (L) Springfield, (AN)
MO6020.103, (CO) Taney
Blackwood, J. C.: (CMTS) 1899 Tax List, Crawford Twp., (CO)
Buchanan, Wallace
Blaha, Ignatz: (DI) Mar. 15, 1897, (A) 32Y, (B) 1865, (BP) Austria, (CO)
St. Louis
Blain, Albert C: (B) 1898, (BP) MO, (CEN) 1920 Census Franklin,
Laclede Co., MO
Blair, Absalom: (ID) Nov. 10, 1897, (L) Springfield, (AN)
MO6030.040, (CO) Taney
Blair, John H.: (ID) Apr. 6, 1898, (L) Springfield, (AN) MO6030.162,
(CO) Taney
Blair, John H.: (ID) Sep. 28, 1898, (L) Springfield, (AN) MO1150.366,
(CO) Taney
Blair, Lewis W.: (ID) Jan. 25, 1896, (L) Springfield, (AN)
MO6010.268, (CO) Taney
Blakely, Annette: (A) 21Y, (BP) MO, (B) 1899, (Race) White, (CEN)
1920 Census San Francisco, San Francisco Co., CA

Blakely, Ralph: (B) Apr. 20, 1899, (D) Jun, 1971, (RES) Lebanon, MO, (CO) Laclede
Blakey, Elizabeth J.: (ID) Apr. 3, 1896, (L) Springfield, (AN) MO6010.349, (CO) Taney
Blakley, Norman A.: (MD) Aug. 6, 1882, (Spouse) Annie Fry, (CO) Laclede
Blankenship, Esther: (A) 21Y, (BP) MO, (B) 1899, (Race) White, (CEN) 1920 Census Needles, San Bernardino Co., CA
Blankenship, James: (ID) Sep. 17, 1888, (L) Springfield, (AN) MO5910.451, (CO) Taney
Blankenship, James: (ID) Nov. 23, 1888, (L) Springfield, (AN) MO5780.218, (CO) Taney
Blankenship, Samuel: (ID) Jan. 12, 1895, (L) Springfield, (AN) MO6000.227, (CO) Taney
Blankenship, William H.: (ID) Nov. 23, 1888, (L) Springfield, (AN) MO5780.217, (CO) Taney
Blankenship, William H.: (ID) Nov. 30, 1894, (L) Springfield, (AN) MO6000.190, (CO) Taney
Blankinship, Joseph W.: (ID) Sep. 28, 1898, (L) Springfield, (AN) MO1150.349, (CO) Taney
Blankinship, Lula E.: (ID) Apr. 25, 1898, (L) Springfield, (AN) MO1150.291, (CO) Taney
Blansit, Clement C.: (ID) Sep. 14, 1896, (L) Springfield, (AN) MO6020.077, (CO) Taney
Blanton, Jackson: (ID) Mar. 13, 1895, (L) Springfield, (AN) MO6000.290, (CO) Taney
Blei, Otto: (Song) *Primrose Polka*, (PUB) Conover Bros., Kansas City, 1884
Blei, Otto: (Song) *Bluebell Waltz*, (PUB) Conover Bros., Kansas City, 1884
Bleile, Joseph: (DI) Apr. 4, 1896, (A) 26Y, (B) 1870, (BP) Switzerland, (CO) St. Louis
Blenski, Thomas: (DI) Apr. 6, 1896, (A) 40Y, (B) 1856, (BP) Poland, (CO) St. Louis
Blersoe, Henry: (CMTS) 1899 Tax List, Crawford Twp., Wallace, (CO) Buchanan
Blevin, Edna: (A) 21Y, (BP) MO, (B) 1899, (Race) White, (CEN) 1920 Census San Francisco, San Francisco Co., CA
Blevins, George W.: (ID) Mar. 18, 1897, (L) Springfield, (AN) MO5800.117, (CO) Taney
Blevins, George W.: (ID) Oct. 10, 1896, (L) Springfield, (AN) MO5800.050, (CO) Taney
Blevins, J. H.: (CMTS) 1899 Tax List, Crawford Twp., Faucett, (CO) Buchanan
Blevins, Robert Stephen: (B) Nov. 15, 1890, (BP) Warrensburg, MO, (RES) Lenora, ID, (MIL) WWI Draft Registration, Lewis Co., ID

Blevins, William: (CMTS) 1899 Tax List, Crawford Twp., Faucett, (CO) Buchanan
Blezard, R. H.: (CMTS) 1899 Tax List, Crawford Twp., Dearborn, (CO) Buchanan
Bline, C. W.: (CEN) 1893 NE State Census, MO Veterans, (MIL) 21st MO Infantry, Co. D, (RES) La Platte, NE
Bliss, C. D.: (OC) Coach University of Missouri, 1895
Blood, Samuel K.: (OC) Blacksmith, (RES) Kansas City, MO, (CMTS) City Directory Kansas City, MO, 1899
Bloomer, Daniel: (ID) Jul. 2, 1894, (L) Springfield, (AN) MO5790.363, (CO) Taney
Bloomer, Daniel: (ID) Dec. 3, 1892, (L) Springfield, (AN) MO5980.251, (CO) Taney
Blue, Georgia: (A) 21Y, (B) 1899, (BP) MO, (Race) White, (CEN) 1920 Census Lebanon, Laclede Co., MO
Blunk, William: (ID) Mar. 10, 1886, (L) Springfield, (AN) MO5770.311, (CO) Taney
Boatright, Clyde G.: (A) 21Y, (BP) MO, (B) 1899, (Race) White, (CEN) 1920 Census Vallejo, Solano Co., CA
Bochin, Carl Anderson: (B) Mar. 12, 1890, (BP) Moberly, MO, (MIL) WWI Draft Registration, Lewis Co., ID
Bochmer, John B.: (ID) May 7, 1888, (L) Booneville, (AN) MO3290.524, (CO) Osage
Boehe, A. H.: (CEN) 1893 NE State Census, MO Veterans, (MIL) 2nd MO Infantry, Co. E, (RES) Omaha, NE
Boehm, Charles Edmond: (B) Apr. 9, 1888, (BP) Glasgow, MO, (MIL) WWI Draft Registration, Lewis Co., ID
Boenceke, Andreas: (DI) Dec. 29, 1890, (A) 31Y, (B) 1859, (BP) Germany, (CO) St. Louis
Boessen, John: (ID) Oct. 5, 1896, (L) St. Louis, (AN) MO1150.220, (CO) Osage
Boggs, Roy: (A) 21Y, (BP) MO, (B) 1899, (Race) White, (CEN) 1920 Census Chico, Butte Co., CA
Bohannan, Dewey: (A) 21Y, (B) 1899, (BP) MO, (Race) White, (CEN) 1920 Census Lebanon, Laclede Co., MO
Bohannan, William: (ID) Nov. 10, 1882, (L) Springfield, (AN) MO5760.125, (CO) Laclede
Bohannon, James W.: (ID) Jun. 28, 1895, (L) Booneville, (AN) MO3300.463, (CO) Laclede
Bohannon, Lewis R.: (MD) Sep. 14, 1882, (Spouse) Mary McElwain, (CO) Laclede
Bohannon, Marion L.: (MD) Jan. 2, 1881, (Spouse) Eliza A. Weaver, (CO) Laclede
Bohannon, Zadok H.: (ID) Jul. 9, 1895, (L) Springfield, (AN) MO6010.097, (CO) Laclede
Bohanon, Albert: (A) 21Y, (B) 1899, (BP) MO, (Race) White, (CEN)

1920 Census Franklin, Laclede Co., MO
Bolen, Jack: (A) 21Y, (BP) MO, (B) 1899, (Race) White, (CEN) 1920 Census Madera, Madera Co., CA
Boler, Caroline: (ID) Nov. 30, 1894, (L) Springfield, (AN) MO6000.219, (CO) Taney
Boles, Samson: (A) 21Y, (BP) MO, (B) 1899, (Race) White, (CEN) 1920 Census Lompoc, Santa Barbara Co., CA
Boles, John F.: (OC) Postmaster, Bauff, May 27, 1893, (CO) Taney
Boller, Jonathan: (CMTS) 1899 Tax List, Crawford Twp., Halleck, (CO) Buchanan
Bolles, John W.: (ID) Aug. 24, 1897, (L) Booneville, (AN) MO3430.446, (CO) Laclede
Bollman, Henry: (Song) *My Mother*, (PUB) H. Bollman, St. Louis, 1885
Bolte, William: (DI) Dec. 1, 1890, (A) 39Y, (B) 1851, (BP) Germany, (CO) St. Louis
Bonar, Frederick D.: (OC) Blacksmith, (RES) Kansas City, MO, (CMTS) City Directory Kansas City, MO, 1899
Bond, Thomas: (DI) Apr. 1, 1896, (A) 62Y, (B) 1834, (BP) England, (CO) St. Louis
Bondurant, J. M.: (CEN) 1893 NE State Census, MO Veterans, (MIL) 5th MO Infantry, Co. D, (RES) Norfolk, NE
Bonner, Clarence H.: (A) 21Y, (BP) MO, (B) 1899, (Race) White, (CEN) 1920 Census, Pasadena, Los Angeles Co., CA
Bonter, Cornelius: (ID) Sep. 27, 1892, (L) Booneville, (AN) MO3410.447, (CO) Laclede
Bonter, Emeline: (ID) Sep. 27, 1892, (L) Booneville, (AN) MO3410.447, (CO) Laclede
Bonter, James D.: (ID) Nov. 4, 1893, (L) Booneville, (AN) MO3420.222, (CO) Laclede
Bonzani, Battista: (DI) Oct. 11, 1895, (A) 33Y, (B) 1862, (BP) Italy, (CO) St. Louis
Booker, Edward: (ID) Aug. 16, 1897, (L) Booneville, (AN) MO1150.239, (CO) Osage
Bookout, James H.: (ID) Mar. 7, 1892, (L) Springfield, (AN) MO5960.207, (CO) Taney
Bookout, John: (OC) Blacksmith, (RES) Kansas City, MO, (CMTS) City Directory Kansas City, MO, 1899
Bookout, William I.: (ID) Sep. 10, 1898, (L) Springfield, (AN) MO6040.213, (CO) Taney
Booth, Lillard: (A) 21Y, (BP) MO, (B) 1899, (Race) White, (CEN) 1920 Census Dinuba, Tulare Co., CA
Booth, Stanley C.: (ID) Apr. 9, 1892, (L) Springfield, (AN) MO5790.071, (CO) Taney
Booth, Waldo C.: (ID) Apr. 9, 1892, (L) Springfield, (AN) MO5790.070, (CO) Taney
Boothe, James M.: (ID) Apr. 14, 1888, (L) Springfield, (AN)

MO5780.132, (CO) Taney
Boothe, James M.: (ID) Jul. 12, 1898, (L) Springfield, (AN)
 MO6030.500, (CO) Taney
Boothe, John E.: (ID) Oct. 17, 1892, (L) Springfield, (AN)
 MO5980.044, (CO) Taney
Borkhuis, Herman: (A) 21Y, (BP) MO, (B) 1899, (Race) White, (CEN)
 1920 Census Vallejo, Solano Co., CA
Borowski, Woiceh: (DI) Apr. 6, 1896, (A) 50Y, (B) 1846, (BP) Poland,
 (CO) St. Louis
Bose, John I.: (A) 21Y, (BP) MO, (B) 1899, (Race) White, (CEN) 1920
 Census, Redondo, Los Angeles Co., CA
Bosterter, C. C.: (CEN) 1893 NE State Census, MO Veterans, (MIL) 1st
 Engineers, Co. B, (RES) Wayne, NE
Boston, William S.: (ID) Dec. 10, 1881, (L) Springfield, (AN)
 MO5760.015, (CO) Taney
Boswell, John B.: (ID) Jun. 26, 1890, (L) Springfield, (AN)
 MO5780.347, (CO) Taney
Boswell, Samuel W.: (ID) Jun. 20, 1893, (L) Springfield, (AN)
 MO5790.287, (CO) Taney
Boswell, Samuel W.: (ID) Nov. 15, 1892, (L) Springfield, (AN)
 MO5790.238, (CO) Taney
Boswell, Tony: (A) 21Y, (BP) MO, (B) 1899, (Race) White, (CEN) 1920
 Census Los Angeles, Los Angeles Co., CA
Boteler, Thomas: (A) 21Y, (BP) MO, (B) 1899, (Race) White, (CEN)
 1920 Census Los Angeles, Los Angeles Co., CA
Bott, Thomas: (ID) Apr. 14, 1888, (L) Springfield, (AN) MO5780.110,
 (CO) Taney
Bott, Thomas: (ID) Apr. 14, 1888, (L) Springfield, (AN) MO5780.146,
 (CO) Taney
Bottinelli, Federico: (DI) Feb. 23, 1892, (A) 23Y, (B) 1869, (BP) Italy,
 (CO) St. Louis
Bottinelli, John: (DI) Feb. 10, 1892, (A) 30Y, (B) 1862, (BP) Italy,
 (CO) St. Louis
Bouling, Jefferson M.: (ID) Mar. 13, 1895, (L) Springfield, (AN)
 MO6000.294, (CO) Taney
Bourke, Patrick: (DI) Apr. 3, 1896, (A) 28Y, (B) 1868, (BP) Ireland,
 (CO) St. Louis
Bourland, M. E.: (CMTS) 1899 Tax List, Crawford Twp., Faucett, (CO)
 Buchanan, Faucett
Bouter, Frank: (ID) Apr. 9, 1892, (L) Booneville, (AN) MO3410.315,
 (CO) Laclede
Bowles, Stephen L.: (ID) Nov. 30, 1894, (L) Springfield, (AN)
 MO6000.112, (CO) Taney
Bowman, John S.: (ID) May 15, 1884, (L) Springfield, (AN)
 MO5760.382, (CO) Laclede
Bowman, Lizzie: (ID) Oct. 4, 1898, (L) Springfield, (AN)

MO6040.260, (CO) Laclede
Bowman, William: (CMTS) 1899 Tax List, Crawford Twp., Faucett, (CO) Buchanan
Boyd, Ben: (CMTS) 1899 Tax List, Crawford Twp., Dearborn, (CO) Buchanan
Boyd, Daniel B.: (ID) Feb. 17, 1890, (L) Springfield, (AN) MO5920.436, (CO) Taney
Boyd, Edison R.: (A) 21Y, (BP) MO, (B) 1899, (Race) White, (CEN) 1920 Census, Los Angeles, Los Angeles Co., CA
Boyd, John R.: (ID) Mar. 7, 1892, (L) Springfield, (AN) MO5960.225, (CO) Taney
Boyd, Robert H.: (ID) Sep. 14, 1896, (L) Springfield, (AN) MO6020.062, (CO) Laclede
Boyd, William: (CMTS) 1899 Tax List, Crawford Twp., Dearborn, (CO) Buchanan
Boyd, William J.: (ID) Mar. 7, 1892, (L) Springfield, (AN) MO5960.462, (CO) Taney
Boyd, William S.: (ID) Sep. 10, 1898, (L) Springfield, (AN) MO6040.194, (CO) Laclede
Boyes, George B.: (A) 21Y, (BP) MO, (B) 1899, (Race) White, (CEN) 1920 Census San Diego, San Diego Co., CA
Boyle, James H.: (ID) Apr. 6, 1898, (L) Springfield, (AN) MO6030.170, (CO) Taney
Boyle, S. E.: (CMTS) 1899 Tax List, Crawford Twp., Faucett, (CO) Buchanan
Boyse, Henry: (ID) Feb. 24, 1894, (L) Booneville, (AN) MO3420.252, (CO) Osage
Bozechowski, Bernard: (DI) Apr. 6, 1896, (A) 57Y, (B) 1839, (BP) Poland, (CO) St. Louis
Bracken, Charles F.: (ID) Jul. 27, 1897, (L) Springfield, (AN) MO6020.424, (CO) Taney
Braden, Ema: (A) 21Y, (BP) MO, (B) 1899, (Race) White, (CEN) 1920 Census, Sacramento, Sacramento Co., CA
Braden, James: (ID) May 16, 1893, (L) Springfield, (AN) MO5990.172, (CO) Taney
Braden, Nancy F.: (ID) May 16, 1893, (L) Springfield, (AN) MO5990.172, (CO) Taney
Bradford, Alfred: (MD) Dec. 26, 1882, (Spouse) Rachael High, (CO) Laclede
Bradford, D. R.: (CEN) 1893 NE State Census, MO Veterans, (MIL) 35th MO Infantry, Co. A, (RES) Blue Springs, NE
Bradford, David R.: (ID) Aug. 30, 1899, (L) Springfield, (AN) MO6060.389, (CO) Taney
Bradford, John: (MD) May 8, 1881, (Spouse) Fidela Finley, (CO) Laclede
Bradford, Rachael A.: (ID) Aug. 30, 1899, (L) Springfield, (AN) MO6060.389, (CO) Taney

Bradley, Amos R.: (CEN) 1893 NE State Census, MO Veterans, (MIL) 5th MO Cavalry, Co. D, (RES) Alma, NE

Bradley, John H.: (ID) Jun. 20, 1885, (L) Springfield, (AN) MO5900.166, (CO) Taney

Bradley, Varla: (A) 21Y, (BP) MO, (B) 1899, (Race) White, (CEN) 1920 Census Fullerton, Orange Co., CA

Bradshaw, Isaac N.: (ID) Dec. 10, 1897, (L) Springfield, (AN) MO6030.066, (CO) Taney

Braithwaite, Bard E.: (A) 21Y, (BP) MO, (B) 1899, (Race) White, (CEN) 1920 Census, Long Beach, Los Angeles Co., CA

Brake, George W.: (ID) Jun. 23, 1888, (L) Springfield, (AN) MO5900.440, (CO) Taney

Brake, Stephen M.: (OC) Postmaster, Brown Branch, Jan. 30, 1895, (CO) Taney

Bramley, Paul: (A) 21Y, (BP) MO, (B) 1899, (Race) White, (CEN) 1920 Census, Pomona, Los Angeles Co., CA

Bramwell, Gladys: (B) 1898, (BP) MO, (CEN) 1920 Census, Hooker, Laclede Co., MO

Bramwell, John T.: (ID) Apr. 3, 1896, (L) Springfield, (AN) MO6010.417, (CO) Taney

Brandenburg, Sanford F.: (ID) Aug. 1, 1892, (L) Booneville, (AN) MO3410.427, (CO) Laclede

Brandon, Thomas J.: (ID) Jun. 23, 1888, (L) Springfield, (AN) MO5900.425, (CO) Taney

Brandt, Fred: (B) 1898, (BP) MO, (CEN) 1920 Census, Lebanon, Laclede Co., MO

Branham, Jackson: (ID) Oct. 11, 1888, (L) Booneville, (AN) MO3400.009, (CO) Hickory

Brannon, John H.: (ID) Jan. 10, 1885, (L) Booneville, (AN) MO3390.078, (CO) Hickory

Branson, Charles L.: (ID) Jan. 21, 1893, (L) Springfield, (AN) MO5980.392, (CO) Taney

Branson, Galba E.: (ID) Jul. 17, 1890, (L) Springfield, (AN) MO5930.215, (CO) Taney

Branson, Lewis J.: (ID) Nov. 23, 1891, (L) Springfield, (AN) MO5950.405, (CO) Taney

Branson, Reubin S.: (ID) Oct. 21, 1891, (L) Springfield, (AN) MO5950.147, (CO) Taney

Branson, Rueben S.: (OC) Postmaster, Branson, Jun. 13, 1882, (CO) Taney

Branstetter, Don Hadan: (A) 21Y, (BP) MO, (B) 1899, (Race) White, (CEN) 1920 Census, Los Angeles, Los Angeles Co., CA

Branstetter, Harper H.: (A) 21Y, (BP) MO, (B) 1899, (Race) White, (CEN) 1920 Census, Santa Rosa, Sonoma Co., CA

Brantley, Emmarine: (ID) Dec. 17, 1898, (L) Springfield, (AN) MO6040.375, (CO) Taney

Brantley, William M.: (ID) Mar. 2, 1897, (L) Springfield, (AN) MO6020.240, (CO) Taney
Brashear, Marcus W.: (ID) Mar. 13, 1895, (L) Springfield, (AN) MO6000.271, (CO) Laclede
Brasier, John T.: (MD) Mar. 12, 1882, (Spouse) Ella A. Shank, (CO) Laclede
Bratcher, W. F.: (CEN) 1893 NE State Census, MO Veterans, (MIL) 21st MO Infantry, Co. I, (RES) Harvard, NE
Bratt, George C.: (ID) Sep. 6, 1890, (L) Springfield, (AN) MO5780.397, (CO) Taney
Braun, John N.: (DI) Apr. 2, 1896, (A) 34Y, (B) 1862, (BP) Germany, (CO) St. Louis
Braun, Leo: (CEN) 1893 NE State Census, MO Veterans, (MIL) 1st MO Infantry, Co. C, (RES) Battle Creek, NE
Brawner, William M.: (ID) Mar. 13, 1895, (L) Springfield, (AN) MO6000.298, (CO) Taney
Bray, William P.: (ID) Aug. 15, 1888, (L) Springfield, (AN) MO5910.317, (CO) Taney
Brazeal, George W.: (ID) Aug. 15, 1888, (L) Springfield, (AN) MO5910.384, (CO) Taney
Breakfield, Jorge H.: (A) 21Y, (B) 1899, (BP) MO, (Race) White, (CEN) 1920 Census Franklin, Laclede Co., MO
Breech, Herman S.: (ID) May 23, 1889, (L) Springfield, (AN) MO5780.263, (CO) Laclede
Breedlove, Clayton H.: (ID) Jan. 22, 1895, (L) Springfield, (AN) MO5790.415, (CO) Taney
Breedlove, John M.: (ID) Dec. 15, 1890, (L) Booneville, (AN) MO3400.319, (CO) Laclede
Breedlove, Mark C.: (ID) Apr. 9, 1892, (L) Booneville, (AN) MO3410.357, (CO) Laclede
Breedlove, Warren J.: (ID) Apr. 5, 1883, (L) Springfield, (AN) MO5890.408, (CO) Laclede
Breeze, Samuel: (DI) Apr. 6, 1896, (A) 23Y, (B) 1873, (BP) England, (CO) St. Louis
Breherry, Patrick: (DI) Apr. 6, 1896, (A) 30Y, (B) 1866, (BP) Ireland, (CO) St. Louis
Breshears, Isaac D.: (ID) May 5, 1899, (L) Booneville, (AN) MO6060.158, (CO) Hickory
Breshears, John H.: (ID) Oct. 20, 1891, (L) Booneville, (AN) MO3410.098, (CO) Hickory
Breshears, Robert E.: (ID) May 5, 1899, (L) Booneville, (AN) MO6060.159, (CO) Hickory
Brett, Thomas: (DI) Apr. 3, 1896, (A) 31Y, (B) 1865, (BP) Ireland, (CO) St. Louis
Brewer, Fred: (A) 21Y, (BP) MO, (B) 1899, (Race) White, (CEN) 1920 Census Los Angeles, Los Angeles Co., CA

Brewin, Mary: (DI) Jun. 7, 1894, (A) 24Y, (B) 1870, (BP) England, (CO) St. Louis

Bridges, William T.: (ID) Mar. 24, 1888, (L) Booneville, (AN) MO3390.251, (CO) Hickory

Briggs, Ralph J.: (A) 21Y, (BP) MO, (B) 1899, (Race) White, (CEN) 1920 Census Exeter, Tulare Co., CA

Brightwell, John W.: (ID) Feb. 1, 1894, (L) Springfield, (AN) MO5990.387, (CO) Taney

Brightwell, John W.: (ID) Nov. 16, 1897, (L) Springfield, (AN) MO5800.165, (CO) Taney

Briles, Alexander: (ID) Mar. 7, 1892, (L) Springfield, (AN) MO5960.261, (CO) Taney

Brim, James T.: (ID) Oct. 17, 1892, (L) Springfield, (AN) MO5980.047, (CO) Laclede

Brimmer, Albert: (OC) Blacksmith, (RES) Kansas City, MO, (CMTS) City Directory Kansas City, MO, 1899

Brink, Lowell: (A) 21Y, (BP) MO, (B) 1899, (Race) White, (CEN) 1920 Census San Francisco, San Francisco Co., CA

Brinkley, Frank R.: (ID) Apr. 25, 1898, (L) Springfield, (AN) MO1150.288, (CO) Taney

Brinkley, Robert V.: (OC) Postmaster, Day, Jan. 11, 1895, (CO) Taney

Bristow, Arthur: (Song) *Bidding Dear Mother Good-Bye*, (PUB) A. W. Perry & Son, Sedalia, 1888

Brockman, Cecil: (A) 21Y, (BP) MO, (B) 1899, (Race) White, (CEN) 1920 Census, Monrovia, Los Angeles Co., CA

Broderick, Thomas: (DI) Apr. 6, 1896, (A) 40Y, (B) 1856, (BP) Ireland, (CO) St. Louis

Brodzinski, Alexander: (DI) Dec. 16, 1890, (A) 23Y, (B) 1867, (BP) Russia, (CO) St. Louis

Brooks, Columbus N.: (ID) Sep. 14, 1896, (L) Booneville, (AN) MO3430.233, (CO) Hickory

Brooks, Horace M.: (OC) Blacksmith, (RES) Kansas City, MO, (CMTS) City Directory Kansas City, MO, 1899

Brooks, John S.: (ID) Mar. 13, 1893, (L) Springfield, (AN) MO5990.052, (CO) Taney

Brooks, Jonathan: (ID) Apr. 5, 1883, (L) Springfield, (AN) MO5890.400, (CO) Taney

Brooks, Jonathan: (ID) May 15, 1884, (L) Springfield, (AN) MO5760.376, (CO) Taney

Brooks, Lena Leota: (Song) *I Wish You Could Hah Seen Dat Nigger's Eye*, (PF) Carol Johnson, (PUB) Leona Leota Brooks, Kansas City, 1897

Brooks, Noah W.: (ID) Jan. 13, 1893, (L) Booneville, (AN) MO3420.086, (CO) Hickory

Brosnahan, James: (DI) Apr. 6, 1896, (A) 21Y, (B) 1875, (BP) Ireland, (CO) St. Louis

Brosnahan, Patrick H.: (DI) Apr. 6, 1896, (A) 28Y, (B) 1868, (BP) Ireland, (CO) St. Louis

Brown, Absalom: (ID) Feb. 5, 1891, (L) Booneville, (AN) MO3400.340, (CO) Hickory

Brown, Alexander: (ID) Aug. 16, 1899, (L) Springfield, (AN) MO6060.372, (CO) Taney

Brown, Alfred F.: (ID) Nov. 1, 1890, (L) Booneville, (AN) MO3400.308, (CO) Hickory

Brown, Andrew: (ID) Apr. 9, 1892, (L) Springfield, (AN) MO5790.106, (CO) Taney

Brown, Andrew J.: (ID) Feb. 21, 1893, (L) Springfield, (AN) MO5980.491, (CO) Taney

Brown, Asa: (B) Apr. 9, 1899, (D) Jan, 1969, (RES) Lebanon, MO, (CO) Laclede

Brown, Bennett: (ID) May 31, 1899, (L) Springfield, (AN) MO6060.269, (CO) Laclede

Brown, Bertha: (B) Feb. 1, 1899, (D) Dec, 1967, (RES) Lebanon, MO, (CO) Laclede

Brown, C. F.: (CMTS) 1899 Tax List, Crawford Twp., Halleck, (CO) Buchanan

Brown, C. H.: (CMTS) 1899 Tax List, Crawford Twp., Faucett, (CO) Buchanan

Brown, George W.: (ID) Aug. 15, 1888, (L) Springfield, (AN) MO5910.410, (CO) Laclede

Brown, Jacob H.: (ID) Aug. 1, 1898, (L) Springfield, (AN) MO6040.130, (CO) Taney

Brown, James: (CMTS) 1899 Tax List, Crawford Twp., Halleck, (CO) Buchanan, Halleck

Brown, James E.: (OC) Blacksmith, (RES) Kansas City, MO, (CMTS) City Directory Kansas City, MO, 1899

Brown, James H.: (ID) Feb. 20, 1891, (L) Springfield, (AN) MO5940.145, (CO) Taney

Brown, James W.: (ID) Apr. 6, 1898, (L) Springfield, (AN) MO6030.191, (CO) Laclede

Brown, Javan: (ID) Mar. 2, 1897, (L) Springfield, (AN) MO6020.227, (CO) Taney

Brown, Jesse: (CEN) 1893 NE State Census, MO Veterans, (MIL) 43rd MO Infantry, Co. D, (RES) Hebron, NE

Brown, John: (CMTS) 1899 Tax List, Crawford Twp., Wallace, (CO) Buchanan

Brown, John J.: (ID) Feb. 5, 1891, (L) Booneville, (AN) MO3400.433, (CO) Hickory

Brown, Joseph F.: (ID) Oct. 13, 1896, (L) Booneville, (AN) MO3310.033, (CO) Adair

Brown, Joseph M.: (ID) Mar. 7, 1892, (L) Springfield, (AN) MO5960.194, (CO) Taney

Brown, Josiah J.: (ID) Apr. 6, 1898, (L) Springfield, (AN) MO6030.216, (CO) Laclede
Brown, Leney: (B) Nov. 23, 1899, (D) Dec, 1986, (RES) Lebanon, MO, (CO) Laclede
Brown, Lindsay: (MD) Oct. 5, 1881, (Spouse) Sarah J. Lafferty, (CO) Laclede
Brown, Loranza W.: (ID) Feb. 6, 1896, (L) Springfield, (AN) MO6010.316, (CO) Taney
Brown, Lurinda J.: (ID) Nov. 26, 1883, (L) Booneville, (AN) MO3380.470, (CO) Laclede
Brown, Luther L.: (ID) Jan. 10, 1885, (L) Booneville, (AN) MO3390.057, (CO) Hickory
Brown, Milton: (ID) Oct. 31, 1892, (L) Springfield, (AN) MO5980.120, (CO) Taney
Brown, Raymond: (B) Feb. 20, 1899, (D) Aug, 1980, (RES) Lebanon, MO, (CO) Laclede
Brown, Reuben M.: (ID) May 5, 1899, (L) Booneville, (AN) MO6060.130, (CO) Laclede
Brown, Robert S.: (ID) Apr. 9, 1892, (L) Springfield, (AN) MO5790.099, (CO) Taney
Brown, Robert S.: (ID) Apr. 9, 1892, (L) Springfield, (AN) MO5790.154, (CO) Taney
Brown, Ross: (B) Mar. 3, 1890, (BP) :Laclede, MO, (RES) Dent, ID, (MIL) WWI Draft Registration, Lewis Co., ID
Brown, Thomas M.: (ID) Dec. 3, 1892, (L) Booneville, (AN) MO3420.060, (CO) Hickory
Brown, W. T.: (CMTS) 1899 Tax List, Crawford Twp., Halleck, (CO) Buchanan
Brown, Walter: (MD) Jul. 26, 1881, (Spouse) Rebecca Bolin, (CO) Laclede
Brown, William A.: (ID) Mar. 7, 1892, (L) Springfield, (AN) MO5960.237, (CO) Taney
Brown, William H.: (ID) Dec. 26, 1891, (L) Booneville, (AN) MO3410.216, (CO) Hickory
Brown, William L.: (CMTS) 1899 Tax List, Crawford Twp., Halleck, (CO) Buchanan
Brown, William S.: (ID) Jan. 30, 1892, (L) Booneville, (AN) MO3410.297, (CO) Hickory
Brown, William S.: (ID) Jun. 11, 1895, (L) Springfield, (AN) MO6000.444, (CO) Taney
Brown, William T.: (ID) Jun. 26, 1890, (L) Springfield, (AN) MO5780.379, (CO) Taney
Brownell, G. H.: (CMTS) 1899 Tax List, Crawford Twp., Halleck, (CO) Buchanan,
Brownfield, Marion: (ID) May 23, 1889, (L) Springfield, (AN) MO5780.264, (CO) Laclede

Broyles, George W.: (ID) Jun. 6, 1890, (L) Booneville, (AN) MO3400.237, (CO) Adair

Broyles, Lottie: (B) Apr. 11, 1899, (D) Dec, 1983, (RES) Lebanon, MO, (CO) Laclede

Broyles, Reuben T.: (ID) Feb. 13, 1899, (L) Springfield, (AN) MO6060.014, (CO) Laclede

Bruce, Marie: (A) 21Y, (BP) MO, (B) 1899, (Race) White, (CEN) 1920 Census Berkeley, Alameda Co., CA

Brueseke, Henry W.: (DI) Dec. 1, 1890, (A) 29Y, (B) 1861, (BP) Germany, (CO) St. Louis

Bruff, D. C.: (B) Feb., 1884, (BP) AR, (CEN) 1900 Census, Ed. 89, (CO) Pemiscot

Brug, George: (DI) Jan. 30, 1893, (A) 26Y, (B) 1867, (BP) Germany, (CO) St. Louis

Bruimes, Charles C.: (A) 21Y, (BP) MO, (B) 1899, (Race) White, (CEN) 1920 Census, Los Angeles, Los Angeles Co., CA

Brumfield, Elizabeth J.: (ID) Dec. 3, 1892, (L) Springfield, (AN) MO5980.259, (CO) Taney

Brumfield, Richard B.: (ID) Nov. 23, 1888, (L) Springfield, (AN) MO5780.196, (CO) Taney

Bruner, James: (ID) Apr. 9, 1892, (L) Booneville, (AN) MO3410.320, (CO) Hickory

Bryan, Silas W.: (ID) Oct. 20, 1891, (L) Booneville, (AN) MO3410.095, (CO) Hickory

Bryan, William: (CMTS) 1899 Tax List, Crawford Twp., Wallace, (CO) Buchanan

Bryan, William T.: (OC) Blacksmith, (RES) Kansas City, MO, (CMTS) City Directory Kansas City, MO, 1899

Bryant, Edwin M.: (CEN) 1893 NE State Census, MO Veterans, (MIL) 4th MO Cavalry, Co. C, (RES) Fairbury, NE

Bryant, John A.: (ID) Jun. 20, 1882, (L) Springfield, (AN) MO5890.227, (CO) Taney

Bryant, Loyd: (B) Jun. 19, 1899, (D) Oct, 1972, (RES) Eldridge, MO, (CO) Laclede

Bryant, Oliver: (ID) Nov. 23, 1891, (L) Springfield, (AN) MO5950.350, (CO) Laclede

Bryant, Robert: (MD) Nov. 26, 1882, (Spouse) Celia Pertle, (CO) Laclede

Bryden, Thomas: (OC) Blacksmith, (RES) Kansas City, MO, (CMTS) City Directory Kansas City, MO, 1899

Bryngelson, Gustaf: (ID) Nov. 20, 1882, (L) Booneville, (AN) MO3380.354, (CO) Laclede

Buchanan, W. Lawrence: (A) 21Y, (BP) MO, (B) 1899, (Race) White, (CEN) 1920 Census, Los Angeles, Los Angeles Co., CA

Buchner, George W.: (MD) Aug. 10, 1881, (Spouse) Cynthia C. Robinson, (CO) Laclede

Buckel, Dewey: (A) 21Y, (BP) MO, (B) 1899, (Race) White, (CEN) 1920

Census Holtville, Imperial Co., CA
Buckingham, William: (OC) Blacksmith, (RES) Kansas City, MO, (CMTS) City Directory Kansas City, MO, 1899
Buechel, Robert: (Song) *Beautiful Star*, (CMTS) Dedicated to Miss Carrie Volmer, (PUB) A. Shattinger, St. Louis, 1889
Bueter, George: (DI) Dec. 1, 1890, (A) 41Y, (B) 1849, (BP) Germany, (CO) St. Louis
Bull, General S.: (ID) Apr. 2, 1891, (L) Springfield, (AN) MO5780.418, (CO) Taney
Bull, General S.: (ID) Nov. 28, 1896, (L) Springfield, (AN) MO6020.188, (CO) Taney
Bumpars, Oliver: (A) 21Y, (BP) MO, (B) 1899, (Race) White, (CEN) 1920 Census, Solvang, Santa Barbara Co., CA
Bunch, Simeon W.: (ID) Apr. 14, 1888, (L) Springfield, (AN) MO5780.050, (CO) Taney
Bunchelberger, V.: (CEN) 1893 NE State Census, MO Veterans, (MIL) 11th MO Cavalry, Co. C, (RES) Omaha, NE
Bundren, Carrel W.: (A) 21Y, (BP) MO, (B) 1899, (Race) White, (CEN) 1920 Census, Los Angeles, Los Angeles Co., CA
Buntin, John T.: (ID) Apr. 23, 1889, (L) Springfield, (AN) MO5920.172, (CO) Taney
Bunyard, C. E.: (A) 21Y, (BP) MO, (B) 1899, (Race) White, (CEN) 1920 Census Richmond, Contra Costa Co., CA
Burbank, Jacob E.: (ID) Nov. 20, 1899, (L) Springfield, (AN) MO1150.456, (CO) Taney
Burbank, Jacob E.: (ID) Nov. 20, 1899, (L) Springfield, (AN) MO1150.459, (CO) Taney
Burd, John A.: (MD) Sep. 4, 1881, (Spouse) Vashti Oliver, (CO) Laclede
Burdett, Kenneth L.: (OC) Postmaster, Forsyth, Jan. 6, 1888, (CO) Taney
Burg, Adolph: (DI) Jan. 8, 1896, (A) 24Y, (B) 1872, (BP) Germany, (CO) St. Louis
Burge, August C.: (OC) Blacksmith, (RES) Kansas City, MO, (CMTS) City Directory Kansas City, MO, 1899
Burge, John H.: (ID) Jun. 7, 1889, (L) Booneville, (AN) MO3400.114, (CO) Hickory
Burge, William R.: (ID) Jun. 7, 1889, (L) Booneville, (AN) MO3400.108, (CO) Hickory
Burger, John G.: (ID) Jan. 22, 1895, (L) Springfield, (AN) MO5790.429, (CO) Taney
Burgess, John W.: (CMTS) 1899 Tax List, Crawford Twp., Wallace, (CO) Buchanan
Burgess, Marguerite: (A) 21Y, (BP) MO, (B) 1899, (Race) White, (CEN) 1920 Census Willows, Glenn Co., CA
Burgess, S. A.: (CMTS) 1899 Tax List, Crawford Twp., Wallace, (CO) Buchanan
Burke, John: (DI) Apr. 6, 1896, (A) 34Y, (B) 1862, (BP) Ireland,

(CO) St. Louis
Burke, Thomas F.: (OC) Blacksmith, (RES) Kansas City, MO, (CMTS) City Directory Kansas City, MO, 1899
Burkhart, Harvery M.: (A) 21Y, (BP) MO, (B) 1899, (Race) White, (CEN) 1920 Census, Menlo Park, San Mateo Co., CA
Burkhart, Thomas J.: (ID) Oct. 31, 1892, (L) Springfield, (AN) MO5980.163, (CO) Taney
Burks, William B.: (ID) Jul. 17, 1890, (L) Springfield, (AN) MO5930.277, (CO) Taney
Burks, Sarah E.: (OC) Postmaster, Forsyth, Jul. 6, 1890, (CO) Taney
Burleson, Harley: (A) 21Y, (BP) MO, (B) 1899, (Race) White, (CEN) 1920 Census, Santa Paula, Ventura Co., CA
Burmer, Enna L.: (A) 21Y, (BP) MO, (B) 1899, (Race) White, (CEN) 1920 Census Los Angeles, Los Angeles Co., CA
Burnes, John: (ID) Oct. 16, 1896, (L) Booneville, (AN) MO3430.269, (CO) Laclede
Burnett, Henry: (ID) Mar. 30, 1882, (L) Springfield, (AN) MO5760.045, (CO)(CO) Taney
Burnett, Henry: (ID) Apr. 18, 1891, (L) Springfield, (AN) MO5940.282, (CO) Taney
Burnett, Henry: (ID) Apr. 18, 1891, (L) Springfield, (AN) MO5940.285, (CO) Taney
Burnett, John G.: (CMTS) 1899 Tax List, Crawford Twp., Wallace, (CO) Buchanan
Burnett, William R.: (ID) Aug. 10, 1888, (L) Springfield, (AN) MO5910.284, (CO) Taney
Burnett, Henry: (OC) Postmaster, Bauff, Jun. 26, 1884, (CO) Taney
Burns, Alfred H.: (ID) Apr. 18, 1895, (L) Booneville, (AN) MO3420.460, (CO) Hickory
Burns, John: (ID) Jun. 6, 1890, (L) Booneville, (AN) MO3400.253, (CO) Laclede
Burns, John C.: (ID) Feb. 1, 1894, (L) Springfield, (AN) MO5990.428, (CO) Taney
Burns, Patrick M.: (DI) Apr. 1, 1896, (A) 22Y, (B) 1874, (BP) Ireland, (CO) St. Louis
Burns, Samuel: (ID) Mar. 17, 1892, (L) Springfield, (AN) MO5970.117, (CO) Taney
Burns, William H.: (ID) Apr. 24, 1894, (L) Booneville, (AN) MO3420.312, (CO) Laclede
Burroughs, Charles P.: (OC) Blacksmith, (RES) Kansas City, MO, (CMTS) City Directory Kansas City, MO, 1899
Burrows, Edith: (A) 21Y, (BP) MO, (B) 1899, (Race) White, (CEN) 1920 Census Venice, Los Angeles Co., CA
Burruss, James L.: (ID) Apr. 25, 1898, (L) Springfield, (AN) MO1150.276, (CO) Taney
Burton, John H.: (ID) Nov. 1, 1890, (L) Booneville, (AN) MO3400.290,

(CO) Hickory
Bush, Albert B.: (OC) Blacksmith, (RES) Kansas City, MO, (CMTS) City Directory Kansas City, MO, 1899
Bush, D. W.: (CEN) 1893 NE State Census, MO Veterans, (MIL) 11th MO Infantry, Co. H, (RES) Bartley, NE
Bush, M. D.: (CEN) 1893 NE State Census, MO Veterans, (MIL) 35th MO Infantry, Co. B, (RES) Bower, NE
Bushwell, Carolyn C.: (A) 21Y, (BP) MO, (B) 1899, (Race) White, (CEN) 1920 Census, Santa Paula, Ventura Co., CA
Buster, David E.: (ID) Apr. 1, 1892, (L) Springfield, (AN) MO5970.228, (CO) Laclede
Butcher, Anna: (B) Dec. 26, 1899, (D) Jun, 1976, (RES) Lebanon, MO, (CO) Laclede
Butcher, Audie: (B) Feb. 18, 1899, (D) Jun, 1976, (RES) Lebanon, MO, (CO) Laclede
Butcher, J. W.: (MD) Dec. 3, 1881, (Spouse) Louiza C. Pettigrew, (CO) Laclede
Butcher, Marion F.: (MD) Nov. 29, 1881, (Spouse) Malissa B. Waterman, (CO) Laclede
Butler, Grace: (A) 21Y, (BP) MO, (B) 1899, (Race) White, (CEN) 1920 Census Los Angeles, Los Angeles Co., CA
Butler, Henry C.: (ID) Jan. 7, 1893, (L) Booneville, (AN) MO3420.073, (CO) Hickory
Butler, James M.: (ID) Jul. 17, 1890, (L) Springfield, (AN) MO5930.165, (CO) Taney
Butler, Jesse C.: (ID) Apr. 6, 1898, (L) Springfield, (AN) MO6030.171, (CO) Taney
Butler, Thomas: (ID) Apr. 6, 1898, (L) Springfield, (AN) MO6030.172, (CO) Taney
Butts, William: (CEN) 1893 NE State Census, MO Veterans, (MIL) 7th MO Cavalry, Co. H, (RES) Fremont, NE
Butza, Jacob: (DI) Apr. 4, 1896, (A) 35Y, (B) 1861, (BP) Germany, (CO) St. Louis
Byeum, Sophie: (A) 21Y, (BP) MO, (B) 1899, (Race) Colored, (CEN) 1920 Census, Los Angeles, Los Angeles Co., CA
Byrd, Clyde: (A) 21Y, (BP) MO, (B) 1899, (Race) White, (CEN) 1920 Census San Diego, San Diego Co., CA
Byrns, John: (OC) Postmaster, Goodloe, Jun. 28, 1898, (CO) Taney
Cady, Lucius S.: (ID) Jun. 20, 1893, (L) Springfield, (AN) MO5790.288, (CO) Taney
Caffey, Edward: (ID) Feb. 20, 1891, (L) Springfield, (AN) MO5940.087, (CO) Laclede
Caffey, Robert: (MD) Sep. 17, 1882, (Spouse) Ellen Devlin, (CO) Laclede
Cahoon, Charles F.: (ID) Jul. 9, 1895, (L) Springfield, (AN) MO6010.101, (CO) Taney
Cain, Claude O.: (A) 21Y, (BP) MO, (B) 1899, (Race) White, (CEN) 1920

Census Los Angeles, Los Angeles Co., CA

Cairus, John G.: (DI) Apr. 4, 1896, (A) 50Y, (B) 1846, (BP) Ireland, (CO) St. Louis

Caldamone, Carmine: (DI) Apr. 4, 1896, (A) 34Y, (B) 1862, (BP) Italy, (CO) St. Louis

Caldon, John: (ID) Aug. 16, 1897, (L) St. Louis, (AN) MO1150.243, (CO) Osage

Call, S. D.: (CMTS) 1899 Tax List, Crawford Twp., DeKalb, (CO) Buchanan

Callewaert, Julius: (DI) Apr. 1, 1896, (A) 25Y, (B) 1871, (BP) Belgium, (CO) St. Louis

Calson, Gustaf: (ID) Nov. 30, 1894, (L) Springfield, (AN) MO6000.074, (CO) Laclede

Calton, Noah: (ID) Jun. 26, 1890, (L) Springfield, (AN) MO5780.391, (CO) Laclede

Campbell, A. M.: (CMTS) 1899 Tax List, Crawford Twp., Faucett, (CO) Buchanan

Campbell, Benjamin C: (B) 1898, (BP) WA, (CEN) 1920 Census, Mayfield, Laclede Co., MO

Campbell, David: (CEN) 1893 NE State Census, MO Veterans, (MIL) 12th MO Cavalry, Co. G, (RES) Auburn, NE

Campbell, H.: (CMTS) 1899 Tax List, Crawford Twp., Faucett, (CO) Buchanan

Campbell, H. L.: (CMTS) 1899 Tax List, Crawford Twp., Faucett, (CO) Buchanan

Campbell, J. A.: (CMTS) 1899 Tax List, Crawford Twp. Faucett, (CO) Buchanan

Campbell, James H.: (CMTS) 1899 Tax List, Crawford Twp. Faucett, (CO) Buchanan

Campbell, James R.: (MD) Feb. 23, 1882, (Spouse) Margaret Hull, (CO) Laclede

Campbell, Lawrence: (B) Oct. 6, 1899, (D) Dec, 1984, (RES) Lebanon, MO, (CO) Laclede

Canfield, D. F.: (CEN) 1893 NE State Census, MO Veterans, (MIL) 2nd MO Cavalry, Co. L, (RES) Rising City, NE

Cannady, James W.: (ID) Aug. 30, 1882, (L) Springfield, (AN) MO5890.293, (CO) Taney

Cannafax, Joseph: (ID) Apr. 22, 1889, (L) Springfield, (AN) MO5920.029, (CO) Taney

Cannefax, Joseph: (ID) Mar. 7, 1892, (L) Springfield, (AN) MO5970.006, (CO) Taney

Canole, Ralph: (A) 21Y, (BP) MO, (B) 1899, (Race) White, (CEN) 1920 Census Los Angeles, Los Angeles Co., CA

Cantrell, Isaac M.: (ID) Feb. 6, 1892, (L) Springfield, (AN) MO5790.036, (CO) Taney

Cantrell, Isaac M.: (ID) Oct. 7, 1893, (L) Springfield, (AN) MO5990.280,

(CO) Taney
Cantrell, William M.: (MD) Oct. 20, 1881, (Spouse) Mary J. Hayes, (CO) Laclede
Cantwell, Robert F.: (ID) Nov. 10, 1882, (L) Springfield, (AN) MO5760.146, (CO) Laclede
Cape, A. Granthan: (A) 21Y, (BP) MO, (B) 1899, (Race) White, (CEN) 1920 Census, Los Angeles, Los Angeles Co., CA
Carbaugh, Edgar A.: (ID) Apr. 6, 1898, (L) Booneville, (AN) MO6030.316, (CO) Hickory
Cardwell, John H.: (ID) Apr. 14, 1888, (L) Springfield, (AN) MO5780.156, (CO) Taney
Cardwell, John H.: (ID) Aug. 30, 1882, (L) Springfield, (AN) MO5890.286, (CO) Taney
Carey, Ira N.: (ID) Dec. 15, 1892, (L) Springfield, (AN) MO5980.344, (CO) Taney
Carey, Thomas: (DI) Apr. 1, 1896, (A) 26Y, (B) 1870, (BP) Ireland, (CO) St. Louis
Carlin, James: (DI) Dec. 1, 1890, (A) 28Y, (B) 1862, (BP) Ireland, (CO) St. Louis
Carlson, Genevieve C.: (A) 21Y, (BP) MO, (B) 1899, (Race) White, (CEN) 1920 Census Piedmont, Alameda Co., CA
Carlyle, Charles M.: (ID) Feb. 20, 1891, (L) Springfield, (AN) MO5940.246, (CO) Taney
Carmack, Moses: (ID) Jan. 25, 1896, (L) Springfield, (AN) MO6010.270, (CO) Laclede
Carmack, Moses: (ID) Dec. 15, 1892, (L) Springfield, (AN) MO5980.313, (CO) Laclede
Carman, Henry C.: (CEN) 1893 NE State Census, MO Veterans, (MIL) 5th MO Cavalry, Co. D, (RES) Cook, NE
Carn, Wave M.: (A) 21Y, (BP) MO, (B) 1899, (Race) White, (CEN) 1920 Census Vallejo, Solano Co., CA
Carnes, Robert P.: (ID) Jun. 1, 1887, (L) Booneville, (AN) MO3290.458, (CO) Grundy
Carney, James W.: (ID) Feb. 13, 1899, (L) Springfield, (AN) MO6040.405, (CO) Laclede
Carpenter, Al: (A) 21Y, (BP) MO, (B) 1899, (Race) White, (CEN) 1920 Census San Francisco, San Francisco Co., CA
Carpenter, Allen F.: (A) 21Y, (BP) MO, (B) 1899, (Race) White, (CEN) 1920 Census, Vallejo, Solano Co., CA
Carpenter, Henry: (ID) Jul. 9, 1895, (L) Springfield, (AN) MO6010.067, (CO) Taney
Carpenter, Samuel: (ID) Apr. 26, 1893, (L) Springfield, (AN) MO5990.098, (CO) Taney
Carr, Mary J.: (ID) Dec. 26, 1891, (L) Booneville, (AN) MO3410.212, (CO) Hickory
Carran, Charles T: (B) 1898, (BP) MO, (CEN) 1920 Census Auglaize,

Laclede Co., MO
Carroll, Frank P.: (ID) Apr. 9, 1892, (L) Springfield, (AN) MO5790.073, (CO) Taney
Carroll, Mabel: (A) 21Y, (B) 1899, (BP) MO, (Race) White, (CEN) 1920 Census Smith, Laclede Co., MO
Carson, James W.: (ID) Aug. 22, 1894, (L) Booneville, (AN) MO3420.325, (CO) Hickory
Cartwright, Clarence P.: (A) 21Y, (BP) MO, (B) 1899, (Race) White, (CEN) 1920 Census Brawley, Imperial Co., CA
Cartwright, William A.: (ID) Feb. 5, 1896, (L) Warsaw, (AN) MO2120.229, (CO) Hickory
Casan, Doctor D.: (ID) Dec. 20, 1881, (L) Springfield, (AN) MO5890.082, (CO) Taney
Case, B. B.: (CEN) 1893 NE State Census, MO Veterans, (MIL) 3rd MO Infantry, Co. C, (RES) Holdrege, NE
Case, Thomas L.: (MD) Aug. 20, 1882, (Spouse) Elizabeth Ford, (CO) Laclede
Casey, Christopher C.: (ID) May 15, 1884, (L) Springfield, (AN) MO5760.365, (CO) Taney
Caslow, William H.: (ID) Oct. 21, 1891, (L) Springfield, (AN) MO5950.211, (CO) Taney
Casserly, Michael: (DI) Sep. 22, 1890, (A) 33Y, (B) 1857, (BP) Ireland, (CO) St. Louis
Castell, Freeland: (MD) Dec. 28, 1882, (Spouse) Martha V. Barnett, (CO) Laclede
Castile, J. A.: (CEN) 1893 NE State Census, MO Veterans, (MIL) 1st MO Cavalry, Co. G, (RES) Orleans, NE
Catanzino, Salvatore: (DI) Apr. 6, 1896, (A) 43Y, (B) 1853, (BP) Italy, (CO) St. Louis
Caton, George W.: (ID) Jan. 20, 1881, (L) Springfield, (AN) MO5890.054, (CO) Taney
Caudill, James: (ID) Apr. 6, 1898, (L) Springfield, (AN) MO6030.208, (CO) Taney
Caudill, Randolph: (ID) Apr. 6, 1898, (L) Springfield, (AN) MO6030.201, (CO) Taney
Caudill, William M.: (ID) Nov. 30, 1894, (L) Springfield, (AN) MO6000.179, (CO) Taney
Caunafax, Joseph: (ID) Dec. 3, 1886, (L) Springfield, (AN) MO5770.485, (CO) Taney
Cawley, Mrs. Bettie: (CMTS) 1899 Tax List, Crawford Twp. Faucett, (CO) Buchanan
Cawley, George W.: (CMTS) 1899 Tax List, Crawford Twp., Halleck, (CO) Buchanan
Cawley, Henry: (CMTS) 1899 Tax List, Crawford Twp., Halleck, (CO) Buchanan
Cawley, James: (CMTS) 1899 Tax List, Crawford Twp., Halleck,

(CO) Buchanan
Cawley, S. P.: (CMTS) 1899 Tax List, Crawford Twp., Faucett, (CO) Buchanan
Cawley, W. G.: (CMTS) 1899 Tax List, Crawford Twp., Halleck, (CO) Buchanan
Cawley, William: (CMTS) 1899 Tax List, Crawford Twp., Halleck, (CO) Buchanan
Cerny, Frank: (DI) Apr. 4, 1896, (A) 29Y, (B) 1867, (BP) Bohemia, (CO) St. Louis
Cfreen, Fred G.: (A) 21Y, (BP) MO, (B) 1899, (Race) White, (CEN) 1920 Census Vallejo, Solano Co., CA
Chaddock, C. T.: (CEN) 1893 NE State Census, MO Veterans, (MIL) 6th MO Infantry, Co. G, (RES) Beatrice, NE
Chadwick, Clara: (A) 21Y, (BP) MO, (B) 1899, (Race) White, (CEN) 1920 Census, Riverside, Riverside Co., CA
Chalfan, J. W.: (CMTS) 1899 Tax List, Crawford Twp., Wallace, (CO) Buchanan
Challoner, Robert: (Song) *The Truant Lover*, (PUB) Read & Stevens, Kansas City, 1885
Chamberlain, Charles W.: (ID) Nov. 13, 1885, (L) Springfield, (AN) MO5770.209, (CO) Taney
Chamberlain, Charles W.: (ID) Nov. 13, 1885, (L) Springfield, (AN) MO5770.210, (CO) Taney
Chamberlain, Charles W.: (ID) Nov. 13, 1885, (L) Springfield, (AN) MO5770.211, (CO) Taney
Chamberlain, Charles W.: (ID) Nov. 13, 1885, (L) Springfield, (AN) MO5770.212, (CO) Taney
Chambers, Ira: (A) 21Y, (B) 1899, (BP) MO, (Race) White, (CEN) 1920 Census, Franklin, Laclede Co., MO
Chambers, Lucinda A.: (ID) Feb. 1, 1894, (L) Springfield, (AN) MO5990.402, (CO) Laclede
Chandler, Le Roy: (A) 21Y, (BP) MO, (B) 1899, (Race) White, (CEN) 1920 Census Vallejo, Solano Co., CA
Chandler, Willis: (ID) Dec. 26, 1891, (L) Booneville, (AN) MO3410.224, (CO) Laclede
Chaney, J. P.: (CEN) 1893 NE State Census, MO Veterans, (MIL) 81st MO Cavalry, Co. A, (RES) Holbrook, NE
Chaney, John L.: (ID) Apr. 6, 1898, (L) Springfield, (AN) MO6030.249, (CO) Laclede
Chaney, Lafayette G.: (ID) Aug. 17, 1895, (L) Booneville, (AN) MO3430.032, (CO) Hickory
Chaney, Wesley W.: (ID) Aug. 1, 1892, (L) Booneville, (AN) MO3410.433, (CO) Hickory
Chapman, C. A.: (ID) Feb. 15, 1897, (L) Springfield, (AN) MO6020.215, (CO) Taney
Chapman, Harry N.: (MD) Mar. 15, 1882, (Spouse) Ella B. Morris, (CO)

Laclede
Chapman, Luther: (B) Jun. 5, 1899, (D) Jan. 18, 1999, (RES) Phillipsburg, MO, (CO) Laclede
Chase, Seth: (ID) Jul. 9, 1895, (L) Springfield, (AN) MO6010.035, (CO) Taney
Chastain, Alfred: (B) Dec. 30, 1899, (D) May, 1968, (RES) Lebanon, MO, (CO) Laclede
Chastain, James H.: (ID) Apr. 3, 1896, (L) Springfield, (AN) MO6010.385, (CO) Laclede
Chasteen, James: (B) 1898, (BP) MO, (CEN) 1920 Census, Washington, Laclede Co., MO
Chasteen, Joseph: (CEN) 1893 NE State Census, MO Veterans, (MIL) 25th MO Infantry, Co. H, (RES) Decatur, NE
Chastein, Robert: (MD) Dec. 25, 1881, (Spouse) Dolly Hyslip, (CO) Laclede
Chatham, Josiah A.: (ID) Apr. 18, 1891, (L) Springfield, (AN) MO5940.303, (CO) Laclede
Chatham, Samuel P.: (ID) Jun. 23, 1888, (L) Springfield, (AN) MO5900.424, (CO) Laclede
Cheesman, Ezra D.: (ID) Jul. 12, 1898, (L) Springfield, (AN) MO6040.023, (CO) Taney
Cherry, Iona: (B) Jul. 14, 1899, (D) Jul, 1987, (RES) Lebanon, MO, (CO) Laclede
Cherry, Simon: (ID) Nov. 20, 1882, (L) Booneville, (AN) MO3380.370, (CO) Laclede
Chestnut, I. H.: (CMTS) 1899 Tax List, Crawford Twp., Wallace, (CO) Buchanan
Chestnut, Robert S.: (A) 21Y, (BP) MO, (B) 1899, (Race) White, (CEN) 1920 Census, El Campo, San Diego Co., CA
Chevront, T.: (CEN) 1893 NE State Census, MO Veterans, (MIL) 7th MO S. M., Co. F, (RES) Greenwood, NE
Chitwood, John C.: (ID) Sep. 6, 1890, (L) Springfield, (AN) MO5780.404, (CO) Taney
Chrisman, Thomas J.: (ID) Dec. 3, 1892, (L) Springfield, (AN) MO5980.287, (CO) Taney
Christ, L. L.: (CMTS) 1899 Tax List, Crawford Twp., Faucett, (CO) Buchanan
Christian, John W.: (ID) Mar. 17, 1892, (L) Springfield, (AN) MO5970.129, (CO) Laclede
Christie, Lucile: (A) 21Y, (BP) MO, (B) 1899, (Race) White, (CEN) 1920 Census Los Angeles, Los Angeles Co., CA
Church, Howard: (CMTS) 1899 Tax List, Crawford Twp., Halleck, (CO) Buchanan
Churchil, Ellen: (A) 21Y, (B) 1899, (BP) MO, (Race) White, (CEN) 1920 Census Lebanon, Laclede Co., MO
Churchill, Donald W.: (A) 21Y, (BP) MO, (B) 1899, (Race) White, (CEN)

1920 Census, Los Angeles, Los Angeles Co., CA
Churchill, Harry: (ID) Nov. 13, 1895, (L) Booneville, (AN) MO3300.497, (CO) Laclede
Clair, Edward: (CEN) 1893 NE State Census, MO Veterans, (MIL) 18th MO Infantry, Co. B, (RES) Fullerton, NE
Clapp, Christopher W.: (ID) May 20, 1897, (L) Springfield, (AN) MO6020.326, (CO) Taney
Clark, Ambrose R.: (ID) Oct. 13, 1891, (L) Booneville, (AN) MO3300.184, (CO) Laclede
Clark, Claud B.: (A) 21Y, (B) 1899, (BP) MO, (Race) White, (CEN) 1920 Census Franklin, Laclede Co., MO
Clark, Earl E.: (A) 21Y, (BP) MO, (B) 1899, (Race) White, (CEN) 1920 Census Modesto, Stanislaus Co., CA
Clark, Ethel: (A) 21Y, (BP) MO, (B) 1899, (Race) White, (CEN) 1920 Census San Diego, San Diego Co., CA
Clark, George: (A) 21Y, (BP) MO, (B) 1899, (Race) White, (CEN) 1920 Census Orosi, Tulare Co., CA
Clark, George H.: (ID) Sep. 27, 1892, (L) Booneville, (AN) MO3410.477, (CO) Laclede
Clark, George W.: (ID) Feb. 10, 1883, (L) Springfield, (AN) MO5890.354, (CO) Laclede
Clark, Gordie: (B) 1899, (D) 1900, (CO) Ray, (C) Crowley Cemetery
Clark, Hubert: (A) 21Y, (BP) MO, (B) 1899, (Race) White, (CEN) 1920 Census Vallejo, Solano Co., CA
Clark, James I.: (ID) Aug. 9, 1895, (L) Springfield, (AN) MO6010.115, (CO) Taney
Clark, James K.: (ID) Mar. 25, 1896, (L) Booneville, (AN) MO3430.152, (CO) Laclede
Clark, Jesse H.: (ID) Apr. 18, 1891, (L) Springfield, (AN) MO5940.372, (CO) Laclede
Clark, Jesse H.: (MD) Feb. 16, 1882, (Spouse) Mary M. E. Hooper, (CO) Laclede
Clark, John C.: (ID) Feb. 1, 1894, (L) Springfield, (AN) MO5990.426, (CO) Taney
Clark, John C.: (ID) Oct. 10, 1896, (L) Springfield, (AN) MO5800.054, (CO) Taney
Clark, John F.: (A) 21Y, (BP) MO, (B) 1899, (Race) White, (CEN) 1920 Census Riverside, Riverside Co., CA
Clark, Levi: (CEN) 1893 NE State Census, MO Veterans, (MIL) 25th MO Vol, Co. G, (RES) Rushville, NE
Clark, Mabel: (B) Aug. 26, 1899, (D) Dec, 1981, (RES) Lebanon, MO, (CO) Laclede
Clark, Nancy P.: (ID) Jul. 12, 1898, (L) Springfield, (AN) MO6040.001, (CO) Taney
Clark, Philp: (A) 21Y, (BP) MO, (B) 1899, (Race) White, (CEN) 1920 Census Beverly Hills, Los Angeles Co., CA

Clark, Velma: (A) 21Y, (BP) MO, (B) 1899, (Race) White, (CEN) 1920 Census Fresno, Fresno Co., CA
Clark, William B.: (ID) Apr. 18, 1891, (L) Springfield, (AN) MO5940.382, (CO) Laclede
Clark, William G.: (ID) Oct. 17, 1892, (L) Springfield, (AN) MO5970.497, (CO) Taney
Clarke, Andrew D.: (ID) May 6, 1896, (L) Booneville, (AN) MO3310.015, (CO) Laclede
Clarke, Gertrude A.: (ID) Jun. 7, 1897, (L) Springfield, (AN) MO6020.355, (CO) Taney
Clarke, Gertrude A.: (ID) Sep. 28, 1898, (L) Springfield, (AN) MO1150.350, (CO) Taney
Clarkson, Benjamin F.: (ID) Sep. 14, 1896, (L) Springfield, (AN) MO6020.063, (CO) Taney
Clauder, Jos.: (Song) *March Selection*, (PUB) Olney & Deagan, St. Louis, 1885
Clauson, Zedrick: (OC) Postmaster, Bluff, Aug. 14, 1895, (CO) Taney
Clay, Jesse B.: (OC) Postmaster, Brown Branch, Jan. 7, 1889, (CO) Taney
Claybrook, James H.: (ID) Nov. 20, 1882, (L) Booneville, (AN) MO3380.353, (CO) Adair
Claypool, Deliah: (A) 21Y, (BP) MO, (B) 1899, (Race) White, (CEN) 1920 Census, Vallejo, Solano Co., CA
Claypool, Roselie: (A) 21Y, (BP) MO, (B) 1899, (Race) White, (CEN) 1920 Census, Township 16, Kern Co., CA
Clayton, Charles S.: (ID) Nov. 30, 1894, (L) Springfield, (AN) MO6000.109, (CO) Taney
Clayton, G. A.: (CMTS) 1899 Tax List, Crawford Twp. DeKalb, (CO) Buchanan
Clayton, G. W.: (CMTS) 1899 Tax List, Crawford Twp. DeKalb, (CO) Buchanan
Clayton, Jesse R.: (ID) Dec. 3, 1892, (L) Springfield, (AN) MO5980.288, (CO) Taney
Clayton, John A.: (ID) May 27, 1897, (L) Springfield, (AN) MO6020.349, (CO) Taney
Clayton, William J.: (ID) Sep. 14, 1896, (L) Springfield, (AN) MO6020.082, (CO) Taney
Clements, Rice P.: (ID) Apr. 22, 1889, (L) Springfield, (AN) MO5920.085, (CO) Taney
Clevenger, Calvin G.: (ID) Feb. 6, 1892, (L) Springfield, (AN) MO5960.059, (CO) Taney
Clevenger, Calvin G.: (ID) May 28, 1889, (L) Springfield, (AN) MO5780.286, (CO) Taney
Clifton, E W.: (A) 21Y, (BP) MO, (B) 1899, (Race) White, (CEN) 1920 Census San Bernardino, San Bernardino Co., CA
Clifton, Isaiah: (ID) Dec. 26, 1891, (L) Booneville, (AN) MO3410.131, (CO) Laclede

Clifton, Lucinda: (ID) Dec. 26, 1891, (L) Booneville, (AN) MO3410.131, (CO) Laclede

Cline, Patrick: (CEN) 1893 NE State Census, MO Veterans, (MIL) 50th MO Infantry, Co. A, (RES) Louisville, NE

Cline, R. A.: (CMTS) 1899 Tax List, Crawford Twp., (CO) Buchanan, Wallace

Clinkenbeard, Mrs. M. L.: (CMTS) 1899 Tax List, Crawford Twp., Faucett, (CO) Buchanan

Clinkenbeard, Samuel M.: (ID) Feb. 1, 1894, (L) Springfield, (AN) MO5990.395, (CO) Taney

Clinkingbeard, Robert E.: (ID) Dec. 15, 1892, (L) Springfield, (AN) MO5980.340, (CO) Taney

Clisbee, William B.: (ID) Nov. 26, 1883, (L) Booneville, (AN) MO3380.479, (CO) Hickory

Clock, Joseph: (ID) Aug. 15, 1888, (L) Springfield, (AN) MO5910.391, (CO) Taney

Clohosey, Timothy: (DI) Apr. 3, 1896, (A) 27Y, (B) 1869, (BP) Ireland, (CO) St. Louis

Clouser, D. W.: (CMTS) 1899 Tax List, Crawford Twp., Halleck, (CO) Buchanan

Clouser, J. A.: (CMTS) 1899 Tax List, Crawford Twp., Halleck, (CO) Buchanan

Clouser, Mrs. M. A.: (CMTS) 1899 Tax List, Crawford Twp., Faucett, (CO) Buchanan

Clouser, Thos. H.: (CMTS) 1899 Tax List, Crawford Twp., Halleck, (CO) Buchanan

Clouts, Benjamin F.: (ID) Nov. 10, 1882, (L) Booneville, (AN) MO3290.140, (CO) Hickory

Clouts, Bergemon R.: (ID) May 25, 1883, (L) Booneville, (AN) MO3290.229, (CO) Hickory

Cobb, Charles H.: (ID) Aug. 30, 1882, (L) Springfield, (AN) MO5890.299, (CO) Taney

Cobb, Charles L.: (ID) Mar. 18, 1897, (L) Springfield, (AN) MO5800.121, (CO) Taney

Coberly, Oliver P.: (ID) Apr. 6, 1898, (L) Springfield, (AN) MO6030.174, (CO) Taney

Coble, Harvey H.: (ID) Dec. 30, 1884, (L) Springfield, (AN) MO5760.433, (CO) Taney

Cobler, George L.: (A) 21Y, (BP) MO, (B) 1899, (Race) White, (CEN) 1920 Census, Calexico, Imperial Co., CA

Cochran, Jeremiah: (ID) Feb. 10, 1883, (L) Springfield, (AN) MO5890.361, (CO) Taney

Cockrum, John K.: (ID) Jun. 26, 1890, (L) Springfield, (AN) MO5780.364, (CO) Laclede

Codoro, Agation: (DI) Apr. 6, 1896, (A) 30Y, (B) 1866, (BP) Italy, (CO) St. Louis

Coffelt, Thomas: (ID) Feb. 10, 1883, (L) Springfield, (AN) MO5890.341, (CO) Taney
Coffey, George W.: (MD) Sep. 26, 1881, (Spouse) Sarah E. Wilson, (CO) Laclede
Coffey, Robert E.: (ID) Mar. 18, 1897, (L) Springfield, (AN) MO5800.110, (CO) Taney
Coffman, Charles C.: (ID) Mar. 13, 1895, (L) Springfield, (AN) MO6000.389, (CO) Laclede
Coffman, F. S.: (MD) Apr. 3, 1881, (Spouse) Mertia Spohn, (CO) Laclede
Coffman, Havea: (B) 1898, (BP) MO, (CEN) 1920 Census Lebanon, Laclede Co., MO
Coffman, Isaac L.: (MD) May 1, 1881, (Spouse) Alice F. Haggard, (CO) Laclede
Coffman, Thomas A.: (MD) Apr. 24, 1881, (Spouse) Josephine Daniels, (CO) Laclede
Cogdill, R. N.: (CMTS) 1899 Tax List, Crawford Twp., Halleck, (CO) Buchanan
Cohen, Edward: (DI) Apr. 4, 1896, (A) 35Y, (B) 1861, (BP) Ireland, (CO) St. Louis
Cohen, Rose: (A) 21Y, (BP) MO, (B) 1899, (Race) White, (CEN) 1920 Census Los Angeles, Los Angeles Co., CA
Coiner, David S.: (ID) Oct. 31, 1892, (L) Springfield, (AN) MO5980.126, (CO) Taney
Coker, J. D.: (CMTS) 1899 Tax List, Crawford Twp., Wallace, (CO) Buchanan
Coker, John: (ID) Jun. 11, 1895, (L) Springfield, (AN) MO6000.450, (CO) Taney
Colbert, Opal: (A) 21Y, (BP) MO, (B) 1899, (Race) White, (CEN) 1920 Census Fresno, Fresno Co., CA
Colby, Lisle: (Song) *Editha Waltz*, (PUB) Kunkel Bros., St. Louis, 1885
Colclasure, William R.: (ID) Jun. 28, 1890, (L) Springfield, (AN) MO5920.465, (CO) Laclede
Cole, Abraham: (ID) Nov. 28, 1896, (L) Springfield, (AN) MO6020.178, (CO) Taney
Cole, Abraham: (ID) Dec. 10, 1881, (L) Springfield, (AN) MO5760.024, (CO) Taney
Cole, David N.: (ID) Dec. 14, 1895, (L) Booneville, (AN) MO3430.095, (CO) Laclede
Cole, J.: (B) Jun. 7, 1899, (D) Feb, 1981, (RES) Lebanon, MO, (CO) Laclede
Cole, James D: (B) 1898, (BP) NC, (CEN) 1920 Census, Eldridge, Laclede Co., MO
Cole, Spencer M.: (ID) Jan. 7, 1885, (L) Springfield, (AN) MO5900.062, (CO) Taney
Colletti, Stifano: (DI) Apr. 6, 1896, (A) 24Y, (B) 1872, (BP) Italy, (CO) St. Louis

Colley, Samuel: (B) 1813, (D) 1884, (CO) Ray, (C) Crowley Cemetery
Collier, James: (A) 21Y, (BP) MO, (B) 1899, (Race) White, (CEN) 1920 Census Brawley, Imperial Co., CA
Collins, Claude C.: (A) 21Y, (BP) MO, (B) 1899, (Race) White, (CEN) 1920 Census, Fairmont, Los Angeles Co., CA
Collins, Francis: (A) 21Y, (BP) MO, (B) 1899, (Race) White, (CEN) 1920 Census Venice, Los Angeles Co., CA
Collins, Christopher C.: (OC) Postmaster, Cedar Creek, May 22, 1894, (CO) Taney
Colman, N. A.: (CEN) 1893 NE State Census, MO Veterans, (MIL) 6th MO Infantry, Co. F, (RES) London, NE
Colman, Pleasant E.: (ID) Apr. 18, 1895, (L) Booneville, (AN) MO3420.449, (CO) Laclede
Colman, Pleasant E.: (ID) Aug. 1, 1892, (L) Booneville, (AN) MO3410.418, (CO) Laclede
Colmon, Mary A.: (ID) May 22, 1895, (L) Booneville, (AN) MO3420.494, (CO) Laclede
Colt, Fred K.: (A) 21Y, (BP) MO, (B) 1899, (Race) White, (CEN) 1920 Census, San Quentin, Marin Co., CA
Combs, Franklin J.: (ID) Aug. 8, 1892, (L) Springfield, (AN) MO5970.376, (CO) Taney
Combs, J. W.: (CMTS) 1899 Tax List, Crawford Twp., Halleck, (CO) Buchanan
Combs, James H.: (ID) Apr. 23, 1889, (L) Springfield, (AN) MO5920.104, (CO) Taney
Combs, John W.: (ID) Aug. 10, 1888, (L) Springfield, (AN) MO5910.265, (CO) Taney
Combs, Laura J.: (ID) Aug. 8, 1892, (L) Springfield, (AN) MO5970.376, (CO) Taney
Combs, Percy: (A) 21Y, (BP) MO, (B) 1899, (Race) White, (CEN) 1920 Census, San Quentin, Marin Co., CA
Combs, Samuel: (MD) Dec. 22, 1881, (Spouse) Josie Jones, (CO) Laclede
Combs, William L.: (ID) Feb. 12, 1892, (L) Springfield, (AN) MO5960.121, (CO) Taney
Combs, Ambrose: (OC) Postmaster, Goodloe, Jan. 12, 1899, (CO) Taney
Comer, Elizabeth: (ID) Jan. 18, 1894, (L) Springfield, (AN) MO5990.381, (CO) Taney
Compton, Henry H.: (ID) Nov. 23, 1891, (L) Springfield, (AN) MO5950.303, (CO) Taney
Comstock, George M.: (ID) Nov. 5, 1897, (L) Booneville, (AN) MO3430.466, (CO) Hickory
Concannon, Eugene: (OC) Blacksmith, (RES) Kansas City, MO, (CMTS) City Directory Kansas City, MO, 1899
Connell, John: (OC) Blacksmith, (RES) Kansas City, MO, (CMTS) City Directory Kansas City, MO, 1899
Conner, Jean P.: (A) 21Y, (BP) MO, (B) 1899, (Race) White, (CEN) 1920

Census Angel Island, Marin Co., CA
Conner, Thomas D.: (ID) Oct. 18, 1886, (L) Springfield, (AN) MO5770.467, (CO) Taney
Connolly, Peter: (DI) Apr. 6, 1896, (A) 40Y, (B) 1856, (BP) Ireland, (CO) St. Louis
Connors, Patrick: (DI) Apr. 3, 1896, (A) 36Y, (B) 1860, (BP) Ireland, (CO) St. Louis
Constance, A. J.: (CEN) 1893 NE State Census, MO Veterans, (MIL) 23th MO Infantry, Co. B, (RES) Arcadia, NE
Convey, Patrick: (DI) Apr. 1, 1896, (A) 31Y, (B) 1865, (BP) Ireland, (CO) St. Louis
Conway, Michael G.: (OC) Blacksmith, (RES) Kansas City, MO, (CMTS) City Directory Kansas City, MO, 1899
Conway, Patrick: (OC) Blacksmith, (RES) Kansas City, MO, (CMTS) City Directory Kansas City, MO, 1899
Conway, Thomas: (OC) Blacksmith, (RES) Kansas City, MO, (CMTS) City Directory Kansas City, MO, 1899
Cook, Andrew: (ID) Feb. 17, 1890, (L) Springfield, (AN) MO5920.280, (CO) Taney
Cook, Calvin L.: (ID) Nov. 30, 1894, (L) Springfield, (AN) MO6000.079, (CO) Taney
Cook, Dencie: (B) Apr. 7, 1899, (D) Oct, 1975, (RES) Falcon, MO, (CO) Laclede
Cook, Edgar T.: (A) 21Y, (BP) MO, (B) 1899, (Race) White, (CEN) 1920 Census Pasadena, Los Angeles Co., CA
Cook, Fitzhugh L.: (ID) Apr. 9, 1892, (L) Springfield, (AN) MO5790.148, (CO) Laclede
Cook, George M.: (ID) Apr. 18, 1891, (L) Springfield, (AN) MO5940.459, (CO) Laclede
Cook, Grace: (A) 21Y, (BP) MO, (B) 1899, (Race) White, (CEN) 1920 Census Los Angeles, Los Angeles Co., CA
Cook, Harmon S.: (ID) Nov. 10, 1897, (L) Springfield, (AN) MO6030.025, (CO) Taney
Cook, James: (ID) Jun. 3, 1885, (L) Springfield, (AN) MO5760.486, (CO) Taney
Cook, James: (ID) Oct. 28, 1896, (L) Springfield, (AN) MO5800.076, (CO) Taney
Cook, James: (ID) Dec. 30, 1884, (L) Springfield, (AN) MO5760.459, (CO) Taney
Cook, James D.: (ID) Oct. 21, 1891, (L) Springfield, (AN) MO5950.220, (CO) Taney
Cook, John E.: (ID) Dec. 26, 1891, (L) Booneville, (AN) MO3410.129, (CO) Hickory
Cook, John W.: (ID) May 28, 1888, (L) Booneville, (AN) MO3390.379, (CO) Hickory
Cook, Nettie: (B) Jan. 6, 1899, (D) Dec. 22, 1990, (RES) Lebanon, MO,

(CO) Laclede
Cook, Silas: (ID) Jul. 27, 1897, (L) Springfield, (AN) MO6020.425, (CO) Laclede
Cook, Walter L.: (ID) Apr. 18, 1891, (L) Springfield, (AN) MO5950.009, (CO) Taney
Cook, William L.: (ID) Dec. 18, 1896, (L) Springfield, (AN) MO6020.205, (CO) Taney
Cook, Wilson: (ID) Sep. 25, 1894, (L) Springfield, (AN) MO5990.466, (CO) Taney
Cook, Harmon L.: (OC) Postmaster, Bluff, Sep. 3, 1897, (CO) Taney
Cook, Hiram S.: (OC) Postmaster, Day, Nov. 4, 1897, Dec. 2, 1897, (CO) Taney
Cooke, James A.: (A) 21Y, (BP) MO, (B) 1899, (Race) White, (CEN) 1920 Census, Oakland, Alameda Co., CA
Coon, Jasper: (ID) May 28, 1888, (L) Booneville, (AN) MO3390.441, (CO) Hickory
Coon, William W.: (ID) Sep. 27, 1892, (L) Booneville, (AN) MO3410.491, (CO) Hickory
Coonce, William A.: (ID) Feb. 9, 1898, (L) Springfield, (AN) MO6030.099, (CO) Laclede
Cooney, S. Clark: (CEN) 1893 NE State Census, MO Veterans, (MIL) 2nd MO Cavalry, Co. A, (RES) Fullerton, NE
Coontz, Mabel: (A) 21Y, (BP) MO, (B) 1899, (Race) White, (CEN) 1920 Census Pomona, Los Angeles Co., CA
Cooper, James S.: (ID) Feb. 24, 1894, (L) Booneville, (AN) MO3420.265, (CO) Hickory
Cooper, John F.: (ID) Feb. 5, 1891, (L) Booneville, (AN) MO3400.365, (CO) Hickory
Cooper, Joseph M.: (ID) Feb. 6, 1892, (L) Springfield, (AN) MO5960.045, (CO) Taney
Cooper, Melville H.: (ID) Nov. 1, 1890, (L) Booneville, (AN) MO3400.291, (CO) Hickory
Coots, Albers: (CMTS) 1899 Tax List, Crawford Twp., Wallace, (CO) Buchanan
Cope, Samuel J.: (OC) Blacksmith, (RES) Kansas City, MO, (CMTS) City Directory Kansas City, MO, 1899
Cope, Squire D.: (ID) Nov. 23, 1893, (L) Springfield, (AN) MO5950.412, (CO) Taney
Copeland, Nathaniel P.: (ID) Nov. 23, 1891, (L) Springfield, (AN) MO5950.393, (CO) Taney
Copher, Benjamin F.: (ID) Oct. 21, 1891, (L) Springfield, (AN) MO5950.154, (CO) Taney
Corbin, Nathaniel: (CEN) 1893 NE State Census, MO Veterans, (MIL) 7th Cavalry, Co. I, (RES) Ayr, NE
Cormack, Chas. H.: (CEN) 1893 NE State Census, MO Veterans, (MIL) 14th MO Cavalry, Co. I, (RES) Beaver City, NE

Cornelison, Coonrad: (ID) Aug. 15, 1888, (L) Springfield, (AN) MO5910.344, (CO) Taney
Cornelison, Coonrod: (ID) Jun. 13, 1899, (L) Springfield, (AN) MO6060.280, (CO) Taney
Cornett, Joseph A.: (ID) Feb. 21, 1893, (L) Springfield, (AN) MO5980.498, (CO) Taney
Cornett, Joseph A.: (ID) Nov. 16, 1893, (L) Springfield, (AN) MO5790.331, (CO) Taney
Cornett, Levi T.: (ID) Jul. 27, 1897, (L) Springfield, (AN) MO6020.410, (CO) Taney
Cornett, Levi T.: (ID) Nov. 10, 1882, (L) Springfield, (AN) MO5760.161, (CO) Taney
Corr, Thomas: (CEN) 1893 NE State Census, MO Veterans, (MIL) 10th MO Infantry, Co. E, (RES) Staplehurst, NE
Corrigan, Patrick: (DI) Apr. 6, 1896, (A) 45Y, (B) 1851, (BP) Ireland, (CO) St. Louis
Corwin, Gladys: (A) 21Y, (BP) MO, (B) 1899, (Race) White, (CEN) 1920 Census Los Angeles, Los Angeles Co., CA
Cory, Martin J.: (ID) Jan. 7, 1893, (L) Booneville, (AN) MO3420.072, (CO) Adair
Cosgrove, Patrick: (DI) Apr. 1, 1896, (A) 45Y, (B) 1851, (BP) Ireland, (CO) St. Louis
Cossey, Hurshal: (B) Aug. 22, 1899, (D) Nov, 1985, (RES) Phillipsburg, MO, (CO) Laclede
Cossey, James: (ID) Jan. 7, 1885, (L) Springfield, (AN) MO5900.035, (CO) Laclede
Cossey, Thomas: (ID) Jun. 25, 1885, (L) Springfield, (AN) MO5770.167, (CO) Laclede
Costelow, Earnest U.: (A) 21Y, (BP) MO, (B) 1899, (Race) White, (CEN) 1920 Census Santa Paula, Ventura Co., CA
Costlow, Jonathan: (ID) Feb. 17, 1890, (L) Springfield, (AN) MO5920.372, (CO) Taney
Costlow, Lydia P.: (ID) Feb. 17, 1890, (L) Springfield, (AN) MO5920.372, (CO) Taney
Coughlin, Ella: (A) 21Y, (BP) MO, (B) 1899, (Race) White, (CEN) 1920 Census Los Angeles, Los Angeles Co., CA
Coulter, Samuel H.: (ID) Apr. 9, 1892, (L) Springfield, (AN) MO5790.157, (CO) Taney
Coulter, Samuel H.: (ID) Nov. 18, 1895, (L) Springfield, (AN) MO6010.247, (CO) Taney
Coulter, Will A.: (ID) Apr. 12, 1888, (L) Booneville, (AN) MO3290.477, (CO) Osage
Courtney, John: (A) 21Y, (BP) MO, (B) 1899, (Race) White, (CEN) 1920 Census Los Angeles, Los Angeles Co., CA
Covey, Joshua H.: (ID) Aug. 3, 1882, (L) Springfield, (AN) MO5890.230, (CO) Taney

Cowan, Frederick R.: (OC) Blacksmith, (RES) Kansas City, MO, (CMTS) City Directory Kansas City, MO, 1899

Cowan, Leo: (CMTS) 1899 Tax List, Crawford Twp., Halleck, (CO) Buchanan

Cowen, Margaret: (ID) Mar. 27, 1893, (L) Booneville, (AN) MO3420.135, (CO) Hickory

Cowperthwait, S. J.: (CEN) 1893 NE State Census, MO Veterans, (MIL) 5th MO Cavalry, Co. K, (RES) Pawnee City, NE

Cox, James: (ID) Aug. 10, 1888, (L) Springfield, (AN) MO5910.255, (CO) Taney

Cox, John H.: (MD) Nov. 23, 1881, (Spouse) Rebecca E. Vermillion, (CO) Laclede

Cox, John L.: (CEN) 1893 NE State Census, MO Veterans, (MIL) 50th MO Infantry, Co. F, (RES) Cedar Rapids, NE

Cox, Joseph: (CMTS) 1899 Tax List, Crawford Twp., Dearborn, (CO) Buchanan

Cox, Joseph: (ID) Aug. 5, 1898, (L) Springfield, (AN) MO6040.145, (CO) Taney

Cox, Mrs. M. M.: (CMTS) 1899 Tax List, Crawford Twp., Wallace, (CO) Buchanan

Cox, Samuel A.: (OC) Blacksmith, (RES) Kansas City, MO, (CMTS) City Directory Kansas City, MO, 1899

Cox, Thomas: (CMTS) 1899 Tax List, Crawford Twp., Faucett, (CO) Buchanan

Cox, W. F.: (CMTS) 1899 Tax List, Crawford Twp., Wallace, (CO) Buchanan

Cox, W. H.: (CMTS) 1899 Tax List, Crawford Twp., Wallace, (CO) Buchanan

Cox, W. S.: (CMTS) 1899 Tax List, Crawford Twp., Wallace, (CO) Buchana

Cox, William D.: (ID) Apr. 16, 1892, (L) Booneville, (AN) MO3300.262, (CO) Hickory

Cox, William R.: (ID) Apr. 23, 1889, (L) Springfield, (AN) MO5920.122, (CO) Taney

Coy, Henry: (ID) Nov. 13, 1885, (L) Springfield, (AN) MO5770.219, (CO) Tancy

Coyne, Michael: (DI) Apr. 3, 1896, (A) 28Y, (B) 1868, (BP) Ireland, (CO) St. Louis

Crabtree, John R.: (ID) Sep. 14, 1896, (L) Booneville, (AN) MO3430.228, (CO) Laclede

Craddock, John T.: (ID) Sep. 23, 1893,(L) Springfield, (AN) MO5990.243, (CO) Taney

Craft, Asa A.: (ID) Feb. 2, 1889, (L) Springfield, (AN) MO5910.482, (CO) Laclede

Craft, William J.: (ID) Jul. 2, 1894, (L) Springfield, (AN) MO5790.362, (CO) Taney

Craig, Alfred: (ID) Jan. 18, 1894, (L) Springfield, (AN)
MO5990.363, (CO) Taney
Craig, Andrew J.: (ID) Aug. 15, 1888, (L) Springfield, (AN)
MO5910.337, (CO) Taney
Craig, David: (OC) Blacksmith, (RES) Kansas City, MO, (CMTS)
City Directory Kansas City, MO, 1899
Craighton, J. L.: (A) 21Y, (BP) MO, (B) 1899, (Race) White, (CEN) 1920
Census Township 16, Kern Co., CA
Cramer, William H.: (ID) Dec. 20, 1881, (L) Springfield, (AN)
MO5890.116, (CO) Taney
Crane, Harry E.: (A) 21Y, (BP) MO, (B) 1899, (Race) White, (CEN) 1920
Census Township 8, Fresno Co., CA
Craven, L.: (OC) Blacksmith, (RES) Kansas City, MO, (CMTS)
City Directory Kansas City, MO, 1899
Cravens, Frank A.: (A) 21Y, (BP) MO, (B) 1899, (Race) White, (CEN)
1920 Census Long Beach, Los Angeles Co., CA
Crawford, James: (CEN) 1893 NE State Census, MO Veterans, (MIL)
18th MO Infantry, Co. G, (RES) Kowanda, NE
Crawford, John: (OC) Blacksmith, (RES) Kansas City, MO, (CMTS)
City Directory Kansas City, MO, 1899
Crawford, John V.: (OC) Blacksmith, (RES) Kansas City, MO, (CMTS)
City Directory Kansas City, MO, 1899
Crawford, Wm: (A) 21Y, (BP) MO, (B) 1899, (Race) White, (CEN) 1920
Census San Diego, San Diego Co., CA
Creach, John F.: (ID) Jul. 14, 1893, (L) Booneville, (AN) MO3300.355,
(CO) Hickory
Crediston, John R.: (OC) Blacksmith, (RES) Kansas City, MO, (CMTS)
City Directory Kansas City, MO, 1899
Crew, Hughes C.: (OC) Blacksmith, (RES) Kansas City, MO, (CMTS)
City Directory Kansas City, MO, 1899
Crews, Roy: (A) 21Y, (BP) MO, (B) 1899, (Race) White, (CEN) 1920
Census San Diego, San Diego Co., CA
Crick, Morris S.: (A) 21Y, (B) 1899, (BP) IN, (Race) White, (CEN) 1920
Census Union, Laclede Co., MO
Crider, Daniel: (ID) Feb. 24, 1894, (L) Booneville, (AN) MO3420.256,
(CO) Osage
Cripps, Thomas: (ID) Dec. 26, 1891, (L) Booneville, (AN)
MO3410.201, (CO) Hickory
Cripps, William R.: (ID) Oct. 20, 1891, (L) Booneville, (AN)
MO3410.113, (CO) Hickory
Crisp, George R.: (B) Apr. 10, 1889, (D) Oct. 26, 1890, (PRTS) Andrew
C. Crisp., (CO) Wright
Crisp, John: (B) Dec. 8, 1881, (D) Mar., 1983, (RES) Linden, Rogersville,
MO, (CO) Webster
Crisp, John H.: (B) May 29, 1883, (BP) Manes, MO, (CO) Wright,
(PRTS) George R. Crisp

Crisp, John R.: (MD) Dec. 19, 1898, (Spouse) Amanda L. Williams, (CO) Wright
Crisp, John W.: (ID) Mar. 7, 1892, (L) Springfield, (AN) MO5960.371, (CO) Laclede
Crisp, John W.: (MD) Oct. 16, 1882, (Spouse) Sarah Pearcy, (CO) Laclede
Crisp, Rufus M.: (B) Aug. 27, 1897, (D) Jan. 27, 1907, (PRTS) Rufus Crisp, (CO) Wright
Crisp, Rufus W.: (B) Jun. 29, 1889, (D) Jul. 22, 1967, (CO Wright, (PRTS) Jahue Crisp
Crisp, Sarah: (ID) Mar. 7, 1892, (L) Springfield, (AN) MO5960.371, (CO) Laclede
Crisp, William: (A) 21Y, (BP) MO, (B) 1899, (Race) White, (CEN) 1920 Census, Los Angeles, Los Angeles Co., CA
Crisp, William: (B) Apr. 20, 1898, (D) Dec., 1977, (RES) Eldon, Bagnell Dam, Aurora Springs, (CO) Miller
Crisp, Andrew C.: (MD) Feb. 28, 1886, (Spouse) Margaret Jane Wynn, (CO) Wright
Critchfield, General: (MD) Nov. 11, 1882, (Spouse) Rachel Vernon, (CO) Laclede
Critchfield, J. M.: (CMTS) 1899 Tax List, Crawford Twp., Faucett, (CO) Buchanan
Critchfield, R. E.: (CMTS) 1899 Tax List, Crawford Twp., Halleck, (CO) Buchanan
Critchfield, James H.: (OC) Postmaster, Day, Mar. 1, 1894, (CO) Taney
Crithfield, Joshua C.: (ID) Feb. 24, 1894, (L) Booneville, (AN) MO3420.268, (CO) Hickory
Croddock, Richard R.: (ID) May 25, 1883, (L) Booneville, (AN) MO3290.212, (CO) Laclede
Cronk, Benjamin B.: (OC) Blacksmith, (RES) Kansas City, MO, (CMTS) City Directory Kansas City, MO, 1899
Crooks, John: (ID) Apr. 9, 1892, (L) Booneville, (AN) MO3410.347, (CO) Hickory
Crotty, John: (OC) Blacksmith, (RES) Kansas City, MO, (CMTS) City Directory Kansas City, MO, 1899
Crouch, James L.: (ID) Nov. 28, 1896, (L) Springfield, (AN) MO6020.201, (CO) Taney
Crouch, Samuel: (ID) Oct. 18, 1892, (L) Springfield, (AN) MO5980.062, (CO) Taney
Crow, Milford W.: (ID) Feb. 6, 1892, (L) Springfield, (AN) MO5960.009, (CO) Taney
Crowell, E.: (Song) *AutumnalWaltz*, (PUB) A. W. Perry & Son, Sedalia, 1889
Crowfoot, John M.: (CEN) 1893 NE State Census, MO Veterans, (MIL) 12th MO Cavalry, Co. M, (RES) Hebron, NE
Crowley, Frances: (B) 1812, (D) 1883, (CO) Ray, (C) Crowley Cemetery

Crudington, George W.: (ID) Aug. 8, 1892, (L) Booneville, (AN) MO3300.303, (CO) Hickory

Crum, James C.: (A) 21Y, (BP) MO, (B) 1899, (Race) White, (CEN) 1920 Census Los Angeles, Los Angeles Co., CA

Crumley, Edward: (ID) Oct. 7, 1893, (L) Springfield, (AN) MO5990.275, (CO) Taney

Crump, Jesse: (A) 21Y, (BP) MO, (B) 1899, (Race) Colored, (CEN) 1920 Census Los Angeles, Los Angeles Co., CA

Crutchfield, General: (ID) Dec. 26, 1891, (L) Booneville, (AN) MO3410.273, (CO) Laclede

Crutchfield, Nathan: (ID) Feb. 25, 1899, (L) Springfield, (AN) MO6060.073, (CO) Taney

Crutchfield, Talton: (OC) Blacksmith, (RES) Kansas City, MO, (CMTS) City Directory Kansas City, MO, 1899

Cullen, Philip M.: (DI) Apr. 3, 1896, (A) 52Y, (B) 1844, (BP) Ireland, (CO) St. Louis

Culp, Benjamin F.: (CEN) 1893 NE State Census, MO Veterans, (MIL) 50th MO Infantry, Co. F, (RES) Pleasant Dale, NE

Culver, Walter L.: (A) 21Y, (BP) MO, (B) 1899, (Race) White, (CEN) 1920 Census, Oakland, Alameda Co., CA

Cummings, Jacob M.: (ID) Feb. 12, 1892, (L) Springfield, (AN) MO5960.149, (CO) Taney

Cummings, John L.: (DI) Apr. 2, 1896, (A) 28Y, (B) 1868, (BP) Ireland, (CO) St. Louis

Cummings, Rubin: (ID) Apr. 23, 1889, (L) Springfield, (AN) MO5920.167, (CO) Taney

Cummings, Vincent A.: (ID) Oct. 17, 1892, (L) Springfield, (AN) MO5980.056, (CO) Taney

Cummings, William F.: (ID) Feb. 19, 1896, (L) Springfield, (AN) MO6010.336, (CO) Taney

Cummings, Pleasant A.: (OC) Post Master, Cedar Creek, Apr. 30, 1890, (CO) Taney

Cummings, Rueben W. P.: (OC) Postmaster, Day, Oct. 18, 1892, Jun. 22, 1895,(CO) Taney

Cummins, Vincent: (ID) Apr. 23, 1889, (L) Springfield, (AN) MO5920.136, (CO) Taney

Cunningham, Clarence A.: (A) 21Y, (BP) MO, (B) 1899, (Race) White, (CEN) 1920 Census, Colfax, Placer Co., CA

Cunningham, Richard W.: (ID) Apr. 23, 1891, (L) Springfield, (AN) MO5950.024, (CO) Taney

Cupp, Isaac: (ID) Mar. 7, 1892, (L) Springfield, (AN) MO5960.330, (CO) Taney

Cupp, Rosa G.: (ID) Jan. 25, 1896, (L) Springfield, (AN) MO6010.292, (CO) Taney

Cupp, Simpson: (ID) Mar. 13, 1895, (L) Springfield, (AN) MO6000.295, (CO) Taney

Curby, Reuben: (ID) Mar. 1, 1884, (L) Springfield, (AN) MO5680.183, (CO) Laclede
Currie, Geo.: (CEN) 1893 NE State Census, MO Veterans, (MIL), Co. Â, (RES) Hoag, NE
Curry, Ida R.: (A) 21Y, (BP) MO, (B) 1899, (Race) White, (CEN) 1920 Census Los Angeles, Los Angeles Co., CA
Curry, John E.: (A) 21Y, (BP) MO, (B) 1899, (Race) White, (CEN) 1920 Census Pasadena, Los Angeles Co., CA
Curry, Louis: (ID) Feb. 9, 1898, (L) Springfield, (AN) MO6030.126, (CO) Taney
Curry, Mary E.: (ID) Sep. 10, 1898, (L) Springfield, (AN) MO6040.215 (CO) Taney
Curry, Matilda F.: (ID) Feb. 9, 1898, (L) Springfield, (AN) MO6030.126, (CO) Taney
Curtis, Claude: (B) Oct. 8, 1899, (D) Dec, 1967, (RES) Lebanon, MO, (CO) Laclede
Curtis, George: (OC) Blacksmith, (RES) Kansas City, MO, (CMTS) City Directory Kansas City, MO, 1899
Curtis, W. D.: (CMTS) 1899 Tax List, Crawford Twp., Halleck, (CO) Buchanan
Cutbirth, Andrew: (ID) Oct. 11, 1886, (L) Springfield, (AN) MO5900.358, (CO) Taney
Cutburth, Irez W.: (ID) Aug. 20, 1892, (L) Springfield, (AN) MO5970.392, (CO) Taney
Czibulka, Alphons: (Song) *Stephanie Gavotte*, (PUB) Kunkel Bros., St. Louis, 1885
Dahlin, Gunnar: (OC) Blacksmith, (RES) Kansas City, MO, (CMTS) City Directory Kansas City, MO, 1899
Dahlin, John: (OC) Blacksmith, (RES) Kansas City, MO, (CMTS) City Directory Kansas City, MO, 1899
Dailey, John J.: (OC) Blacksmith, (RES) Kansas City, MO, (CMTS) City Directory Kansas City, MO, 1899
Daily, Henry: (Song) *Only as Far as the Gate*, (PUB) W. A. Evans & Bro., St. Louis, 1882
Dalbey, C. W.: (Song) *Polka Fiery Darts*, (PUB) Dalbey & Roff, Kansas City, 1884
Dallam, John: (CMTS) 1899 Tax List, Crawford Twp., Halleck, (CO) Buchanan
Daly, John: (DI) Apr. 1, 1896, (A) 46Y, (B) 1850, (BP) Ireland, (CO) St. Louis
Dampier, Josiah: (ID) Feb. 13, 1899, (L) Booneville, (AN) MO6040.440, (CO) Laclede
Danci, Frank: (DI) Apr. 6, 1896, (A) 28Y, (B) 1868, (BP) Italy, (CO) St. Louis
Danes, Laura: (A) 21Y, (BP) MO, (B) 1899, (Race) White, (CEN) 1920 Census Sacramento, Sacramento Co., CA

Danford, Carl A.: (A) 21Y, (BP) MO, (B) 1899, (Race) White, (CEN) 1920 Census, Los Angeles, Los Angeles Co., CA

Daniel, Burdett L.: (ID) Feb. 10, 1883, (L) Booneville, (AN) MO3380.427, (CO) Hickory

Daniels, C. T.: (CEN) 1893 NE State Census, MO Veterans, (MIL) 3rd MO Cavalry, Co. D, (RES) Ansley, NE

Daniels, Caroline: (ID) Nov. 30, 1894, (L) Springfield, (AN) MO6000.055, (CO) Laclede

Daniels, Charles: (A) 21Y, (BP) MO, (B) 1899, (Race) White, (CEN) 1920 Census, San Francisco, San Francisco Co., CA

Daniels, James: (CEN) 1893 NE State Census, MO Veterans, (MIL) 4th Enrolled Missouri, Militia, Co. M, (RES) Blair, NE

Daniels, John G.: (CEN) 1893 NE State Census, MO Veterans, (MIL) 23rd MO Infantry, Co. E, (RES) Adaton, NE

Dann, Jonathan A.: (ID) May 28, 1889, (L) Springfield, (AN) MO5780.268, (CO) Taney

Dans, J. W.: (CEN) 1893 NE State Census, MO Veterans, (MIL) 42nd MO Infantry, Co. C, (RES) Curtis, NE

Darby, Mark E.: (ID) Jul. 14, 1893, (L) Booneville, (AN) MO3300.356, (CO) Hickory

Dargon, Grace: (A) 21Y, (BP) MO, (B) 1899, (Race) White, (CEN) 1920 Census, San Diego, San Diego Co., CA

Darrell, Thomas B.: (ID) Aug. 15, 1888, (L) Springfield, (AN) MO5910.394, (CO) Taney

Darrington, Mildred: (A) 21Y, (BP) MO, (B) 1899, (Race) Mulatto, (CEN) 1920 Census, Los Angeles, Los Angeles Co., CA

Darst, Harry H.: (OC) Blacksmith, (RES) Kansas City, MO, (CMTS) City Directory Kansas City, MO, 1899

Darter, Albert: (ID) Feb. 5, 1891, (L) Booneville, (AN) MO3400.384, (CO) Hickory

David, John L.: (ID) Mar. 13, 1895, (L) Springfield, (AN) MO6000.274, (CO) Taney

David, Peter: (ID) Mar. 18, 1897, (L) St. Louis, (AN) MO1150.225, (CO) Osage

David, William J.: (ID) Mar. 13, 1893, (L) Springfield, (AN) MO5990.056, (CO) Taney

Davidson, Elizabeth: (ID) Jul. 17, 1890, (L) Springfield, (AN) MO5930.010, (CO) Taney

Davidson, Eva: (A) 21Y, (BP) MO, (B) 1899, (Race) White, (CEN) 1920 Census, Santa Paula, Ventura Co., CA

Davidson, Mae: (A) 21Y, (BP) MO, (B) 1899, (Race) White, (CEN) 1920 Census, San Francisco, San Francisco Co., CA

Davidson, Samuel G.: (A) 21Y, (BP) MO, (B) 1899, (Race) White, (CEN) 1920 Census, Richmond, Contra Costa Co., CA

Davis, A. F.: (CMTS) 1899 Tax List, Crawford Twp., Wallace, (CO) Buchanan

Davis, Albert W.: (MD) Feb. 17, 1881, (Spouse) Luell Mitchell, (CO) Laclede
Davis, Charity: (ID) Jul. 9, 1895, (L) Springfield, (AN) MO6010.092, (CO) Taney
Davis, Charles C.: (ID) Nov. 30, 1894, (L) Springfield, (AN) MO6000.047, (CO) Laclede
Davis, Charlotta: (ID) Jun. 20, 1882, (L) Springfield, (AN) MO5890.206, (CO) Taney
Davis, Dolpha W: (B) 1898, (BP) MO, (CEN) 1920 Census, Mayfield, Laclede Co., MO
Davis, Earl C.: (A) 21Y, (BP) MO, (B) 1899, (Race) White, (CEN) 1920 Census, San Francisco, San Francisco Co., CA
Davis, Elijah C.: (ID) Sep. 9, 1892, (L) Springfield, (AN) MO5970.441, (CO) Taney
Davis, Ernst: (CMTS) 1899 Tax List, Crawford Twp., Wallace, (CO) Buchanan
Davis, Francis M.: (ID) Nov. 11, 1892, (L) Booneville, (AN) MO3420.024, (CO) Hickory
Davis, George F.: (ID) Apr. 23, 1889, (L) Springfield, (AN) MO5920.161, (CO) Laclede
Davis, H.: (CMTS) 1899 Tax List, Crawford Twp., Wallace, (CO) Buchanan
Davis, Henry: (ID) Mar. 27, 1893, (L) Booneville, (AN) MO3300.345, (CO) Hickory
Davis, Henry: (ID) Mar. 15, 1894, (L) Booneville, (AN) MO3300.396, (CO) Hickory
Davis, James: (ID) Jul. 9, 1895, (L) Springfield, (AN) MO6010.093, (CO) Taney
Davis, James H.: (CMTS) 1899 Tax List, Crawford Twp. DeKalb, (CO) Buchanan
Davis, M. D.: (ID) Mar. 20, 1882, (L) Springfield, (AN) MO5890.139, (CO) Laclede
Davis, Mary: (ID) Dec. 3, 1892, (L) Springfield, (AN) MO5980.210, (CO) Laclede
Davis, Mary: (A) 21Y, (BP) MO, (B) 1899, (Race) White, (CEN) 1920 Census, Needles, San Bernardino Co., CA
Davis, Mary: (B) Jul., 1883, (BP) IN, (CEN) 1900 Census, Ed. 89, (CO) Pemiscot
Davis, Mary A.: (ID) Apr. 9, 1892, (L) Booneville, (AN) MO3410.365, (CO) Hickory
Davis, Mary B.: (ID) Jun. 3, 1896, (L) Springfield, (AN) MO6010.476, (CO) Taney
Davis, Norman: (A) 21Y, (BP) MO, (B) 1899, (Race) White, (CEN) 1920 Census, Marigold, Yuba Co., CA
Davis, P. A.: (CMTS) 1899 Tax List, Crawford Twp., Dearborn, (CO) Buchanan

Davis, Peter: (ID) Mar. 13, 1895, (L) Springfield, (AN) MO6000.270, (CO) Laclede

Davis, Rhoda: (A) 21Y, (BP) MO, (B) 1899, (Race) White, (CEN) 1920 Census, Pomona, Los Angeles Co., CA

Davis, Susan T.: (ID) Apr. 18, 1891, (L) Springfield, (AN) MO5940.388, (CO) Taney

Davis, W. H.: (CMTS) 1899 Tax List, Crawford Twp., Faucett, (CO) Buchanan

Davis, W. H.: (CMTS) 1899 Tax List, Crawford Twp., Wallace, (CO) Buchanan

Davis, Walter: (CMTS) 1899 Tax List, Crawford Twp., Wallace, (CO) Buchanan

Davis, William H.: (ID) Sep. 14, 1896, (L) Springfield, (AN) MO6020.081, (CO) Laclede

Davis, William J.: (ID) Jan. 7, 1890, (L) Booneville, (AN) MO3400.162, (CO) Hickory

Davis, Thomas W.: (OC) Postmaster, Forsyth, May 2, 1888, (CO) Taney

Dawdy, Alexander C.: (ID) Aug. 27, 1898, (L) Booneville, (AN) MO6040.169, (CO) Adair

Day, Enoch: (ID) Apr. 9, 1892, (L) Springfield, (AN) MO5790.183, (CO) Taney

Day, John: (CMTS) 1899 Tax List, Crawford Twp., Halleck, (CO) Buchanan

Day, John H.: (CEN) 1893 NE State Census, MO Veterans, (MIL) 4th MO Infantry, Co. I, (RES) Wood Lake, NE

Day, Lee: (CMTS) 1899 Tax List, Crawford Twp., Halleck, (CO) Buchanan

Day, W. T.: (CMTS) 1899 Tax List, Crawford Twp., Faucett, (CO) Buchanan

Day, Madison: (OC) Postmaster, Day, Nov. 18, 1889, (CO) Taney

Dayk, Virgil V.: (A) 21Y, (BP) MO, (B) 1899, (Race) White, (CEN) 1920 Census, Township 17, Kern Co., CA

Dayton, George W.: (OC) Blacksmith, (RES) Kansas City, MO, (CMTS) City Directory Kansas City, MO, 1899

Dayton, Ruth: (A) 21Y, (BP) MO, (B) 1899, (Race) White, (CEN) 1920 Census, Los Angeles, Los Angeles Co., CA

De Vall, Henry C.: (ID) Jul. 17, 1890, (L) Springfield, (AN) MO5930.205, (CO) Taney

Deaderick, David S.: (ID) Nov. 23, 1888, (L) Springfield, (AN) MO5780.224, (CO) Taney

Deakins, Margret: (ID) Aug. 15, 1888, (L) Springfield, (AN) MO5910.425, (CO) Taney

Deal, William Z.: (ID) Feb. 13, 1899, (L) Springfield, (AN) MO6060.052, (CO) Taney

Deamon, Ann E.: (ID) Aug. 15, 1888, (L) Springfield, (AN) MO5910.385, (CO) Taney

Dean, Cornelius B.: (ID) Jun. 6, 1896, (L) Springfield, (AN) MO5790.491, (CO) Taney

Dean, Frank H.: (A) 21Y, (BP) MO, (B) 1899, (Race) White, (CEN) 1920 Census, Westwood, Lassen Co., CA

Dean, James W.: (ID) Oct. 5, 1891, (L) Springfield, (AN) MO5780.474, (CO) Taney

Dean, Oliver H.: (ID) Apr. 16, 1892, (L) Booneville, (AN) MO3300.270, (CO) Hickory

Deason, Cecil: (A) 21Y, (BP) MO, (B) 1899, (Race) White, (CEN) 1920 Census, McKittrick, Kern Co., CA

Deatherage, Lowell: (A) 21Y, (BP) MO, (B) 1899, (Race) White, (CEN) 1920 Census, Georgiana, Sacramento Co., CA

Deatherage, William A.: (CMTS) 1899 Tax List, Crawford Twp., Halleck, (CO) Buchanan

Decker, Henry C.: (ID) Aug. 24, 1897, (L) Springfield, (AN) MO6020.461, (CO) Laclede

Decker, James: (CMTS) 1899 Tax List, Crawford Twp., Faucett, (CO) Buchanan

Decker, John L.: (ID) Aug. 24, 1897, (L) Booneville, (AN) MO3430.424,\ (CO) Laclede

Decker, John L.: (MD) Jun. 3, 1881, (Spouse) Mary S. Decker, (CO) Laclede

Decker, William H.: (ID) Sep. 23, 1893, (L) Springfield, (AN) MO5990.242, (CO) Taney

Decker, John J.: (OC) Postmaster, Mincy, Jan. 20, 1888, (CO) Taney

Decker, Ellis E.: (OC) Postmaster, Mincy, May 3, 1888, (CO) Taney

Deeds, John H.: (OC) Postmaster, Cedar Creek, Nov. 1, 1893, (CO) Taney

DeGroff, Charles: (OC) Blacksmith, (RES) Kansas City, MO, (CMTS) City Directory Kansas City, MO, 1899

Deguir, Charles: (A) 21Y, (BP) MO, (B) 1899, (Race) White, (CEN) 1920 Census, Los Angeles, Los Angeles Co., CA

DeHaven, E. I.: (Song) *Watnut Grove March*, (CMTS) Dedicated to my sister, Mrs. Lissa Yerkey, (PUB) A. W. Perry & Son, Sedalia 1898

Deitrick, Jacob R.: (ID) Jun. 28, 1895, (L) Booneville, (AN) MO3430.023, (CO) Hickory

Delcour, Nicholas: (ID) Feb. 25, 1887, (L) Springfield, (AN) MO5900.359, (CO) Laclede

Dell, Robert A.: (MD) Apr. 20, 1881, (Spouse) Edith Bradshaw, (CO) Laclede

Delougherty, Michael: (OC) Blacksmith, (RES) Kansas City, MO, (CMTS) City Directory Kansas City, MO, 1899

Dennings, Oliver: (ID) Sep. 25, 1894, (L) Springfield, (AN) MO5990.490, (CO) Taney

Dennis, James: (ID) Jun. 28, 1895, (L) Booneville, (AN) MO3420.504, (CO) Hickory

Dennis, William: (A) 21Y, (BP) MO, (B) 1899, (Race) White, (CEN) 1920 Census, Whittier, Los Angeles Co., CA
Dent, William P.: (ID) Jun. 7, 1889, (L) Booneville, (AN) MO3400.111, (CO) Hickory
Depew, Frank: (A) 21Y, (BP) MO, (B) 1899, (Race) White, (CEN) 1920 Census, Porterville, Tulare Co., CA
Derby, Bernard: (DI) Mar. 12, 1891, (A) 60Y, (B) 1831, (BP) Ireland, (CO) St. Louis
Derman, Frank: (CEN) 1893 NE State Census, MO Veterans, (MIL) 3rd MO Infantry, Co. A, (RES) Delta, NE
Desormes, L. C.: (Song) *Boulanger's Grand March*, (AR) Fred. Brandeis, (CMTS) Advertising for Scruggs, Vandervoort & Barney Dry Goods Co., St. Louis, 1887, (PUB) Richard A. Saalfield, NY
Detdin, Antonio: (DI) Apr. 6, 1896, (A) 27Y, (B) 1869, (BP) Italy, (CO) St. Louis
Detherow, David M.: (ID) Dec. 30, 1882, (L) Springfield, (AN) MO5760.218, (CO) Laclede
Detwiler, Louis C.: (ID) Apr. 20, 1885, (L) Springfield, (AN) MO5770.029, (CO) Laclede
Devanney, Lackey: (CEN) 1893 NE State Census, MO Veterans, (MIL) 8th MO Infantry, Co. F, (RES) Bellwood, NE
Devasun, J. H.: (MD) Mar. 6, 1881, (Spouse) Rebecca Dennis, (CO) Laclede
Devonear, Pete: (Song) *Keep A Movin'*, (PUB) J. R. Bell, Kansas City, 1885
Devore, James: (ID) Apr. 11, 1892, (L) Springfield, (AN) MO5970.280, (CO) Laclede
Dewitt, Geo. W.: (CEN) 1893 NE State Census, MO Veterans, (MIL) 69th MO Infantry, Co. B, (RES) Sweetwater, NE
Deyo, Leonard W.: (OC) Blacksmith, (RES) Kansas City, MO, (CMTS) City Directory Kansas City, MO, 1899
Dial, William I.: (ID) May 23, 1889, (L) Springfield, (AN) MO5780.261, (CO) Taney
Dial, William I.: (ID) Jun. 1, 1882, (L) Springfield, (AN) MO5760.093, (CO) Taney
Dice, Russel: (A) 21Y, (BP) MO, (B) 1899, (Race) White, (CEN) 1920 Census, Los Angeles, Los Angeles Co., CA
Dicken, Mrs. S. A.: (CMTS) 1899 Tax List, Crawford Twp., Wallace, (CO) Buchanan
Dickenson, James F.: (ID) Sep. 10, 1898, (L) Springfield, (AN) MO6040.192, (CO) Taney
Dickenson, John T.: (OC) Postmaster, Dickens, Dec. 23, 1899, (CO) Taney
Dickenson, John T.: (OC) Postmaster, Eglinton, Sep. 5, 1882, (CO) Taney
Dickerson, D. Estaing: (ID) Apr. 20, 1885, (L) Springfield, (AN) MO5770.025, (CO) Taney

Dickerson, John T.: (ID) Oct. 23, 1895, (L) Springfield, (AN)
  MO6010.180, (CO) Taney
Diestelhorst, August F.: (DI) Feb. 12, 1894, (A) 25Y, (B) 1869, (BP)
  Germany, (CO) St. Louis
Dill, George L.: (A) 21Y, (BP) MO, (B) 1899, (Race) White, (CEN) 1920
  Census, Angel Island, Marin Co., CA
Dillmann, Frank: (DI) Apr. 4, 1896, (A) 35Y, (B) 1861, (BP) Germany,
  (CO) St. Louis
Dimmell, William: (CEN) 1893 NE State Census, MO Veterans, (MIL)
  5th MO Infantry, Co. D, (RES) Catharine, NE
Dingwall, Opal L.: (A) 21Y, (BP) MO, (B) 1899, (Race) White, (CEN)
  1920 Census, Los Angeles, Los Angeles Co., CA
Dinnell, Leonard: (CEN) 1893 NE State Census, MO Veterans, (MIL) 3rd
  MO Infantry, Co. F, (RES) Galena, NE
Dipley, Charles: (ID) Feb. 6, 1892, (L) Springfield, (AN)
  MO5960.048, (CO) Taney
Direka, John: (DI) Apr. 6, 1896, (A) 42Y, (B) 1854, (BP) Poland, (CO)
  St. Louis
Ditty, James: (A) 21Y, (BP) MO, (B) 1899, (Race) White, (CEN) 1920
  Census, Putah, Yolo Co., CA
Dix, Jack: (A) 21Y, (BP) MO, (B) 1899, (Race) White, (CEN) 1920
  Census, Ducor, Tulare Co., CA
Dixon, Maud C.: (A) 21Y, (BP) MO, (B) 1899, (Race) White, (CEN) 1920
  Census, Los Angeles, Los Angeles Co., CA
Dixon, Nancy C.: (ID) May 28, 1888, (L) Booneville, (AN)
  MO3390.433, (CO) Hickory
Dixon, Peter: (ID) Mar. 23, 1897, (L) Springfield, (AN) MO5800.137,
  (CO) Laclede
Dobbins, Elizabeth: (B) 1823, (D) 1894, (CO) Ray, (C) Crowley Cemetery
Dobbs, J. T.: (CEN) 1893 NE State Census, MO Veterans, (MIL) 33rd
  MO Infantry, Co. H, (RES) Hamilton, NE
Dobson, John W.: (ID) May 4, 1885, (L) Springfield, (AN)
  MO5900.124, (CO) Laclede
Dobyns, Everett S.: (OC) Blacksmith, (RES) Kansas City, MO, (CMTS)
  City Directory Kansas City, MO, 1899
Dodd, Marion: (A) 21Y, (BP) MO, (B) 1899, (Race) White, (CEN) 1920
  Census, Los Angeles, Los Angeles Co., CA
Dodson, Charles A.: (OC) Blacksmith, (RES) Kansas City, MO, (CMTS)
  City Directory Kansas City, MO, 1899
Doggett, W. E.: (Song) *Grand Celebration March*, (PUB) Conover Bros.,
  Kansas City, 1884
Doling, James M.: (ID) Sep. 7, 1894, (L) Springfield, (AN) MO5790.394,
  (CO) Taney
Doling, James M.: (ID) Oct. 18, 1886, (L) Springfield, (AN)
  MO5770.466, (CO) Taney
Doling, James M.: (ID) Nov. 23, 1888, (L) Springfield, (AN)

MO5780.193, (CO) Taney
Doling, James M.: (ID) Dec. 30, 1884, (L) Springfield, (AN) MO5760.443, (CO) Taney
Dongan, William H.: (ID) Apr. 10, 1882, (L) Springfield, (AN) MO5750.505, (CO) Laclede
Donnely, W. M.: (Song) *Other Days*, (PUB) St. Louis News Co., St. Louis, 1881
Doolen, Alfred M.: (ID) Feb. 5, 1891, (L) Booneville, (AN) MO3400.359, (CO) Hickory
Doolin, Levi T.: (ID) Jun. 11, 1895, (L) Springfield, (AN) MO6000.423, (CO) Taney
Doolin, Nancy L.: (ID) Jun. 11, 1895, (L) Springfield, (AN) MO6000.423, (CO) Taney
Dorn, Edouard: (Song) *Blue Bells of Scotland*, (PUB) Balmer & Weber, St. Louis, 1882
Dorris, Harvy: (B) Oct., 1884, (BP) MO, (CEN) 1900 Census, Ed. 89, (CO) Pemiscot
Doss, Charles: (A) 21Y, (BP) MO, (B) 1899, (Race) White, (CEN) 1920 Census, Township 5, Kern Co., CA
Dotson, James M.: (ID) Feb. 9, 1898, (L) Booneville, (AN) MO1150.250, (CO) Laclede
Dotson, James M.: (ID) Jun. 25, 1885, (L) Springfield, (AN) MO5770.203, (CO) Laclede
Dotson, Simon P.: (ID) Jul. 20, 1886, (L) Springfield, (AN) MO5770.438, (CO) Taney
Dotson, Simon P.: (ID) Nov. 10, 1882, (L) Springfield, (AN) MO5760.164, (CO) Taney
Doty, Davis: (ID) Mar. 7, 1892, (L) Springfield, (AN) MO5960.410, (CO) Taney
Doty, Heber: (A) 21Y, (B) 1899, (BP) MO, (Race) White, (CEN) 1920 Census, Hooker, Laclede Co., MO
Doublin, John T.: (ID) Jun. 13, 1899, (L) Springfield, (AN) MO6060.296, (CO) Laclede
Dougan, George W.: (ID) Jan. 21, 1890, (L) Booneville, (AN) MO3400.186, (CO) Laclede
Dougan, James: (ID) Jul. 3, 1888, (L) Springfield, (AN) MO5910.099, (CO) Laclede
Dougan, Oren: (A) 21Y, (B) 1899, (BP) MO, (Race) White, (CEN) 1920 Census, Gasconade, Laclede Co., MO
Dougherty, James S.: (ID) Nov. 11, 1898, (L) St. Louis, (AN) MO1150.369, (CO) Osage
Douglass, Lora: (B) 1898, (BP) MO, (CEN) 1920 Census, Smith, Laclede Co., MO
Dove, Cordelia: (A) 21Y, (BP) MO, (B) 1899, (Race) White, (CEN) 1920 Census, Los Angeles, Los Angeles Co., CA
Dowdall, Thomas: (OC) Blacksmith, (RES) Kansas City, MO, (CMTS)

City Directory Kansas City, MO, 1899
Doyle, Thomas H.: (CEN) 1893 NE State Census, MO Veterans, (MIL) 1st MO Infantry, Co. D, (RES) Omaha, NE
Dracket, Kirk: (A) 21Y, (B) 1899, (BP) MO, (Race) White, (CEN) 1920 Census, Franklin, Laclede Co., MO
Drake, Richard J.: (ID) Aug. 20, 1892, (L) Springfield, (AN) MO5970.383, (CO) Taney
Drake, William J.: (ID) Sep. 10, 1898, (L) Springfield, (AN) MO6040.212, (CO) Taney
Drenan, John W.: (ID) Feb. 5, 1891, (L) Booneville, (AN) MO3400.450, (CO) Hickory
Drevir, William: (MD) Mar. 7, 1881, (Spouse) Susan Shipley, (CO) Laclede
Driskill, James C.: (ID) Jul. 3, 1897, (L) Booneville, (AN) MO3430.379, (CO) Hickory
Driskill, James M.: (ID) Sep. 14, 1896, (L) Booneville, (AN) MO3430.221, (CO) Hickory
Driskill, Martha: (ID) Nov. 20, 1882, (L) Booneville, (AN) MO3380.387, (CO) Hickory
Driskill, Thomas C.: (ID) Mar. 25, 1896, (L) Booneville, (AN) MO3430.149, (CO) Hickory
Dryer, David: (ID) Dec. 7, 1896, (L) Booneville, (AN) MO3430.309, (CO) Hickory
Drysdale, Effie M.: (Song) *Love's Token*, (PUB) Kunkel Bros., St. Louis, 1887
Dubois, Melvin P.: (ID) Jun. 25, 1885, (L) Springfield, (AN) MO5770.202, (CO) Laclede
DuBois, Paul: (DI) Nov. 17, 1890, (A) 28Y, (B) 1862, (BP) Switzerland, (CO) St. Louis
Duggan, Owen: (DI) Apr. 3, 1896, (A) 50Y, (B) 1846, (BP) Ireland, (CO) St. Louis
Dugger, Benjamin F.: (ID) Apr. 29, 1882, (L) Booneville, (AN) MO3380.213, (CO) Laclede
Duhacker, Frank: (DI) Apr. 2, 1896, (A) 25Y, (B) 1871, (BP) Austria, (CO) St. Louis
Duley, Jacob: (ID) Apr. 2, 1897, (L) Springfield, (AN) MO6020.312, (CO) Taney
Dulmaine, Delima: (A) 21Y, (BP) MO, (B) 1899, (Race) White, (CEN) 1920 Census, San Bernardino, San Bernardino Co., CA
Dunaway, William E.: (ID) Jan. 24, 1895, (L) Booneville, (AN) MO3420.397, (CO) Hickory
Duncan, Charles: (DI) Apr. 4, 1896, (A) 29Y, (B) 1867, (BP) Scotland, (CO) St. Louis
Duncan, John H.: (CMTS) 1899 Tax List, Crawford Twp., Wallace, (CO) Buchanan
Dunlap, J. W.: (CMTS) 1899 Tax List, Crawford Twp. Wallace, (CO)

55

Buchanan
Dunlap, Mabel: (A) 21Y, (B) 1899, (BP) CO, (Race) White, (CEN) 1920 Census, Lebanon, Laclede Co., MO
Dunlap, S. L.: (CMTS) 1899 Tax List, Crawford Twp. DeKalb, (CO) Buchanan
Dunlap, Samuel. B.: (CMTS) 1899 Tax List, Crawford Twp. DeKalb, (CO) Buchanan
Dunlap, Sarah B.: (ID) Mar. 7, 1892, (L) Springfield, (AN) MO5960.420, (CO) Taney
Dunlap, W. S.: (CMTS) 1899 Tax List, Crawford Twp. DeKalb, (CO) Buchanan
Dunn, Mary E.: (ID) Sep. 10, 1898, (L) Springfield, (AN) MO6040.215, (CO) Taney
Dunn, Robert T.: (ID) Jun. 27, 1898, (L) Booneville, (AN) MO6030.449, (CO) Hickory
Dusing, Robert W. L.: (DI) Jan. 18, 1894, (A) 26Y, (B) 1868, (BP) Germany, (CO) St. Louis
Dutcher, Reuben: (CEN) 1893 NE State Census, MO Veterans, (MIL) 43rd MO Infantry, Co. B, (RES) Kent, NE
Dutton, Clyde E.: (A) 21Y, (BP) MO, (B) 1899, (Race) White, (CEN) 1920 Census, Angel Island, Marin Co., CA
Dutton, Harald: (A) 21Y, (BP) MO, (B) 1899, (Race) White, (CEN) 1920 Census, Vallejo, Solano Co., CA
Dwyer, John: (OC) Blacksmith, (RES) Kansas City, MO, (CMTS) City Directory Kansas City, MO, 1899
Dwyer, William: (DI) Apr. 5, 1896, (A) 21Y, (B) 1875, (BP) Ireland, (CO) St. Louis
Dwyer, William: (DI) Apr. 4, 1896, (A) 21Y, (B) 1875, (BP) Ireland, (CO) St. Louis
Dyer, James: (DI) Apr. 3, 1896, (A) 60Y, (B) 1836, (BP) Ireland, (CO) St. Louis
Dyer, John W.: (ID) Mar. 13, 1895, (L) Springfield, (AN) MO6000.275, (CO) Laclede
Dykes, William C.: (ID) Feb. 12, 1892, (L) Springfield, (AN) MO5960.136, (CO) Taney
Earl, Erdine: (A) 21Y, (B) 1899, (BP) MO, (Race) White, (CEN) 1920 Census, Lebanon, Laclede Co., MO
Earnhart, Claud C.: (A) 21Y, (BP) MO, (B) 1899, (Race) White, (CEN) 1920 Census, Brea, Orange Co., CA
Earnhart, Herman: (A) 21Y, (BP) MO, (B) 1899, (Race) White, (CEN) 1920 Census, Santa Paula, Ventura Co., CA
Earsom, John: (CEN) 1893 NE State Census, MO Veterans, (MIL) 1st MO Prov. Militia, Co. A, (RES) Bloomington, NE
Easterbrook, John: (CMTS) 1899 Tax List, Crawford Twp., Faucett, (CO) Buchanan
Eaton, Alvin E.: (OC) Postmaster, Layton's Mill, Feb. 18, 1888, (CO)

Taney

Ebbert, Reuben J.: (OC) Blacksmith, (RES) Kansas City, MO, (CMTS) City Directory Kansas City, MO, 1899

Eberhard, Joseph: (ID) Jan. 7, 1885, (L) Springfield, (AN) MO5900.034, (CO) Laclede

Eckstein, Charles: (OC) Blacksmith, (RES) Kansas City, MO, (CMTS) City Directory Kansas City, MO, 1899

Edenberg, Samuel: (OC) Blacksmith, (RES) Kansas City, MO, (CMTS) City Directory Kansas City, MO, 1899

Edgar, William: (OC) Blacksmith, (RES) Kansas City, MO, (CMTS) City Directory Kansas City, MO, 1899

Edley, Henry: (ID) Mar. 7, 1892, (L) Springfield, (AN) MO5960.422, (CO) Taney

Edley, Lawrence: (ID) Feb. 21, 1893, (L) Springfield, (AN) MO5980.485, (CO) Taney

Edmisten, George W.: (ID) Apr. 18, 1891, (L) Springfield, (AN) MO5940.460, (CO) Laclede

Edmondson, John W.: (ID) Apr. 22, 1889, (L) Springfield, (AN) MO5920.058, (CO) Taney

Edridge, Alfred: (MD) Oct. 25, 1881, (Spouse) Maggie English, (CO) Laclede

Edwards, Albert: (ID) Jul. 9, 1895, (L) Springfield, (AN) MO6010.003, (CO) Taney

Edwards, Everett: (A) 21Y, (BP) MO, (B) 1899, (Race) White, (CEN) 1920 Census, Vallejo, Solano Co., CA

Edwards, John: (CMTS) 1899 Tax List, Crawford Twp., (CO) Buchanan, Wallace

Edwards, John T.: (CMTS) 1899 Tax List, Crawford Twp., Wallace, (CO) Buchanan

Edwards, John W.: (ID) Sep. 20, 1897, (L) Springfield, (AN) MO6020.496, (CO) Taney

Edwards, Joseph A.: (ID) Jan. 25, 1896, (L) Springfield, (AN) MO6010.301, (CO) Laclede

Edwards, T. M.: (CMTS) 1899 Tax List, Crawford Twp., Wallace, (CO) Buchanan

Edwards, W. M.: (CMTS) 1899 Tax List, Crawford Twp., Faucett, (CO) Buchanan

Edwards, Willis W.: (ID) Nov. 30, 1894, (L) Springfield, (AN) MO6000.077, (CO) Laclede

Edwards, Wm: (CMTS) 1899 Tax List, Crawford Twp., Faucett, (CO) Buchanan

Egghard, Jules: (Song) *Blue Bells of Scotland*, (CMTS) Advertising for William Barr Dry Goods Co., St. Louis, (PUB) Richard A. Saalfield, St. Louis, 1882

Eilers, John F.: (CEN) 1893 NE State Census, MO Veterans, (MIL) 5th MO Infantry, Co. K, (RES) Sterling, NE

Eilnstine, Caisor M.: (MD) Nov. 29, 1881, (Spouse) Ida M. Patrick, (CO) Laclede

Elam, Ora: (B) Aug. 29, 1899, (D) Oct. 28, 1996, (RES) Lebanon, MO, (CO) Laclede

Elder, James V.: (ID) Aug. 30, 1882, (L) Springfield, (AN) MO5890.301, (CO) Laclede

Eldrid, Morris: (MD) Jul. 11, 1881, (Spouse) Mary Bailey, (CO) Laclede

Eldridge, Alfred: (ID) Oct. 26, 1892, (L) Booneville, (AN) MO3420.012, (CO) Laclede

Eldridge, Isaac T.: (ID) Feb. 12, 1892, (L) Springfield, (AN) MO5960.094, (CO) Taney

Eldridge, John A.: (ID) Aug. 28, 1893, (L) Springfield, (AN) MO5790.314, (CO) Taney

Eldridge, William P.: (ID) Feb. 6, 1892, (L) Springfield, (AN) MO5790.047, (CO) Taney

Eldridge, William P.: (ID) Nov. 30, 1894, (L) Springfield, (AN) MO6000.152, (CO) Taney

Eliott, Leroy: (A) 21Y, (BP) MO, (B) 1899, (Race) White, (CEN) 1920 Census, Los Angeles, Los Angeles Co., CA

Elkins, Andrew J.: (ID) Dec. 12, 1898, (L) Booneville, (AN) MO6040.340, (CO) Hickory

Elkins, Richard A.: (A) 21Y, (BP) MO, (B) 1899, (Race) White, (CEN) 1920 Census, Los Angeles, Los Angeles Co., CA

Ellett, Laura: (ID) Nov. 16, 1897, (L) Springfield, (AN) MO5800.161, (CO) Taney

Elliott, R.: (CEN) 1893 NE State Census, MO Veterans, (MIL) 48th MO Infantry, Co. K, (RES) Nemaha, NE

Ellis, Anna J.: (A) 21Y, (BP) MO, (B) 1899, (Race) White, (CEN) 1920 Census, Los Angeles, Los Angeles Co., CA

Ellis, Nelson C.: (OC) Blacksmith, (RES) Kansas City, MO, (CMTS) City Directory Kansas City, MO, 1899

Ellis, William S.: (ID) Jan. 18, 1894, (L) Springfield, (AN) MO5990.326, (CO) Taney

Ellison, Francis M.: (ID) Jun. 20, 1885, (L) Springfield, (AN) MO5900.167, (CO) Taney

Ellison, James: (ID) Feb. 26, 1890, (L) Springfield, (AN) MO5780.292, (CO) Taney

Ellison, James C.: (ID) Mar. 13, 1895, (L) Springfield, (AN) MO6000.258, (CO) Taney

Ellison, William R.: (ID) Apr. 20, 1885, (L) Springfield, (AN) MO5770.010, (CO) Taney

Ellison, William R.: (ID) Oct. 21, 1891, (L) Springfield, (AN) MO5950.092, (CO) Taney

Elridge, Elbert: (A) 21Y, (BP) MO, (B) 1899, (Race) Colored, (CEN) 1920 Census, Oakland, Alameda Co., CA

Ely, Samuel: (ID) Feb. 13, 1899, (L) Springfield, (AN)

MO6060.032, (CO) Taney
Emberton, Morton: (A) 21Y, (BP) MO, (B) 1899, (Race) White, (CEN) 1920 Census, Oakland, Alameda Co., CA
Emmerson, George W.: (ID) Jun. 28, 1890, (L) Springfield, (AN) MO5920.464, (CO) Taney
Emrick, Grant: (ID) Oct. 7, 1893, (L) Springfield, (AN) MO5990.289, (CO) Taney
England, Jonas: (ID) Jan. 21, 1893, (L) Booneville, (AN) MO3300.332, (CO) Hickory
Engleman, Geo.: (CEN) 1893 NE State Census, MO Veterans, (MIL) 45th MO Infantry, Co. E, (RES) Wood River, NE
Enlow, Adam: (ID) Aug. 28, 1893, (L) Springfield, (AN) MO5790.312, (CO) Taney
Enyart, David H.: (ID) Jan. 4, 1898, (L) Springfield, (AN) MO6030.073, (CO) Laclede
Erickson, Edward: (ID) Jun. 27, 1898, (L) Booneville, (AN) MO6030.454, (CO) Hickory
Erikson, John: (ID) Feb. 5, 1891, (L) Booneville, (AN) MO3400.386, (CO) Hickory
Ervin, Fredrick B.: (ID) Dec. 20, 1881, (L) Springfield, (AN) MO5890.061, (CO) Laclede
Eskew, Herman V.: (A) 21Y, (BP) MO, (B) 1899, (Race) White, (CEN) 1920 Census, Vallejo, Solano Co., CA
Eslick, Columbus: (ID) Jan. 30, 1889, (L) Springfield, (AN) MO5910.480, (CO) Taney
Eslick, Joseph: (ID) Oct. 26, 1896, (L) Springfield, (AN) MO6020.154, (CO) Taney
Essary, George C.: (ID) Aug. 15, 1888, (L) Springfield, (AN) MO5910.315, (CO) Laclede
Essary, Hiram: (ID) Oct. 21, 1891, (L) Springfield, (AN) MO5950.155, (CO) Taney
Estes, Blueford: (CMTS) 1899 Tax List, Crawford Twp., Wallace, (CO) Buchanan
Estes, Emmett: (A) 21Y, (BP) MO, (B) 1899, (Race) White, (CEN) 1920 Census, Riverside, Riverside Co., CA
Estes, Samuel A · (ID) Apr 14, 1897, (L) Booneville, (AN) MO3430.356, (CO) Hickory
Esther, Robert: (B) Oct. 11, 1899, (D) Aug, 1973, (RES) Lebanon, MO, (CO) Laclede
Eunice, N.: (A) 21Y, (B) 1899, (BP) MO, (Race) White, (CEN) 1920 Census, Auglaize, Laclede Co., MO
Evans, Georgia: (A) 21Y, (BP) MO, (B) 1899, (Race) White, (CEN) 1920 Census, San Francisco, San Francisco Co., CA
Everett, Barton Y: (ID) Jul. 17, 1890, (L) Springfield, (AN) MO5930.259, (CO) Taney
Everett, Herbert O.: (A) 21Y, (B) 1899, (BP) MO, (Race) White, (CEN)

1920 Census, Washington, Laclede Co., MO
Everett, James M.: (ID) Oct. 7, 1893, (L) Springfield, (AN) MO5990.286, (CO) Laclede
Everett, Henry C.: (OC) Postmaster, Forsyth, Nov. 7, 1885, (CO) Taney
Evington, William J.: (ID) Oct. 4, 1898, (L) Springfield, (AN) MO6040.262, (CO) Taney
Evins, Mark B.: (A) 21Y, (B) 1899, (BP) MO, (Race) White, (CEN) 1920 Census, Lebanon, Laclede Co., MO
Ewing, Ashley W.: (ID) May 5, 1899, (L) Booneville, (AN) MO1150.432, (CO) Osage
Ewing, Ashley W.: (ID) May 5, 1899, (L) Booneville, (AN) MO1150.433, (CO) Osage
Ewing, James: (ID) Dec. 10, 1885, (L) Springfield, (AN) MO5900.213, (CO) Taney
Fahey, John: (DI) Apr. 6, 1896, (A) 21Y, (B) 1875, (BP) Ireland, (CO) St. Louis
Fahey, Patrick: (DI) Mar. 22, 1893, (A) 22Y, (B) 1871, (BP) Ireland, (CO) St. Louis
Fahler, Lucille: (A) 21Y, (BP) MO, (B) 1899, (Race) White, (CEN) 1920 Census, Los Angeles, Los Angeles Co., CA
Faillik, B.H.: (DI) Mar. 16, 1897, (A) 36Y, (B) 1861, (BP) Bohemia, (CO) St. Louis
Fain, Richard C.: (ID) Aug. 20, 1892, (L) Springfield, (AN) MO5970.399, (CO) Taney
Fain, William H.: (ID) May 15, 1884, (L) Springfield, (AN) MO5760.394, (CO) Taney
Fain, Samuel W.: (OC) Postmaster, Protem, Jun. 26, 1888, Jan. 2, 1890, (CO) Taney
Fairchild, Arthur: (DI) Apr. 6, 1896, (A) 24Y, (B) 1872, (BP) England, (CO) St. Louis
Falter, Fredrick: (ID) Nov. 13, 1895, (L) Booneville, (AN) MO3300.487, (CO) Osage
Farar, Thomas N.: (ID) Mar. 17, 1892, (L) Springfield, (AN) MO5970.118, (CO) Taney
Farley, Ella: (ID) Aug. 1, 1898, (L) Springfield, (AN) MO6040.097, (CO) Taney
Farley, J.: (CEN) 1893 NE State Census, MO Veterans, (MIL) 23rd MO Infantry, Co. A, (RES) Nebraska City, NE
Farley, John: (ID) Sep. 28, 1898, (L) Springfield, (AN) MO1150.359, (CO) Taney
Farley, Nelson: (OC) Blacksmith, (RES) Kansas City, MO, (CMTS) City Directory Kansas City, MO, 1899
Farley, Robert E.: (ID) Jan. 25, 1896, (L) Springfield, (AN) MO6010.276, (CO) Taney
Farmer, James M.: (ID) Mar. 2, 1897, (L) Springfield, (AN) MO6020.228, (CO) Taney

Farmer, Joseph W.: (MD) Dec. 27, 1881, (Spouse) Mollie M. Carol, (CO) Laclede
Farmer, Uriah: (ID) Sep. 25, 1894, (L) Springfield, (AN) MO5990.467, (CO) Taney
Farnum, Arnce: (A) 21Y, (BP) MO, (B) 1899, (Race) White, (CEN) 1920 Census, Los Angeles, Los Angeles Co., CA
Farrell, John: (ID) Jul. 24, 1893, (L) Booneville, (AN) MO3420.182, (CO) Laclede
Farris, C. E.: (CMTS) 1899 Tax List, Crawford Twp., Faucett, (CO) Buchanan
Farris, J. E.: (CMTS) 1899 Tax List, Crawford Twp., Faucett, (CO) Buchanan
Farris, O. C.: (CMTS) 1899 Tax List, Crawford Twp., Faucett, (CO) Buchanan
Farris, Philip E.: (OC) Blacksmith, (RES) Kansas City, MO, (CMTS) City Directory Kansas City, MO, 1899
Farris, S. D.: (CMTS) 1899 Tax List, Crawford Twp., Faucett, (CO) Buchanan
Farris, W. J.: (CEN) 1893 NE State Census, MO Veterans, (MIL) 6th MO Infantry, Co. D, (RES) Albion, NE
Fassel, Karle: (DI) Apr. 6, 1896, (A) 35Y, (B) 1861, (BP) Austria, (CO) St. Louis
Faucett, R. E.: (CMTS) 1899 Tax List, Crawford Twp., Faucett, (CO) Buchanan
Faucett, W. H.: (CMTS) 1899 Tax List, Crawford Twp., Faucett, (CO) Buchanan
Fausett, Andrew F.: (ID) Dec. 20, 1881, (L) Springfield, (AN) MO5890.089, (CO) Taney
Fausett, John A.: (ID) Aug. 21, 1896, (L) Springfield, (AN) MO6010.508, (CO) Taney
Fausler, Adam: (ID) Jul. 10, 1883, (L) Booneville, (AN) MO3380.431, (CO) Laclede
Fausler, Rebecca: (ID) Jul. 10, 1883, (L) Booneville, (AN) MO3380.431, (CO) Laclede
Fay, John: (OC) Blacksmith, (RES) Kansas City, MO, (CMTS) City Directory Kansas City, MO, 1899
Feager, J. T.: (OC) Druggist, (CO) St. Louis, 1899
Federlein, Agusta: (A) 21Y, (BP) MO, (B) 1899, (Race) White, (CEN) 1920 Census, San Francisco, San Francisco Co., CA
Feldhaus, August: (DI) Jan. 4, 1892, (A) 30Y, (B) 1862, (BP) Germany, (CO) St. Louis
Feldhaus, John: (DI) Jan. 4, 1892, (A) 33Y, (B) 1859, (BP) Germany, (CO) St. Louis
Feldmeier, Joseph C.: (DI) May. 31, 1892, (A) 23Y, (B) 1869, (BP) Germany, (CO) St. Louis
Felts, Myrtle: (B) Mar., 1888, (BP) MO, (CEN) 1900 Census, Ed. 89,

(CO) Pemiscot
Felts, Webster: (B) Nov., 1890, (BP) MO, (CEN) 1900 Census, Ed. 89, (CO) Pemiscot
Ferguson, Allyn M.: (A) 21Y, (BP) MO, (B) 1899, (Race) White, (CEN) 1920 Census, San Jose, Santa Clara Co., CA
Ferguson, Lachlan: (DI) Aug. 31, 1894, (A) 34Y, (B) 1860, (BP) Scotland, (CO) St. Louis
Ferguson, William: (ID) Feb. 17, 1890, (L) Springfield, (AN) MO5920.421, (CO) Laclede
Ferrell, A. J.: (CMTS) 1899 Tax List, Crawford Twp., Halleck, (CO) Buchanan
Ferrell, James: (CMTS) 1899 Tax List, Crawford Twp., Halleck, (CO) Buchanan
Ferrell, James K.: (CMTS) 1899 Tax List, Crawford Twp., Halleck, (CO) Buchanan
Ferrell, R. B.: (CMTS) 1899 Tax List, Crawford Twp., Halleck, (CO) Buchanan
Ferrell, R. T.: (CMTS) 1899 Tax List, Crawford Twp., Halleck, (CO) Buchanan
Ferrill, Alex.: (CMTS) 1899 Tax List, Crawford Twp., Dearborn, (CO) Buchanan
Ferrill, B. M.: (CMTS) 1899 Tax List, Crawford Twp., Dearborn, (CO) Buchanan
Ferrill, Ernest: (CMTS) 1899 Tax List, Crawford Twp., Dearborn, (CO) Buchanan
Ferrill, James L.: (CMTS) 1899 Tax List, Crawford Twp., Dearborn, (CO) Buchanan
Ferrill, John R.: (CMTS) 1899 Tax List, Crawford Twp., Dearborn, (CO) Buchanan
Ferrill, Louis H.: (CMTS) 1899 Tax List, Crawford Twp., Dearborn, (CO) Buchanan
Ferrill, R. V.: (CMTS) 1899 Tax List, Crawford Twp., Dearborn, (CO) Buchanan
Ferrill, Richard: (CMTS) 1899 Tax List, Crawford Twp., Dearborn, (CO) Buchanan
Ferris, Patrick F.: (OC) Blacksmith, (RES) Kansas City, MO, (CMTS) City Directory Kansas City, MO, 1899
Ferriter, Eugene: (DI) Apr. 3, 1896, (A) 36Y, (B) 1860, (BP) Ireland, (CO) St. Louis
Fiala, Frank: (DI) Apr. 6, 1896, (A) 45Y, (B) 1851, (BP) Bohemia, (CO) St. Louis
Fiedler, August: (DI) Apr. 2, 1896, (A) 41Y, (B) 1855, (BP) Germany, (CO) St. Louis
Fields, Joseph E.: (ID) Aug. 1, 1898, (L) Springfield, (AN) MO6040.087, (CO) Taney
Fiffer, John: (CEN) 1893 NE State Census, MO Veterans, (MIL) 29th MO

Infantry, Co. H, (RES) Lincoln, NE
Filbeck, George W.: (ID) Sep. 20, 1897, (L) Springfield, (AN)
  MO6020.488, (CO) Taney
Filipiak, Stanislaus: (DI) Apr. 4, 1896, (A) 25Y, (B) 1871, (BP) German Poland, (CO) St. Louis
Finch, John: (CEN) 1893 NE State Census, MO Veterans, (MIL) 35th MO Infantry, Co. B, (RES) York, NE
Fincher, Amos L.: (A) 21Y, (B) 1899, (BP) MO, (Race) White, (CEN) 1920 Census, Franklin, Laclede Co., MO
Findley, H. D.: (CEN) 1893 NE State Census, MO Veterans, (MIL) 25th MO Infantry, Co. F, (RES) Imperial, NE
Finke, Frank: (OC) Blacksmith, (RES) Kansas City, MO, (CMTS) City Directory Kansas City, MO, 1899
Finley, Dan: (A) 21Y, (BP) MO, (B) 1899, (Race) White, (CEN) 1920 Census, Mississippi, Sacramento Co., CA
Finnell, Ruth: (A) 21Y, (BP) MO, (B) 1899, (Race) White, (CEN) 1920 Census, Pasadena, Los Angeles Co., CA
Finney, George W.: (CMTS) 1899 Tax List, Crawford Twp., Halleck, (CO) Buchanan
Finney, James S.: (CMTS) 1899 Tax List, Crawford Twp., Halleck, (CO) Buchanan
Finnigan, James P.: (OC) Blacksmith, (RES) Kansas City, MO, (CMTS) City Directory Kansas City, MO, 1899
Fischer, Anthony G.: (ID) Jul. 20, 1886, (L) Springfield, (AN) MO5770.334, (CO) Taney
Fischer, Henry: (OC) Blacksmith, (RES) Kansas City, MO, (CMTS) City Directory Kansas City, MO, 1899
Fishburn, Alta M.: (A) 21Y, (BP) MO, (B) 1899, (Race) White, (CEN) 1920 Census, Los Angeles, Los Angeles Co., CA
Fisher, Anthony G.: (ID) Jun. 26, 1890, (L) Springfield, (AN) MO5780.324, (CO) Taney
Fisher, Joseph: (ID) Jul. 2, 1894, (L) Springfield, (AN) MO5790.356, (CO) Taney
Fisher, Miller: (A) 21Y, (BP) MO, (B) 1899, (Race) White, (CEN) 1920 Census, Glendale, Los Angeles Co., CA
Fisher, Montgomery: (MD) May 18, 1881, (Spouse) Elizabeth King, (CO) Laclede
Fisher, Robert S.: (ID) Apr. 18, 1895, (L) Booneville, (AN) MO3420.418, (CO) Hickory
Fisher, Sylvester H.: (ID) Jun. 28, 1890, (L) Springfield, (AN) MO5920.495, (CO) Taney
Fisher, Sylvester H.: (ID) Oct. 18, 1892, (L) Springfield, (AN) MO5980.059, (CO) Taney
Fitch, Charles: (CEN) 1893 NE State Census, MO Veterans, (MIL) 1st MO S. M., Co. I, (RES) Battle Creek, NE
Fitch, Thomas L.: (ID) Mar. 13, 1895, (L) Springfield, (AN)

MO6000.273, (CO) Taney

Fitch, Thomas L.: (OC) Postmaster, Bradleyville, Dec. 19, 1888, (CO) Taney

Fitch, John W.: (OC) Postmaster, Bradleyville, Dec. 19, 1888, (CO) Taney

Fitzgerald, B. B.: (CEN) 1893 NE State Census, MO Veterans, (MIL) 6th MO Cavalry, Co. A, (RES) Jordan, NE

Fitzgerald, Joseph: (A) 21Y, (BP) MO, (B) 1899, (Race) White, (CEN) 1920 Census, Los Angeles, Los Angeles Co., CA

Fitzpatrick, Edward: (OC) Blacksmith, (RES) Kansas City, MO, (CMTS) City Directory Kansas City, MO, 1899

Flaherty, Thomas: (OC) Blacksmith, (RES) Kansas City, MO, (CMTS) City Directory Kansas City, MO, 1899

Flanary, Tom: (B) Sep. 30, 1899, (D) Nov, 1967, (RES) Lebanon, MO, (CO) Laclede

Flannery, Michael: (OC) Blacksmith, (RES) Kansas City, MO, (CMTS) City Directory Kansas City, MO, 1899

Flarnery, John: (A) 21Y, (BP) MO, (B) 1899, (Race) White, (CEN) 1920 Census, Los Angeles, Los Angeles Co., CA

Fleet, William: (A) 21Y, (BP) MO, (B) 1899, (Race) White, (CEN) 1920 Census, Glendora, Los Angeles Co., CA

Fleming, Barton S.: (ID) Nov. 5, 1897, (L) Springfield, (AN) MO6030.022, (CO) Laclede

Fleming, John: (DI) Apr. 1, 1896, (A) 45Y, (B) 1851, (BP) Ireland, (CO) St. Louis

Fleming, S. C.: (CMTS) 1899 Tax List, Crawford Twp., Halleck, (CO) Buchanan

Fletcher, E. A.: (CEN) 1893 NE State Census, MO Veterans, (MIL) 2nd MO Cavalry, Co. F, (RES) Franklin, NE

Fletcher, Rentha: (B) Mar 2, 1899, (D) Aug. 1, 1991, (RES) Lebanon, MO, (CO) Laclede

Fletcher, T. C.: (CMTS) 1899 Tax List, Crawford Twp., Faucett, (CO) Buchanan

Flint, J. E.: (CEN) 1893 NE State Census, MO Veterans, (MIL) 62ND MO Infantry, Co. A, (RES) Bellevue, NE

Flint, L. S.: (CEN) 1893 NE State Census, MO Veterans, (MIL) 43rd MO Infantry, Co. F, (RES) Hudson, NE

Flippin, Edmond: (ID) Nov. 23, 1891, (L) Springfield, (AN) MO5950.258, (CO) Laclede

Flood, John W.: (ID) Nov. 16, 1893, (L) Springfield, (AN) MO5790.330, (CO) Laclede

Florence, Thomas: (ID) Apr. 9, 1892, (L) Springfield, (AN) MO5970.258, (CO) Taney

Flourey, Benjamin: (OC) Blacksmith, (RES) Kansas City, MO, (CMTS) City Directory Kansas City, MO, 1899

Floyd, David B.: (ID) Jun. 6, 1890, (L) Booneville, (AN) MO3400.256, (CO) Hickory

Floyd, John C.: (ID) Apr. 23, 1889, (L) Springfield, (AN) MO5920.147, (CO) Taney
Floyd, William T.: (ID) Oct. 21, 1891, (L) Springfield, (AN) MO5950.105, (CO) Taney
Flut, Eli A.: (MD) Sep. 14, 1881, (Spouse) Mary Reppy, (CO) Laclede
Flynn, Ray E.: (B) 1898, (BP) MO, (CEN) 1920 Census, Smith, Laclede Co., MO
Fohn, Albert: (B) Mar 22, 1899, (D) Dec, 1978, (RES) Lebanon, MO, (CO) Laclede
Fohn, Irene: (B) Jun. 11, 1899, (D) Feb, 1985, (RES) Eldridge, MO, (CO) Laclede
Fohn, Jakob: (ID) Dec. 19, 1885, (L) Booneville, (AN) MO3390.179, (CO) Laclede
Ford, Dean: (ID) Jul. 9, 1895, (L) Springfield, (AN) MO6010.086, (CO) Taney
Ford, James P.: (OC) Blacksmith, (RES) Kansas City, MO, (CMTS) City Directory Kansas City, MO, 1899
Ford, Patrick: (OC) Blacksmith, (RES) Kansas City, MO, (CMTS) City Directory Kansas City, MO, 1899
Ford, Valerie: (A) 21Y, (BP) MO, (B) 1899, (Race) White, (CEN) 1920 Census, San Francisco, San Francisco Co., CA
Ford, William M.: (ID) Aug. 15, 1888, (L) Springfield, (AN) MO5910.389, (CO) Taney
Ford, Zachariah B.: (OC) Blacksmith, (RES) Kansas City, MO, (CMTS) City Directory Kansas City, MO, 1899
Forehand, John T.: (ID) Jan. 7, 1890, (L) Booneville, (AN) MO3400.160, (CO) Hickory
Foster, Mrs.: (CMTS) 1899 Tax List, Crawford Twp., Halleck, (CO) Buchanan
Foster, Charles: (CMTS) 1899 Tax List, Crawford Twp., Halleck, (CO) Buchanan
Foster, E. A.: (CMTS) 1899 Tax List, Crawford Twp., Faucett, (CO) Buchanan
Foster, H. G.: (CMTS) 1899 Tax List, Crawford Twp., Halleck, (CO) Buchanan
Foster, James: (CMTS) 1899 Tax List, Crawford Twp., Halleck, (CO) Buchanan
Foster, T. H.: (CMTS) 1899 Tax List, Crawford Twp., Halleck, (CO) Buchanan
Foster, W. H.: (CMTS) 1899 Tax List, Crawford Twp., Halleck, (CO) Buchanan
Foster, William: (ID) Mar. 20, 1882, (L) Springfield, (AN) MO5890.158, (CO) Laclede
Foust, Philip P.: (ID) Aug. 3, 1882, (L) Springfield, (AN) MO5890.237, (CO) Laclede
Fowke, Clifford J.: (A) 21Y, (BP) MO, (B) 1899, (Race) White, (CEN)

1920 Census, Vallejo, Solano Co., CA
Fowler, Allen: (ID) Feb. 13, 1899, (L) Booneville, (AN) MO6040.439, (CO) Laclede
Fowler, Garland E.: (A) 21Y, (BP) MO, (B) 1899, (Race) White, (CEN) 1920 Census, Fresno, Fresno Co., CA
Fowler, Isaac: (ID) Feb. 24, 1894, (L) Booneville, (AN) MO3420.251, (CO) Laclede
Fowlston, Hannah: (ID) Sep. 27, 1892, (L) Booneville, (AN) MO3410.485, (CO) Hickory
Fowlston, William: (ID) Sep. 27, 1892, (L) Booneville, (AN) MO3410.489, (CO) Hickory
Fox, William O.: (ID) Mar. 13, 1895, (L) Springfield, (AN) MO6000.321, (CO) Taney
Frakes, J. L.: (CEN) 1893 NE State Census, MO Veterans, (MIL) 9th MO Infantry, Co. B, (RES) Cornell, NE
Frame, Robert: (DI) Apr. 3, 1896, (A) 54Y, (B) 1842, (BP) Ireland, (CO) St. Louis
France, Daniel: (ID) Apr. 10, 1882, (L) Springfield, (AN) MO5750.508, (CO) Taney
France, Daniel: (ID) Jul. 3, 1888, (L) Springfield, (AN) MO5910.184, (CO) Taney
France, Samuel H.: (ID) May 22, 1896, (L) Springfield, (AN) MO6010.468, (CO) Taney
Francis, John L.: (ID) Sep. 20, 1897, (L) Springfield, (AN) MO6020.483, (CO) Taney
Francis, Joseph M.: (A) 21Y, (BP) MO, (B) 1899, (Race) White, (CEN) 1920 Census, San Francisco, San Francisco Co., CA
Francisco, B. A.: (Song) *I Cannot Come Back To You Sweetheart*, (PUB) A. W. Perry & Sons' Music Co., Sedalia, 1898
Francises, Josie: (A) 21Y, (BP) MO, (B) 1899, (Race) White, (CEN) 1920 Census, San Francisco, San Francisco Co., CA
Francois, Calvin: (A) 21Y, (BP) MO, (B) 1899, (Race) White, (CEN) 1920 Census, Fillmore, Ventura Co., CA
Franklin, Berl T.: (A) 21Y, (BP) MO, (B) 1899, (Race) White, (CEN) 1920 Census, Sacramento, Sacramento Co., CA
Franshy, Frank: (OC) Blacksmith, (RES) Kansas City, MO, (CMTS) City Directory Kansas City, MO, 1899
Fraser, Andrew: (ID) Jul. 20, 1886, (L) Springfield, (AN) MO5770.332, (CO) Taney
Fraser, James R.: (ID) Jan. 18, 1894, (L) Springfield, (AN) MO5990.329, (CO) Laclede
Frazier, Geo. W.: (CEN) 1893 NE State Census, MO Veterans, (MIL) 24th MO Infantry, Co. H, (RES) Fairmont, NE
Freiershaus, Charles: (DI) Feb. 3, 1894, (A) 28Y, (B) 1866, (BP) Germany, (CO) St. Louis
French, Edwin: (OC) Blacksmith, (RES) Kansas City, MO, (CMTS)

City Directory Kansas City, MO, 1899
Friend, Martha A.: (ID) Aug. 15, 1888, (L) Springfield, (AN) MO5910.343, (CO) Taney
Friend, William G.: (ID) Aug. 15, 1888, (L) Springfield, (AN) MO5910.343, (CO) Taney
Frimple, Robert S.: (CEN) 1893 NE State Census, MO Veterans, (MIL) 51th MO Infantry, Co. G, (RES) Mullen, NE
Frink, Lewis A.: (A) 21Y, (BP) MO, (B) 1899, (Race) White, (CEN) 1920 Census, Sanger, Fresno Co., CA
Friska, Anton: (DI) Dec. 1, 1890, (A) 29Y, (B) 1861, (BP) Bohemia, (CO) St. Louis
Froehlick, Charles E.: (ID) Jun. 23, 1888, (L) Springfield, (AN) MO5900.445, (CO) Laclede
Fronabarger, Joseph L.: (ID) Oct. 5, 1891, (L) Springfield, (AN) MO5780.468, (CO) Taney
Fronabarger, William F.: (ID) Apr. 6, 1898, (L) Springfield, (AN) MO6030.264, (CO) Taney
Frost, Abram C.: (ID) Feb. 13, 1899, (L) Springfield, (AN) MO6060.045, (CO) Taney
Fry, David: (ID) Feb. 18, 1890, (L) Booneville, (AN) MO3400.216, (CO) Laclede
Fry, Samuel S.: (ID) Feb. 26, 1891, (L) Booneville, (AN) MO3410.039, (CO) Laclede
Fuchs, Richard: (OC) Blacksmith, (RES) Kansas City, MO, (CMTS) City Directory Kansas City, MO, 1899
Fulbright, Ephraim R.: (ID) Nov. 13, 1895, (L) Booneville, (AN) MO3300.488, (CO) Laclede
Fulford, Adley: (A) 21Y, (B) 1899, (BP) MO, (Race) White, (CEN) 1920 Census, Osage, Laclede Co., MO
Fulford, Edith: (B) Feb. 21, 1899, (D) May 30, 1989, (RES) Lebanon, MO, (CO) Laclede
Fulkerson, Richard E.: (ID) Jan. 9, 1886, (L) Springfield, (AN) MO5900.229, (CO) Taney
Fullbright, Ephraim R.: (ID) Mar. 24, 1899, (L) Booneville, (AN) MO1150.423, (CO) Laclede
Fulton, Harry: (OC) Blacksmith, (RES) Kansas City, MO, (CMTS) City Directory Kansas City, MO, 1899
Fulton, Washington: (CEN) 1893 NE State Census, MO Veterans, (MIL) 52th MO Cavalry, Co. A, (RES) Upland, NE
Fultz, David L.: (OC) Coach University of Missouri, 1898-1899
Furlong, Mark: (OC) Blacksmith, (RES) Kansas City, MO, (CMTS) City Directory Kansas City, MO, 1899
Fuson, Adoniram J.: (ID) Jan. 20, 1881, (L) Springfield, (AN) MO5890.031, (CO) Laclede
Gabell, A. J.: (CEN) 1893 NE State Census, MO Veterans, (MIL) 27th MO S. M., Co. A, (RES) Mullen, NE

Gaddis, J. C.: (CEN) 1893 NE State Census, MO Veterans, (MIL) 6th MO Infantry, Co. E, (RES) Orleans, NE

Gagnebin, H. F.: (CEN) 1893 NE State Census, MO Veterans, (MIL) 7th MO Cavalry, Co. L, (RES) Auburn, NE

Gaines, Dayle E.: (A) 21Y, (BP) MO, (B) 1899, (Race) White, (CEN) 1920 Census, San Francisco, San Francisco Co., CA

Gaitland, Laurence: (DI) Apr. 6, 1896, (A) 32Y, (B) 1864, (BP) Ireland, (CO) St. Louis

Gallion, John: (ID) Feb. 5, 1891, (L) Booneville, (AN) MO3400.411, (CO) Laclede

Galloway, Alexander G.: (ID) Nov. 30, 1894, (L) Springfield, (AN) MO6000.188, (CO) Laclede

Gann, Erna: (B) Sep. 26, 1899, (D) Jul, 1976, (RES) Conway, MO, (CO) Laclede

Gann, Jack: (B) Mar 17, 1899, (D) Mar 23, 1995, (RES) Conway, MO, (CO) Laclede

Gann, Nicholas: (ID) Nov. 28, 1896, (L) Springfield, (AN) MO6020.176, (CO) Taney

Gannon, Daniel H.: (ID) May 15, 1884, (L) Springfield, (AN) MO5890.479, (CO) Laclede

Gant, Sherman: (A) 21Y, (BP) MO, (B) 1899, (Race) White, (CEN) 1920 Census, Fresno, Fresno Co., CA

Garavelli, Peter: (DI) Apr. 4, 1896, (A) 24Y, (B) 1872, (BP) Italy, (CO) St. Louis

Garber, Abram: (CEN) 1893 NE State Census, MO Veterans, (MIL) 3rd MO Infantry, Co. I, (RES) Guide Rock, NE

Garber, Joel: (ID) Apr. 3, 1896, (L) Springfield, (AN) MO6010.381, (CO) Taney

Garber, Joel: (OC) Postmaster, Garber, Mar. 18, 1895, (CO) Taney

Gardener, George W.: (ID) Apr. 18, 1898, (L) Booneville, (AN) MO1150.271, (CO) Hickory

Gardner, William E.: (A) 21Y, (BP) MO, (B) 1899, (Race) White, (CEN) 1920 Census, Township 15, Kern Co., CA

Garland, John: (ID) Jan. 18, 1894, (L) Springfield, (AN) MO5990.374, (CO) Taney

Garland, Silas E.: (MD) Sep. 11, 1881, (Spouse) Georgia A. Hooper, (CO) Laclede

Garner, Benjamin F.: (ID) Aug. 17, 1895, (L) Booneville, (AN) MO3430.035, (CO) Hickory

Garner, John W.: (ID) Oct. 21, 1891, (L) Springfield, (AN) MO5950.141, (CO) Laclede

Garrett, Alven P.: (ID) Jul. 25, 1888, (L) Springfield, (AN) MO5910.203, (CO) Taney

Garrett, Faustine: (A) 21Y, (BP) MO, (B) 1899, (Race) White, (CEN) 1920 Census, Los Angeles, Los Angeles Co., CA

Garrett, Gideon B.: (ID) Jul. 17, 1890, (L) Springfield, (AN)

MO5930.163, (CO) Taney
Garrigus, Jessie: (MD) Mar. 6, 1881, (Spouse) Sarah E. Patton, (CO) Laclede
Garrison, B. T.: (CEN) 1893 NE State Census, MO Veterans, (MIL) 12th MO Infantry, Co. A, (RES) Cambridge, NE
Garrison, Laurence R.: (A) 21Y, (BP) MO, (B) 1899, (Race) White, (CEN) 1920 Census, Ceres, Stanislaus Co., CA
Garrison, Lucinda: (ID) Jul. 17, 1890, (L) Springfield, (AN) MO5930.013, (CO) Taney
Gartes, Sanford: (CEN) 1893 NE State Census, MO Veterans, (MIL) 12th MO Infantry, Co. M, (RES) Rock Bluffs, NE
Garver, George W.: (ID) Jul. 11, 1892, (L) Springfield, (AN) MO5970.368, (CO) Taney
Gasaway, John S.: (ID) Nov. 11, 1892, (L) Booneville, (AN) MO3420.018, (CO) Laclede
Gaskill, John W.: (ID) Jan. 20, 1881, (L) Springfield, (AN) MO5890.017, (CO) Taney
Gates, Floyd L.: (A) 21Y, (BP) MO, (B) 1899, (Race) White, (CEN) 1920 Census, Township 6, Fresno Co., CA
Gatheman, Ethelynn: (B) Sep. 15, 1899, (D) Dec, 1976, (RES) Lebanon, MO, (CO) Laclede
Gatten, Marie: (A) 21Y, (BP) MO, (B) 1899, (Race) White, (CEN) 1920 Census, San Francisco, San Francisco Co., CA
Gaughan, Dennis: (CEN) 1893 NE State Census, MO Veterans, (MIL) 4th MO Cavalry, Co. B, (RES) Omaha, NE
Gavin, J. P.: (OC) Blacksmith, (RES) Kansas City, MO, (CMTS) City Directory Kansas City, MO, 1899
Gavin, Patrick: (DI) Apr. 6, 1896, (A) 47Y, (B) 1849, (BP) Ireland, (CO) St. Louis
Gavis, Jesse: (B) 1898, (BP) MO, (CEN) 1920 Census, Auglaize, Laclede Co., MO
Geabhart, John H.: (OC) Blacksmith, (RES) Kansas City, MO, (CMTS) City Directory Kansas City, MO, 1899
Gearhard, John S.: (CEN) 1893 NE State Census, MO Veterans, (MIL) 51th MO Infantry, Co. F, (RES) Blair, NE
Gearhart, George W.: (ID) Feb. 1, 1893, (L) Springfield, (AN) MO5790.271, (CO) Taney
Gearhart, George W.: (ID) Sep. 7, 1894, (L) Springfield, (AN) MO5790.381, (CO) Taney
Gebhart, John: (OC) Blacksmith, (RES) Kansas City, MO, (CMTS) City Directory Kansas City, MO, 1899
Geissert, Friederic: (ID) Dec. 18, 1897, (L) St. Louis, (AN) MO1150.248, (CO) Osage
Gekkeler, Matilda: (A) 21Y, (BP) MO, (B) 1899, (Race) White, (CEN) 1920 Census, San Francisco, San Francisco Co., CA
Gellbreath, G. M.: (A) 21Y, (BP) MO, (B) 1899, (Race) White, (CEN)

1920 Census, Coalinga, Fresno Co., CA
Gennug, J. W.: (CEN) 1893 NE State Census, MO Veterans, (MIL) 14th MO Infantry, Co. F, (RES) Petersburg, NE
Gens, Helmuth: (ID) May 5, 1897, (L) St. Louis, (AN) MO1150.236, (CO) Osage
Gentensberg, Joseph V.: (ID) Aug. 5, 1898, (L) Springfield, (AN) MO6040.144, (CO) Taney
Gentile, Joseph: (DI) Apr. 6, 1896, (A) 33Y, (B) 1863, (BP) Italy, (CO) St. Louis
Gentry, George J.: (OC) Blacksmith, (RES) Kansas City, MO, (CMTS) City Directory Kansas City, MO, 1899
Gentzsch, Charles: (A) 21Y, (BP) MO, (B) 1899, (Race) White, (CEN) 1920 Census, Los Angeles, Los Angeles Co., CA
George, Elias H.: (ID) Jun. 30, 1884, (L) Booneville, (AN) MO3390.030, (CO) Hickory
Gephart, Earl M.: (OC) Blacksmith, (RES) Kansas City, MO, (CMTS) City Directory Kansas City, MO, 1899
Gerhard, Paul Bernhard: (DI) Aug. 10, 1897, (A) 73Y, (B) 1824, (BP) Germany, (CO) St. Louis
Gerhart, Henry Van: (Song) *Gypsy Queen*, (PUB) Kunkel Bros. St. Louis, 1887
Gerster, Samuel W.: (ID) Feb. 10, 1883, (L) Booneville, (AN) MO3380.404, (CO) Hickory
Getman, Peter: (ID) Oct. 23, 1895, (L) Springfield, (AN) MO6010.176, (CO) Taney
Gettings, Hazel E.: (A) 21Y, (BP) MO, (B) 1899, (Race) White, (CEN) 1920 Census, Los Angeles, Los Angeles Co., CA
Getty, William H.: (ID) Jul. 10, 1883, (L) Springfield, (AN) MO5890.445, (CO) Laclede
Ghorke, Patrick: (DI) Apr. 3, 1896, (A) 26Y, (B) 1870, (BP) Ireland, (CO) St. Louis
Giblin, William: (DI) Oct. 18, 1892, (A) 48Y, (B) 1844, (BP) Ireland, (CO) St. Louis
Gibson, George M.: (ID) Jun. 11, 1895, (L) Springfield, (AN) MO6000.445, (CO) Taney
Gibson, John F.: (MD) Oct. 3, 1881, (Spouse) Ida Payton, (CO) Laclede
Giddens, Ray: (A) 21Y, (BP) MO, (B) 1899, (Race) White, (CEN) 1920 Census, Heber, Imperial Co., CA
Gilbert, Aline: (A) 21Y, (BP) MO, (B) 1899, (Race) White, (CEN) 1920 Census, Los Angeles, Los Angeles Co., CA
Gilbert, J. L.: (Song) *Forget Not to Forget*, (LY) ??? Farnie, (PUB) W. A. Evans & Bro., St. Louis, 1882
Gilbert, James W.: (ID) Jan. 9, 1886, (L) Springfield, (AN) MO5900.241, (CO) Taney
Gilbert, James W.: (ID) Mar. 7, 1892, (L) Springfield, (AN) MO5960.250, (CO) Taney

Gilbertson, Charles: (ID) Mar. 24, 1888, (L) Booneville, (AN) MO3390.275, (CO) Laclede
Gilbertson, George: (ID) Jun. 1, 1882, (L) Booneville, (AN) MO3290.104, (CO) Laclede
Gilbertson, George: (ID) Sep. 1, 1881, (L) Booneville, (AN) MO3380.150, (CO) Laclede
Gilbertson, Karen: (ID) Sep. 1, 1881, (L) Booneville, (AN) MO3380.150, (CO) Laclede
Gildea, James: (DI) Feb. 23, 1893, (A) 33Y, (B) 1860, (BP) Ireland, (CO) St. Louis
Gilden, Jesse: (ID) Apr. 23, 1889, (L) Springfield, (AN) MO5920.108, (CO) Taney
Gill, John: (DI) Apr. 1, 1896, (A) 36Y, (B) 1860, (BP) Ireland, (CO) St. Louis
Gillaspie, S. R: (CEN) 1893 NE State Census, MO Veterans, (MIL) 5th MO Cavalry, Co. F, (RES) Powell, NE
Gillespie, Florence: (A) 21Y, (BP) MO, (B) 1899, (Race) White, (CEN) 1920 Census, San Francisco, San Francisco Co., CA
Gillett, William H.: (ID) Sep. 25, 1894, (L) Springfield, (AN) MO5990.465, (CO) Taney
Gilliland, Josiah: (CEN) 1893 NE State Census, MO Veterans, (MIL) 43rd MO Infantry, Co. I, (RES) South Auburn, NE
Gillis, George W.: (ID) Apr. 3, 1896, (L) Springfield, (AN) MO6010.379, (CO) Taney
Gilmore, George W.: (OC) Blacksmith, (RES) Kansas City, MO, (CMTS) City Directory Kansas City, MO, 1899
Gimlin, Elijah: (ID) Mar. 18, 1897, (L) Springfield, (AN) MO5800.122, (CO) Taney
Gimlin, George W.: (ID) Apr. 1, 1892, (L) Springfield, (AN) MO5970.222, (CO) Taney
Gimlin, William T.: (ID) Sep. 9, 1892, (L) Springfield, (AN) MO5970.421, (CO) Taney
Gist, Alfred: (ID) May 23, 1898, (L) Booneville, (AN) MO6030.386, (CO) Hickory
Gladwish, J. W.: (CEN) 1893 NE State Census, MO Veterans, (MIL) 3rd MO Infantry, Co. D, (RES) Seward, NE
Glass, Catherine E.: (A) 21Y, (BP) MO, (B) 1899, (Race) White, (CEN) 1920 Census, Los Angeles, Los Angeles Co., CA
Glasser, Frederick: (OC) Blacksmith, (RES) Kansas City, MO, (CMTS) City Directory Kansas City, MO, 1899
Glazebrook, James F.: (ID) Jun. 7, 1889, (L) Booneville, (AN) MO3400.105, (CO) Hickory
Glazebrook, Richard W.: (ID) Apr. 21, 1888, (L) Booneville, (AN) MO3290.481, (CO) Hickory
Glenn, Thomas H.: (ID) Apr. 29, 1882, (L) Booneville, (AN) MO3380.211, (CO) Hickory

Glover, James W.: (ID) Jul. 12, 1898, (L) Springfield, (AN) MO6040.006, (CO) Taney
Gloyd, George W.: (ID) Jan. 18, 1892, (L) Springfield, (AN) MO5950.487, (CO) Taney
Gnau, Glorenel G: (B) 1898, (BP) MO, (CEN) 1920 Census, Washington, Laclede Co., MO
Goddard, W. H.: (CEN) 1893 NE State Census, MO Veterans, (MIL) 13th MO Cavalry, Co. B, (RES) Imperial, NE
Godfrey, Joseph B.: (ID) Apr. 8, 1891, (L) Booneville, (AN) MO3410.076, (CO) Hickory
Goe, Hiram C.: (OC) Blacksmith, (RES) Kansas City, MO, (CMTS) City Directory Kansas City, MO, 1899
Goemann, Fred: (CEN) 1893 NE State Census, MO Veterans, (MIL) 5th MO Infantry, Co. E, (RES) Tecumseh, NE
Goldbeck, Robert: (Song) *Valse Arabesque*, (PUB) Kunkel Bros., St. Louis, 1882
Goldbeck, Robert: (Song) *Varsaviena*, (PUB) Kunkel Bros., St. Louis, 1882
Golden, Frank: (OC) Blacksmith, (RES) Kansas City, MO, (CMTS) City Directory Kansas City, MO, 1899
Golden, Patrick: (OC) Blacksmith, (RES) Kansas City, MO, (CMTS) City Directory Kansas City, MO, 1899
Goldsberry, Edward S.: (ID) Mar. 10, 1886, (L) Springfield, (AN) MO5770.307, (CO) Taney
Goldsberry, Edward S.: (ID) Oct. 18, 1886, (L) Springfield, (AN) MO5770.477, (CO) Taney
Good, Harry: (OC) Blacksmith, (RES) Kansas City, MO, (CMTS) City Directory Kansas City, MO, 1899
Good, Rginald: (A) 21Y, (BP) MO, (B) 1899, (Race) White, (CEN) 1920 Census, Los Angeles, Los Angeles Co., CA
Goodall, Hardin D.: (ID) Apr. 14, 1888, (L) Springfield, (AN) MO5780.095, (CO) Taney
Goodall, Hardin D.: (ID) Sep. 10, 1898, (L) Springfield, (AN) MO6040.220, (CO) Taney
Goodall, Hardin D.: (ID) Oct. 18, 1886, (L) Springfield, (AN) MO5770.478, (CO) Taney
Goodall, Hardin D.: (ID) Nov. 10, 1882, (L) Springfield, (AN) MO5760.197, (CO) Taney
Goodenough, Gladys: (A) 21Y, (BP) MO, (B) 1899, (Race) White, (CEN) 1920 Census, Fresno, Fresno Co., CA
Goodenough, Sylvanus: (ID) Apr. 23, 1891, (L) Springfield, (AN) MO5950.030, (CO) Taney
Goodfellow, James: (CEN) 1893 NE State Census, MO Veterans, (MIL) 5th MO Infantry, Co. G, (RES) Cody, NE
Goodman, Charles M.: (MD) Sep. 5, 1881, (Spouse) Mary J. Cook, (CO) Laclede

Goodman, Ida: (A) 21Y, (BP) MO, (B) 1899, (Race) White, (CEN) 1920 Census, Los Angeles, Los Angeles Co., CA
Gookins, Lincoln: (OC) Blacksmith, (RES) Kansas City, MO, (CMTS) City Directory Kansas City, MO, 1899
Gooley, Roy E.: (B) 1898, (BP) MO, (CEN) 1920 Census, Franklin, Laclede Co., MO
Gordon, Gerald M.: (A) 21Y, (BP) MO, (B) 1899, (Race) White, (CEN) 1920 Census, Los Angeles, Los Angeles Co., CA
Gordon, William T.: (ID) Apr. 9, 1892, (L) Springfield, (AN) MO5790.151, (CO) Taney
Gorkey, John: (DI) Apr. 3, 1896, (A) 25Y, (B) 1871, (BP) Germany, (CO) St. Louis
Gorski, Johann: (DI) Apr. 6, 1896, (A) 25Y, (B) 1871, (BP) Poland, (CO) St. Louis
Goss, Mary M.: (ID) Dec. 26, 1891, (L) Booneville, (AN) MO3410.121, (CO) Laclede
Goss, William L.: (ID) Jan. 7, 1890, (L) Booneville, (AN) MO3400.176, (CO) Laclede
Gossett, Caleb S.: (ID) Apr. 20, 1885, (L) Springfield, (AN) MO5770.044, (CO) Taney
Gossett, Caleb S.: (ID) Jul. 20, 1886, (L) Springfield, (AN) MO5770.402, (CO) Taney
Gossett, Caleb S.: (ID) Jul. 20, 1886, (L) Springfield, (AN) MO5770.403, (CO) Taney
Gossett, Jacob B.: (ID) Apr. 20, 1885, (L) Springfield, (AN) MO5770.044, (CO) Taney
Gossett, Jacob D.: (ID) Jul. 20, 1886, (L) Springfield, (AN) MO5770.402, (CO) Taney
Gossett, Jacob D.: (ID) Jul. 20, 1886, (L) Springfield, (AN) MO5770.403, (CO) Taney
Gottardo, Mongiat: (DI) Apr. 4, 1896, (A) 37Y, (B) 1859, (BP) Italy, (CO) St. Louis
Gould, Elmer: (ID) Dec. 26, 1891, (L) Booneville, (AN) MO3410.253, (CO) Laclede
Gourley, Cora: (B) Jun. 2, 1899, (D) Oct, 1980, (RES) Lebanon, MO, (CO) Laclede
Gourley, George: (ID) Mar. 20, 1886, (L) Springfield, (AN) MO5900.307, (CO) Laclede
Gourley, Joseph L.: (ID) Dec. 30, 1884, (L) Springfield, (AN) MO5760.446, (CO) Laclede
Gourley, Samuel P.: (ID) Apr. 23, 1889, (L) Springfield, (AN) MO5920.106, (CO) Laclede
Gowens, Dewey: (A) 21Y, (BP) MO, (B) 1899, (Race) White, (CEN) 1920 Census, Azusa, Los Angeles Co., CA
Graber, Herman S.: (DI) Oct. 2, 1890, (A) 23Y, (B) 1867, (BP) Switzerland, (CO) St. Louis

Gracy, James: (A) 21Y, (BP) MO, (B) 1899, (Race) White, (CEN) 1920 Census, Ducor, Tulare Co., CA
Grady, Thomas: (DI) Apr. 4, 1896, (A) 29Y, (B) 1867, (BP) Ireland, (CO) St. Louis
Graff, Joseph: (CEN) 1893 NE State Census, MO Veterans, (MIL) 1st MO Cavalry, Co. M, (RES) Firth, NE
Graham, Albert E.: (DI) Apr. 4, 1896, (A) 34Y, (B) 1862, (BP) Ireland, (CO) St. Louis
Graham, Robert W.: (A) 21Y, (BP) MO, (B) 1899, (Race) White, (CEN) 1920 Census, San Diego, San Diego Co., CA
Grant, Wm.: (A) 21Y, (BP) MO, (B) 1899, (Race) White, (CEN) 1920 Census, San Francisco, San Francisco Co., CA
Grass, Anthony: (OC) Blacksmith, (RES) Kansas City, MO, (CMTS) City Directory Kansas City, MO, 1899
Graven, Samuel A.: (ID) Nov. 30, 1894, (L) Springfield, (AN) MO6000.203, (CO) Laclede
Gray, Andrew J.: (ID) Sep. 14, 1896, (L) Booneville, (AN) MO3430.246, (CO) Hickory
Gray, Clarence: (A) 21Y, (BP) MO, (B) 1899, (Race) White, (CEN) 1920 Census, Palo Verde, Riverside Co., CA
Gray, James: (CEN) 1893 NE State Census, MO Veterans, (MIL) 6th MO Cavalry, Co. H, (RES) Champion, NE
Gray, James M.: (ID) Apr. 22, 1889, (L) Springfield, (AN) MO5920.037, (CO) Taney
Gray, John: (DI) Apr. 1, 1896, (A) 28Y, (B) 1868, (BP) Ireland, (CO) St. Louis
Graziano, Joseph: (DI) Apr. 6, 1896, (A) 25Y, (B) 1871, (BP) Italy, (CO) St. Louis
Green, Andrew J.: (ID) Dec. 26, 1891, (L) Booneville, (AN) MO3410.219, (CO) Hickory
Green, Copeland: (A) 21Y, (BP) MO, (B) 1899, (Race) White, (CEN) 1920 Census, Long Beach, Los Angeles Co., CA
Green, Thomas M.: (ID) Aug. 24, 1897, (L) Springfield, (AN) MO6020.460, (CO) Laclede
Greenhill, John: (OC) Blacksmith, (RES) Kansas City, MO, (CMTS) City Directory Kansas City, MO, 1899
Greening, Alfred P.: (A) 21Y, (BP) MO, (B) 1899, (Race) White, (CEN) 1920 Census, Butte, Sutter Co., CA
Greer, Amy B.: (A) 21Y, (BP) MO, (B) 1899, (Race) White, (CEN) 1920 Census, Imperial, Imperial Co., CA
Greeson, Jacob: (ID) Apr. 29, 1882, (L) Booneville, (AN) MO3380.233, (CO) Laclede
Greeson, Sarah J.: (ID) Apr. 29, 1882, (L) Booneville, (AN) MO3380.233, (CO) Laclede
Greever, Eula: (A) 21Y, (BP) MO, (B) 1899, (Race) White, (CEN) 1920 Census, San Francisco, San Francisco Co., CA

Greever, William A.: (ID) May 25, 1883, (L) Springfield, (AN) MO5760.257, (CO) Taney
Greever, William A.: (ID) May 15, 1884, (L) Springfield, (AN) MO5760.412, (CO) Taney
Greever, William A.: (ID) Oct. 10, 1896, (L) Springfield, (AN) MO5800.042, (CO) Taney
Greever, William A.: (ID) Nov. 10, 1882, (L) Springfield, (AN) MO5760.157, (CO) Taney
Greever, William A.: (ID) Dec. 10, 1881, (L) Springfield, (AN) MO5760.027, (CO) Taney
Gregg, Daniel: (ID) Aug. 24, 1897, (L) Springfield, (AN) MO6020.428, (CO) Taney
Gregg, Daniel: (ID) Sep. 5, 1895, (L) Springfield, (AN) MO6010.126, (CO) Taney
Gregg, George W.: (ID) Nov. 28, 1896, (L) Springfield, (AN) MO6020.175, (CO) Taney
Grenda, Julian: (DI) Apr. 4, 1896, (A) 30Y, (B) 1866, (BP) Poland, (CO) St. Louis
Gridley, Gladys: (A) 21Y, (BP) MO, (B) 1899, (Race) White, (CEN) 1920 Census, Fresno, Fresno Co., CA
Gridley, Oral: (A) 21Y, (BP) MO, (B) 1899, (Race) White, (CEN) 1920 Census, Fresno, Fresno Co., CA
Griffey, Gladys: (A) 21Y, (BP) MO, (B) 1899, (Race) White, (CEN) 1920 Census, Long Beach, Los Angeles Co., CA
Griffey, Magdaline: (B) 1897, (D) 1905, (CO) Ray, (C) Crowley Cemetery
Griffin, George C: (B) 1898, (BP) MO, (CEN) 1920 Census, Washington, Laclede Co., MO
Griffin, James: (A) 21Y, (BP) MO, (B) 1899, (Race) White, (CEN) 1920 Census, Georgiana, Sacramento Co., CA
Griffin, John A.: (ID) Oct. 21, 1891, (L) Springfield, (AN) MO5950.153, (CO) Taney
Grigg, Mary F.: (ID) Sep. 2, 1892, (L) Springfield, (AN) MO5970.409, (CO) Taney
Grigg, Thomas J.: (ID) Sep. 2, 1892, (L) Springfield, (AN) MO5970.409, (CO) Taney
Grimes, Thomas: (ID) Jun. 27, 1898, (L) Booneville, (AN) MO6030.457, (CO) Laclede
Griscom, Frank C.: (A) 21Y, (BP) MO, (B) 1899, (Race) White, (CEN) 1920 Census, Napa, Napa Co., CA
Groesbeck, Lewis D.: (ID) Apr. 1, 1892, (L) Springfield, (AN) MO5970.183, (CO) Taney
Gronkonski, John Frank: (DI) Mar. 31, 1893, (A) 36Y, (B) 1857, (BP) Germany, (CO) St. Louis
Gross, John W.: (ID) Jul. 9, 1895, (L) Springfield, (AN) MO6010.016, (CO) Taney

Grossman, Watson: (CEN) 1893 NE State Census, MO Veterans, (MIL) 1st Light MO Artillery, Co. K, (RES) Angus, NE

Grotts, J. B.: (CEN) 1893 NE State Census, MO Veterans, (MIL) 18th MO Infantry, Co. E, (RES) Diller, NE

Grotz, Louis: (DI) June. 13, 1891, (A) 27Y, (B) 1864, (BP) Germany, (CO) St. Louis

Grover, Frank: (ID) Feb. 13, 1899, (L) Springfield, (AN) MO6040.415, (CO) Taney

Guest, R. C.: (A) 21Y, (BP) MO, (B) 1899, (Race) White, (CEN) 1920 Census, Vallejo, Solano Co., CA

Guinotte, J. E.: (ID) Apr. 16, 1892, (L) Booneville, (AN) MO3300.278, (CO) Hickory

Gunkel, Noah: (ID) Oct. 5, 1896, (L) Springfield, (AN) MO6020.127, (CO) Laclede

Gunn, Forrest L.: (ID) Apr. 6, 1898, (L) Springfield, (AN) MO6030.153, (CO) Taney

Gunsolus, John T.: (OC) Blacksmith, (RES) Kansas City, MO, (CMTS) City Directory Kansas City, MO, 1899

Gustin, Jonathan F.: (ID) Aug. 30, 1882, (L) Springfield, (AN) MO5890.283, (CO) Laclede

Guthard, Earl: (A) 21Y, (BP) MO, (B) 1899, (Race) White, (CEN) 1920 Census, Alila, Tulare Co., CA

Guyton, John W.: (CEN) 1893 NE State Census, MO Veterans, (MIL) 31th MO Infantry, Co. F, (RES) Johnstown, NE

Gwangiger, Harmon: (OC) Blacksmith, (RES) Kansas City, MO, (CMTS) City Directory Kansas City, MO, 1899

Gyles, James H.: (CEN) 1893 NE State Census, MO Veterans, (MIL) 25th MO Artillery, Co. A, (RES) Quick, NE

Haag, John: (OC) Blacksmith, (RES) Kansas City, MO, (CMTS) City Directory Kansas City, MO, 1899

Haak, Frank C.: (A) 21Y, (BP) MO, (B) 1899, (Race) White, (CEN) 1920 Census, Vallejo, Solano Co., CA

Hacker, Jacob: (ID) Feb. 1, 1893, (L) Booneville, (AN) MO3420.106, (CO) Hickory

Hacker, Trecie: (ID) Dec. 22, 1890, (L) Booneville, (AN) MO3300.127, (CO) Hickory

Hackett, George W.: (ID) Apr. 18, 1895, (L) Booneville, (AN) MO3420.452, (CO) Hickory

Hackett, John: (DI) Apr. 1, 1896, (A) 49Y, (B) 1847, (BP) Ireland, (CO) St. Louis

Hackett, John R.: (ID) Apr. 1, 1892, (L) Springfield, (AN) MO5970.198, (CO) Taney

Hackett, Michael: (DI) Feb. 23, 1893, (A) 24Y, (B) 1869, (BP) Ireland, (CO) St. Louis

Hackett, William F.: (ID) Jul. 15, 1899, (L) Springfield, (AN) MO6060.335, (CO) Taney

Haddock, Marshall: (OC) Blacksmith, (RES) Kansas City, MO, (CMTS) City Directory Kansas City, MO, 1899
Haemmerle, William: (DI) Jun. 25, 1891, (A) 29Y, (B) 1862, (BP) Austria, (CO) St. Louis
Haerle, Henry J.: (OC) Blacksmith, (RES) Kansas City, MO, (CMTS) City Directory Kansas City, MO, 1899
Haggard, John M.: (ID) Aug. 10, 1888, (L) Springfield, (AN) MO5910.205, (CO) Taney
Haggard, Sarah A.: (ID) Mar. 7, 1892, (L) Springfield, (AN) MO5970.023, (CO) Taney
Hagland, John A.: (OC) Blacksmith, (RES) Kansas City, MO, (CMTS) City Directory Kansas City, MO, 1899
Hahn, Lizzie: (ID) Oct. 4, 1898, (L) Springfield, (AN) MO6040.260, (CO) Laclede
Hain, Victor H.: (A) 21Y, (BP) MO, (B) 1899, (Race) White, (CEN) 1920 Census, San Francisco, San Francisco Co., CA
Hain, William H.: (ID) Nov. 4, 1893, (L) Booneville, (AN) MO3420.217, (CO) Osage
Haizlip, Meredith P.: (ID) Feb. 1, 1894, (L) Springfield, (AN) MO5990.415, (CO) Laclede
Halbert, Sterling: (ID) Jun. 7, 1889, (L) Booneville, (AN) MO3400.081, (CO) Hickory
Hale, Elijah L.: (ID) Oct. 17, 1890, (L) Springfield, (AN) MO5940.033, (CO) Taney
Hale, John G.: (ID) Jul. 20, 1886, (L) Springfield, (AN) MO5770.443, (CO) Taney
Hale, Mary B.: (ID) Jun. 3, 1896, (L) Springfield, (AN) MO6010.476, (CO) Taney
Hall, Andrew J.: (ID) Aug. 24, 1897, (L) Springfield, (AN) MO6020.459, (CO) Taney
Hall, Benjamin F.: (ID) Feb. 13, 1899, (L) Springfield, (AN) MO6040.496, (CO) Taney
Hall, Edna: (A) 21Y, (BP) MO, (B) 1899, (Race) White, (CEN) 1920 Census, Los Angeles, Los Angeles Co., CA
Hall, John: (CEN) 1893 NE State Census, MO Veterans, (MIL) 5th MO Cavalry, Co. K, (RES) Auburn, NE
Hall, Sophia A.: (ID) Feb. 1, 1893, (L) Booneville, (AN) MO3420.099, (CO) Hickory
Hall, William H.: (ID) Oct. 17, 1892, (L) Springfield, (AN) MO5980.043, (CO) Taney
Halleran, Edward J.: (OC) Blacksmith, (RES) Kansas City, MO, (CMTS) City Directory Kansas City, MO, 1899
Halligan, James: (DI) Apr. 1, 1896, (A) 32Y, (B) 1864, (BP) Ireland, (CO) St. Louis
Halvonson, Charles: (DI) Apr. 3, 1896, (A) 28Y, (B) 1868, (BP) Norway, (CO) St. Louis

Haman, Paul C.: (A) 21Y, (BP) MO, (B) 1899, (Race) White, (CEN) 1920 Census, San Jose, Santa Clara Co., CA
Hamilton, Essie: (B) Feb. 27, 1899, (D) Jun. 27, 1989, (RES) Lebanon, MO, (CO) Laclede
Hamilton, J. D.: (CEN) 1893 NE State Census, MO Veterans, (MIL) 18th MO Infantry, Co. A, (RES) Geneva, NE
Hamilton, W. S.: (CEN) 1893 NE State Census, MO Veterans, (MIL) 21st MO Infantry, Co. C, (RES) McCook, NE
Hamilton, William M.: (ID) Mar. 7, 1892, (L) Springfield, (AN) MO5960.327, (CO) Taney
Hamilton, William M.: (ID) Jul. 20, 1886, (L) Springfield, (AN) MO5770.363, (CO) Taney
Hammond, George W.: (ID) Feb. 6, 1892, (L) Springfield, (AN) MO5960.065, (CO) Taney
Hammond, LeRoy M.: (A) 21Y, (BP) MO, (B) 1899, (Race) White, (CEN) 1920 Census, Los Angeles, Los Angeles Co., CA
Hammond, Thomas: (ID) Jun. 13, 1899, (L) Springfield, (AN) MO6060.322, (CO) Taney
Hammons, John B.: (ID) Apr. 6, 1898, (L) Springfield, (AN) MO6030.157, (CO) Taney
Hammons, Thomas R.: (ID) Apr. 3, 1896, (L) Springfield, (AN) MO6010.350, (CO) Taney
Hampton, Joseph: (CEN) 1893 NE State Census, MO Veterans, (MIL) 2nd MO Cavalry, Co. F, (RES) Alma, NE
Hampton, William S: (CEN) 1893 NE State Census, MO Veterans, (MIL) 2nd MO Cavalry, Co. M, (RES) Endicott, NE
Hampy, L. M.: (A) 21Y, (BP) MO, (B) 1899, (Race) White, (CEN) 1920 Census, Fullerton, Orange Co., CA
Hance, Earnest: (A) 21Y, (BP) MO, (B) 1899, (Race) White, (CEN) 1920 Census, San Francisco, San Francisco Co., CA
Hancock, Charles: (A) 21Y, (BP) MO, (B) 1899, (Race) White, (CEN) 1920 Census, Westwood, Lassen Co., CA
Hancock, Doleigh: (A) 21Y, (BP) MO, (B) 1899, (Race) White, (CEN) 1920 Census, San Francisco, San Francisco Co., CA
Hancock, Stanley: (A) 21Y, (BP) MO, (B) 1899, (Race) White, (CEN) 1920 Census, Tulare, Tulare Co., CA
Handyside, John S.: (ID) Mar. 7, 1892, (L) Springfield, (AN) MO5960.430, (CO) Laclede
Haney, E.: (CEN) 1893 NE State Census, MO Veterans, (MIL) 39th MO Infantry, Co. D, (RES) Omaha, NE
Haney, Katie: (B) Sep. 8, 1899, (D) Jul, 1986, (RES) Conway, MO, (CO) Laclede
Hankens, William J.: (MD) Aug. 18, 1881, (Spouse) Martha A. Winfrey, (CO) Laclede
Hankins, David: (MD) Nov. 2, 1881, (Spouse) Mary Ager, (CO) Laclede
Hankins, Thomas: (ID) Mar. 30, 1886, (L) Booneville, (AN)

MO3390.207, (CO) Laclede
Hankins, William J.: (ID) Feb. 26, 1891, (L) Booneville, (AN) MO3410.064, (CO) Laclede
Hanks, Fred H.: (ID) Jan. 19, 1898, (L) Booneville, (AN) MO6030.083, (CO) Laclede
Hanks, Fred H.: (ID) Aug. 17, 1895, (L) Booneville, (AN) MO3430.042, (CO) Laclede
Hanley, Ed.: (CMTS) 1899 Tax List, Crawford Twp., Wallace, (CO) Buchanan
Hanna, Elias: (CEN) 1893 NE State Census, MO Veterans, (MIL) 5th MO Cavalry, Co. K, (RES) Tecumseh, NE
Hansberry, John: (CEN) 1893 NE State Census, MO Veterans, (MIL) 5th MO Infantry, Co. D, (RES) Blue Springs, NE
Hanslerry, Albert: (CEN) 1893 NE State Census, MO Veterans, (MIL) 48th MO Infantry, Co. K, (RES) Tallin, NE
Harbert, Benjamin S.: (ID) May 20, 1885, (L) Booneville, (AN) MO3390.102, (CO) Hickory
Harbert, Hugh P.: (B) Sep., 1897, (BP) MO, (CEN) 1900 Census, Ed. 89, (CO) Pemiscot
Harden, Ruby: (B) 1898, (BP) MO, (CEN) 1920 Census, Franklin, Laclede Co., MO
Hardy, Robert T.: (A) 21Y, (BP) MO, (B) 1899, (Race) White, (CEN) 1920 Census, Butler, Fresno Co., CA
Hargrove, Norban F.: (A) 21Y, (BP) MO, (B) 1899, (Race) White, (CEN) 1920 Census, Los Angeles, Los Angeles Co., CA
Harlan, Calvin: (ID) Dec. 19, 1885, (L) Booneville, (AN) MO3390.185, (CO) Hickory
Harlan, John W.: (ID) Apr. 24, 1894, (L) Booneville, (AN) MO3420.311, (CO) Hickory
Harley, John F.: (DI) Jul. 19, 1895, (A) 21Y, (B) 1874, (BP) England, (CO) St. Louis
Harlin, Francis M.: (ID) Jan. 20, 1881, (L) Booneville, (AN) MO3380.113, (CO) Hickory
Harmon, George W.: (ID) Oct. 21, 1891, (L) Springfield, (AN) MO5950.219, (CO) Taney
Harn, John: (CEN) 1893 NE State Census, MO Veterans, (MIL) 10th MO Infantry, Co. F, (RES) Tekamah, NE
Harper, Benjamin F.: (ID) Jun. 23, 1888, (L) Springfield, (AN) MO5900.381, (CO) Laclede
Harper, Thomas N.: (OC) Postmaster, Day, Jun. 25, 1896, (CO) Taney
Harrein, Edward J.: (OC) Blacksmith, (RES) Kansas City, MO, (CMTS) City Directory Kansas City, MO, 1899
Harrill, J.: (B) Sep. 4, 1899, (D) Jun, 1965, (RES) Lebanon, MO, (CO) Laclede
Harrington, George: (OC) Blacksmith, (RES) Kansas City, MO, (CMTS) City Directory Kansas City, MO, 1899

Harris, Eliza A.: (ID) Jun. 22, 1888, (L) Springfield, (AN)
MO5910.041, (CO) Laclede
Harris, Ephraim D.: (ID) Mar. 13, 1893, (L) Springfield, (AN)
MO5990.036, (CO) Laclede
Harris, Ephraim D.: (ID) Apr. 21, 1887, (L) Springfield, (AN)
MO5900.36, (CO) Laclede
Harris, James L.: (ID) Apr. 1, 1892, (L) Springfield, (AN) MO5970.213,
(CO) Laclede
Harris, James L.: (ID) Oct. 21, 1886, (L) Springfield, (AN)
MO5770.482, (CO) Laclede
Harris, John: (CEN) 1893 NE State Census, MO Veterans, (MIL) 1st MO
Artillery, Co. H, (RES) Nelson, NE
Harris, John: (DI) Apr. 6, 1896, (A) 29Y, (B) 1867, (BP) Ireland,
(CO) St. Louis
Harris, John W.: (MD) May 1, 1881,, (Spouse) Hannah McMinus, (CO)
Laclede
Harris, Vera: (B) Mar 3, 1899, (D) Nov. 7, 1987, (RES) Lebanon, MO,
(CO) Laclede
Harrison, Albion B.: (A) 21Y, (BP) MO, (B) 1899, (Race) White, (CEN)
1920 Census, San Jose, Santa Clara Co., CA
Harrison, Andrew J.: (ID) Dec. 26, 1891, (L) Booneville, (AN)
MO3410.155, (CO) Laclede
Harrison, Joseph E.: (MD) Aug. 10, 1881, (Spouse) Elizabeth F. Windle,
(CO) Laclede
Harrison, W. H.: (CEN) 1893 NE State Census, MO Veterans, (MIL) 15th
MO Artillery, Co. H, (RES) Irvington, NE
Hart, Dennis: (DI) Apr. 3, 1896, (A) 35Y, (B) 1861, (BP) Ireland,
(CO) St. Louis
Hart, Henry A.: (ID) Mar. 7, 1892, (L) Booneville, (AN) MO3410.306,
(CO) Hickory
Hart, Thomas M.: (ID) Feb. 5, 1891, (L) Booneville, (AN) MO3400.356,
(CO) Hickory
Hart, W. H.: (CEN) 1893 NE State Census, MO Veterans, (MIL) 3rd MO
Infantry, Co. F, (RES) Alexandria, NE
Harter, Ernest B.: (A) 21Y, (BP) MO, (B) 1899, (Race) White, (CEN)
1920 Census, Township 12, Kern Co., CA
Hartigan, William: (DI) Mar. 23, 1895, (A) 29Y, (B) 1866, (BP) Ireland,
(CO) St. Louis
Hartley, Perin D.: (A) 21Y, (BP) MO, (B) 1899, (Race) White, (CEN)
1920 Census, Bakersfield, Kern Co., CA
Hartley, William L.: (ID) Jan. 20, 1885, (L) Booneville, (AN)
MO3290.305, (CO) Hickory
Hartman, Robert: (A) 21Y, (BP) MO, (B) 1899, (Race) White, (CEN)
1920 Census, Long Beach, Los Angeles Co., CA
Hartmann, Berng: (DI) Apr. 6, 1896, (A) 25Y, (B) 1871, (BP) Germany,
(CO) St. Louis

Hartmann, Michael J.: (DI) Apr. 6, 1896, (A) 30Y, (B) 1866, (BP) Ireland, (CO) St. Louis

Hartsell, John Y: (ID) Apr. 3, 1896, (L) Springfield, (AN) MO6010.382, (CO) Laclede

Harvey, Geo. W.: (CEN) 1893 NE State Census, MO Veterans, (MIL) 7th MO Cavalry, Co. H, (RES) Cedar Rapids, NE

Harvey, John W.: (OC) Blacksmith, (RES) Kansas City, MO, (CMTS) City Directory Kansas City, MO, 1899

Haseloh, Fred: (CEN) 1893 NE State Census, MO Veterans, (MIL) 15th MO Infantry, Co. F, (RES) Harvard, NE

Haseltine, Ira S.: (ID) Mar. 19, 1889, (L) Springfield, (AN) MO5780.250, (CO) Taney

Haseltine, Ira S.: (ID) Apr. 14, 1888, (L) Springfield, (AN) MO5780.150, (CO) Taney

Haseltine, Ira S.: (ID) Apr. 14, 1888, (L) Springfield, (AN) MO5780.155, (CO) Taney

Haseltine, Lincoln A.: (ID) Sep. 5, 1895, (L) Springfield, (AN) MO5790.460, (CO) Taney

Hasenbeck, Paul: (ID) Apr. 29, 1882, (L) Booneville, (AN) MO3380.207, (CO) Osage

Haskell, Thomas J.: (OC) Blacksmith, (RES) Kansas City, MO, (CMTS) City Directory Kansas City, MO, 1899

Haskins, John W.: (ID) Mar. 7, 1892, (L) Springfield, (AN) MO5960.183, (CO) Taney

Hassett, James W.: (OC) Blacksmith, (RES) Kansas City, MO, (CMTS) City Directory Kansas City, MO, 1899

Hatch, Dorothy R.: (A) 21Y, (BP) MO, (B) 1899, (Race) White, (CEN) 1920 Census, Long Beach, Los Angeles Co., CA

Hatcher, Kellet: (ID) Mar. 30, 1886, (L) Springfield, (AN) MO5900.331, (CO) Laclede

Hauschild, Thelma A.: (A) 21Y, (BP) MO, (B) 1899, (Race) White, (CEN) 1920 Census, San Diego, San Diego Co., CA

Hauser, Thelma: (A) 21Y, (BP) MO, (B) 1899, (Race) White, (CEN) 1920 Census, Berkeley, Alameda Co., CA

Havens, Harrison E.: (ID) Apr. 1, 1892, (L) Springfield, (AN) MO5970.197, (CO) Taney

Havens, Jesse G.: (ID) Feb. 6, 1892, (L) Springfield, (AN) MO5960.036, (CO) Taney

Haverkamp, Bernard: (DI) Oct. 28, 1890, (A) 33Y, (B) 1857, (BP) Germany, (CO) St. Louis

Hawkins, Columbus: (ID) Feb. 12, 1892, (L) Springfield, (AN) MO5960.134, (CO) Taney

Hawkins, Daniel: (ID) Aug. 9, 1897, (L) Booneville, (AN) MO3430.414, (CO) Laclede

Hawkins, William J.: (ID) Aug. 8, 1892, (L) Booneville, (AN) MO3410.437, (CO) Laclede

Hawkins, William M.: (ID) Nov. 11, 1895, (L) Springfield, (AN) MO6010.233, (CO) Taney

Hawkins, William M.: (OC) Postmaster, Branson, Dec. 7, 1886, (CO) Taney

Hayden, L. S.: (CEN) 1893 NE State Census, MO Veterans, (MIL) 9th MO Cavalry, Co. D, (RES) Indianola, NE

Hayes, A. L.: (MD) Mar. 24, 1881, (Spouse) Nancy J. Smith, (CO) Laclede

Hayes, Elias R.: (ID) Aug. 15, 1888, (L) Springfield, (AN) MO5910.386, (CO) Laclede

Hayes, Gladys: (A) 21Y, (BP) MO, (B) 1899, (Race) White, (CEN) 1920 Census, Stockton, San Joaquin Co., CA

Hayes, Gordon: (A) 21Y, (BP) MO, (B) 1899, (Race) White, (CEN) 1920 Census, Berkeley, Alameda Co., CA

Hayes, James H.: (ID) Jul. 3, 1888, (L) Springfield, (AN) MO5910.187, (CO) Laclede

Hayes, Mary: (B) Apr. 13, 1899, (D) Nov, 1982, (RES) Lebanon, MO, (CO) Laclede

Haymaker, Verne: (A) 21Y, (BP) MO, (B) 1899, (Race) White, (CEN) 1920 Census, Long Beach, Los Angeles Co., CA

Haynes, George B.: (ID) Mar. 24, 1899, (L) Springfield, (AN) MO1150.418, (CO) Taney

Hays, J. N.: (CMTS) 1899 Tax List, Crawford Twp., Faucett, (CO) Buchanan

Hays, William: (ID) Feb. 17, 1890, (L) Springfield, (AN) MO5920.300, (CO) Laclede

Hayward, James F.: (ID) May 5, 1899, (L) Booneville, (AN) MO6060.122, (CO) Hickory

Hazlewood, George W.: (ID) Jun. 14, 1897, (L) Springfield, (AN) MO6020.378, (CO) Laclede

Hazzlip, Jackson: (MD) Feb. 10, 1881, (Spouse) Emeline Lewis, (CO) Laclede

Hea, Carolyn W.: (Song) *Lost on the Maine*, (PUB) A. W. Perry & Sons Music Co., Sedalia, 1898

Head, Stephen: (OC) Blacksmith, (RES) Kansas City, MO, (CMTS) City Directory Kansas City, MO, 1899

Headley, Daniel: (ID) Jun. 23, 1888, (L) Springfield, (AN) MO5900.391, (CO) Taney

Healy, Alton: (A) 21Y, (BP) MO, (B) 1899, (Race) White, (CEN) 1920 Census, Roseville, Placer Co., CA

Heaoller, Suey E.: (A) 21Y, (BP) MO, (B) 1899, (Race) White, (CEN) 1920 Census, Benicia, Solano Co., CA

Hearne, Mary O.: (ID) Mar. 20, 1882, (L) Springfield, (AN) MO5890.170, (CO) Laclede

Heath, Orville J.: (A) 21Y, (BP) MO, (B) 1899, (Race) White, (CEN) 1920 Census, San Francisco, San Francisco Co., CA

Heatherly, Jacob L.: (ID) May 16, 1893, (L) Springfield, (AN) MO5990.133, (CO) Taney
Heberle, Anton: (OC) Blacksmith, (RES) Kansas City, MO, (CMTS) City Directory Kansas City, MO, 1899
Hecht, William: (OC) Blacksmith, (RES) Kansas City, MO, (CMTS) City Directory Kansas City, MO, 1899
Heckart, Henry M.: (ID) Jun. 20, 1893, (L) Springfield, (AN) MO5790.290, (CO) Taney
Hedrick, Robert G.: (ID) Jul. 20, 1886, (L) Booneville, (AN) MO3290.378, (CO) Adair
Heere, George: (A) 21Y, (BP) MO, (B) 1899, (Race) White, (CEN) 1920 Census, Cascade, Fresno Co., CA
Hefner, William H.: (OC) Postmaster, Mincy, Dec. 19, 1898, (CO) Taney
Heiliger, Carl F.: (DI) Mar. 28, 1891, (A) 29Y, (B) 1862, (BP) Germany, (CO) St. Louis
Heironymus, T. F.: (CEN) 1893 NE State Census, MO Veterans, (MIL) 45th MO Infantry, Co. C, (RES) Hebron, NE
Heller, Frederick O.: (DI) Apr. 6, 1896, (A) 33Y, (B) 1863, (BP) Germany, (CO) St. Louis
Helms, James M.: (ID) Nov. 30, 1894, (L) Springfield, (AN) MO6000.095, (CO) Laclede
Helvas, Henry: (CEN) 1893 NE State Census, MO Veterans, (MIL) 1st MO Cavalry, Co. L, (RES) Gering, NE
Hendershot, Leslie: (A) 21Y, (BP) MO, (B) 1899, (Race) White, (CEN) 1920 Census, San Francisco, San Francisco Co., CA
Henderson, A. J.: (CEN) 1893 NE State Census, MO Veterans, (MIL) 9th MO Cavalry, Co. I, (RES) Grand Island, NE
Henderson, Floy I.: (A) 21Y, (BP) MO, (B) 1899, (Race) White, (CEN) 1920 Census, Los Angeles, Los Angeles Co., CA
Henderson, G. B.: (CMTS) 1899 Tax List, Crawford Twp., Faucett, (CO) Buchanan
Hendrix, Ora: (B) Aug. 17, 1899, (D) Mar 12, 1990, (RES) Conway, MO, (CO) Laclede
Hendryx, Isaac G.: (ID) Dec. 20, 1892, (L) Springfield, (AN) MO5980.360, (CO) Taney
Hendryx, John H.: (ID) Feb. 13, 1899, (L) Springfield, (AN) MO6060.057, (CO) Taney
Henraham, Rheta: (A) 21Y, (BP) MO, (B) 1899, (Race) White, (CEN) 1920 Census, Los Angeles, Los Angeles Co., CA
Henry, D. P.: (CEN) 1893 NE State Census, MO Veterans, (MIL) 11th MO Infantry, Co. H, (RES) Tecumseh, NE
Henry, Franklin: (ID) Jun. 30, 1884, (L) Booneville, (AN) MO3390.006, (CO) Hickory
Henry, Isaac: (ID) Jun. 1, 1882, (L) Booneville, (AN) MO3380.267, (CO) Laclede
Hensley, Henry W.: (ID) Jun. 14, 1897, (L) Springfield, (AN)

MO6020.381, (CO) Taney
Hensley, Marie: (A) 21Y, (BP) MO, (B) 1899, (Race) White, (CEN) 1920 Census, Sacramento, Sacramento Co., CA
Hensley, William P.: (ID) Dec. 20, 1881, (L) Springfield, (AN) MO5890.078, (CO) Taney
Henson, Dewey: (A) 21Y, (BP) MO, (B) 1899, (Race) White, (CEN) 1920 Census, Oakland, Alameda Co., CA
Henson, Eli: (B) Nov. 1, 1899, (D) Feb, 1973, (RES) Lebanon, MO, (CO) Laclede
Henson, Frank: (OC) Blacksmith, (RES) Kansas City, MO, (CMTS) City Directory Kansas City, MO, 1899
Henson, John: (ID) Apr. 18, 1891, (L) Springfield, (AN) MO5940.381, (CO) Laclede
Henson, John: (ID) Apr. 18, 1891, (L) Springfield, (AN) MO5940.383, (CO) Laclede
Henson, Samuel A.: (ID) Apr. 18, 1895, (L) Booneville, (AN) MO3420.414, (CO) Hickory
Henson, Truman: (B) May 25, 1899, (D) Feb, 1968, (RES) Lebanon, MO, (CO) Laclede
Henszel, Augustus: (ID) Nov. 11, 1895, (L) Springfield, (AN) MO6010.210, (CO) Taney
Heppler, John J.: (OC) Blacksmith, (RES) Kansas City, MO, (CMTS) City Directory Kansas City, MO, 1899
Heral, James P.: (MD) Apr. 24, 1881, (Spouse) Elizabeth Murrell, (CO) Laclede
Herbert, Samuel C.: (ID) Jul. 27, 1885, (L) Booneville, (AN) MO3390.131, (CO) Hickory
Hermand, Edna: (A) 21Y, (BP) MO, (B) 1899, (Race) White, (CEN) 1920 Census, Santa Ana, Orange Co., CA
Hermann, Jacob: (OC) Blacksmith, (RES) Kansas City, MO, (CMTS) City Directory Kansas City, MO, 1899
Herndon, Elisha: (ID) Jun. 23, 1888, (L) Springfield, (AN) MO5900.371, (CO) Taney
Herndon, Gallant: (ID) Jan. 18, 1894, (L) Springfield, (AN) MO5990.347, (CO) Laclede
Herndon, Jerome T.: (ID) Apr. 22, 1889, (L) Springfield, (AN) MO5920.068, (CO) Laclede
Herrold, Herbert M.: (ID) Mar. 5, 1896, (L) Springfield, (AN) MO5790.476, (CO) Taney
Heryford, Isaac W.: (ID) Oct. 4, 1898, (L) Springfield, (AN) MO6040.289, (CO) Taney
Hesker, Frederick W.: (ID) Jul. 2, 1889, (L) Booneville, (AN) MO3400.142, (CO) Laclede
Hess, Fritz: (B) Jul. 20, 1899, (D) Dec. 21, 1993, (RES) Lebanon, MO, (CO) Laclede
Hesser, Floyd: (A) 21Y, (BP) MO, (B) 1899, (Race) White, (CEN) 1920

Census, San Francisco, San Francisco Co., CA
Hessous, Joseph: (DI) Mar. 6, 1897, (A) 66Y, (B) 1831, (BP) Bohemia, (CO) St. Louis
Hettmenn, Heinrick: (DI) Dec. 1, 1890, (A) 61Y, (B) 1829, (BP) Germany, (CO) St. Louis
Hiatt, T. G.: (CMTS) 1899 Tax List, Crawford Twp., Faucett, (CO) Buchanan
Hibler, John D.: (ID) Apr. 1, 1892, (L) Springfield, (AN) MO5970.234, (CO) Taney
Hickey, John R.: (ID) Feb. 1, 1894, (L) Springfield, (AN) MO5990.431, (CO) Laclede
Hickman, Joseph G.: (ID) Jan. 18, 1892, (L) Springfield, (AN) MO5950.478, (CO) Taney
Hickman, Mrs. Mary A.: (CMTS) 1899 Tax List, Crawford Twp., Faucett, (CO) Buchanan
Hicks, George T.: (ID) Jul. 17, 1890, (L) Springfield, (AN) MO5930.257, (CO) Taney
Hicks, Hugh: (B) Apr. 12, 1899, (D) Dec, 1976, (RES) Lebanon, MO, (CO) Laclede
Hicks, John W.: (ID) Oct. 31, 1892, (L) Springfield, (AN) MO5980.158, (CO) Laclede
Hicks, Joseph B.: (ID) Mar. 1, 1886, (L) Springfield, (AN) MO5770.259, (CO) Laclede
Hicks, Joseph B.: (ID) Dec. 30, 1884, (L) Springfield, (AN) MO5760.425, (CO) Laclede
Hicks, Thomas G.: (ID) Jul. 20, 1886, (L) Springfield, (AN) MO5770.350, (CO) Taney
Hicks, William B.: (ID) Jul. 20, 1886, (L) Springfield, (AN) MO5770.372, (CO) Taney
Hicks, William H.: (ID) Dec. 30, 1882, (L) Springfield, (AN) MO5760.220, (CO) Laclede
Hicks, William J.: (ID) Nov. 28, 1896, (L) Springfield, (AN) MO6020.171, (CO) Taney
Higdon, Rosella: (B) 1894, (D) 1904, (CO) Ray, (C) Crowley Cemetery
Higginbauthan, Jewel: (A) 21Y, (BP) MO, (B) 1899, (Race) White, (CEN) 1920 Census, Orange, Orange Co., CA
Higgins, Patrick: (DI) Apr. 6, 1896, (A) 34Y, (B) 1862, (BP) Ireland, (CO) St. Louis
Higgins, R. K.: (Song) *The Husking Time of Heaven*, (PUB) White, Smith & Co., Kansas City, 1885
Hill, A David: (A) 21Y, (BP) MO, (B) 1899, (Race) White, (CEN) 1920 Census, Township 19, Kern Co., CA
Hill, Clara O.: (A) 21Y, (BP) MO, (B) 1899, (Race) White, (CEN) 1920 Census, San Francisco, San Francisco Co., CA
Hill, Elmer B.: (A) 21Y, (BP) MO, (B) 1899, (Race) White, (CEN) 1920 Census, San Diego, San Diego Co., CA

Hill, Esther: (B) 1898, (BP) MO, (CEN) 1920 Census, Union, Laclede Co., MO
Hill, Joseph H.: (ID) Nov. 7, 1895, (L) Springfield, (AN) MO6010.227, (CO) Laclede
Hill, Sanford: (CEN) 1893 NE State Census, MO Veterans, (MIL) 35th MO Infantry, Co. D, (RES) Bodarc, NE
Hill, William B.: (ID) Sep. 1, 1881, (L) Booneville, (AN) MO3380.146, (CO) Hickory
Hill, William E.: (ID) Mar. 17, 1892, (L) Springfield, (AN) MO5970.094, (CO) Taney
Hillery, Dewey: (A) 21Y, (BP) MO, (B) 1899, (Race) White, (CEN) 1920 Census, Oakland, Alameda Co., CA
Hillhouse, James D.: (ID) Apr. 3, 1896, (L) Springfield, (AN) MO6010.383, (CO) Taney
Hillhouse, William K.: (ID) Aug. 1, 1898, (L) Springfield, (AN) MO6040.081, (CO) Taney
Hillme, Ernst J.: (ID) Jul. 12, 1898, (L) Springfield, (AN) MO6030.494, (CO) Laclede
Hilpert, Adolph: (CEN) 1893 NE State Census, MO Veterans, (MIL) 5th MO Infantry, Co. B, (RES) Phillips, NE
Hilton, Jesse E.: (ID) Feb. 13, 1899, (L) Springfield, (AN) MO6060.029, (CO) Taney
Hilton, Samuel: (ID) Jun. 25, 1885, (L) Springfield, (AN) MO5770.187, (CO) Taney
Hinde, Craven: (A) 21Y, (BP) MO, (B) 1899, (Race) White, (CEN) 1920 Census, Los Angeles, Los Angeles Co., CA
Hinds, Elnora: (B) 1876, (D) 1894, (CO) Ray, (C) Crowley Cemetery
Hinds, George H.: (ID) Feb. 12, 1892, (L) Springfield, (AN) MO5960.091, (CO) Taney
Hinds, Louis L.: (A) 21Y, (BP) MO, (B) 1899, (Race) White, (CEN) 1920 Census, South Pasadena, Los Angeles Co., CA
Hinds, Rebecca: (ID) Jul. 27, 1885, (L) Springfield, (AN) MO5900.202, (CO) Taney
Hink, Frederick: (OC) Blacksmith, (RES) Kansas City, MO, (CMTS) City Directory Kansas City, MO, 1899
Hinkle, Florence: (A) 21Y, (BP) MO, (B) 1899, (Race) White, (CEN) 1920 Census, San Francisco, San Francisco Co., CA
Hinkle, John: (ID) Jun. 30, 1884, (L) Booneville, (AN) MO3390.012, (CO) Hickory
Hipkins, Chas.: (A) 21Y, (BP) MO, (B) 1899, (Race) White, (CEN) 1920 Census, Tulare, Tulare Co., CA
Hirer, Louis F.: (ID) Feb. 21, 1893, (L) Springfield, (AN) MO5980.480, (CO) Taney
Hixon, John W.: (CEN) 1893 NE State Census, MO Veterans, (MIL) 43rd MO Infantry, Co. D, (RES) Crawford, NE
Hobb, James: (A) 21Y, (BP) MO, (B) 1899, (Race) White, (CEN) 1920

Census, El Centro, Imperial Co., CA
Hobbs, Lorenzo D.: (ID) Mar. 17, 1892, (L) Springfield, (AN) MO5970.076, (CO) Taney
Hobert, Harry: (A) 21Y, (BP) MO, (B) 1899, (Race) White, (CEN) 1920 Census, Los Angeles, Los Angeles Co., CA
Hobson, Ora: (A) 21Y, (BP) MO, (B) 1899, (Race) White, (CEN) 1920 Census, Orange, Orange Co., CA
Hodge, Harvey B.: (ID) Nov. 23, 1891, (L) Springfield, (AN) MO5950.322, (CO) Laclede
Hodges, Emma Harrington: (Song) *O'Grady and Biddie Gee*, (PUB) A. W. Perry & Son, Sedalia, 1894
Hodges, William D.: (ID) Oct. 31, 1892, (L) Springfield, (AN) MO5980.157, (CO) Taney
Hoerr, Henry P.: (A) 21Y, (BP) MO, (B) 1899, (Race) White, (CEN) 1920 Census, Los Angeles, Los Angeles Co., CA
Hoerth, Edna M.: (A) 21Y, (BP) MO, (B) 1899, (Race) White, (CEN) 1920 Census, San Francisco, San Francisco Co., CA
Hoffman, John: (OC) Blacksmith, (RES) Kansas City, MO, (CMTS) City Directory Kansas City, MO, 1899
Hoffman, W. Roy: (A) 21Y, (BP) MO, (B) 1899, (Race) White, (CEN) 1920 Census, Oakland, Alameda Co., CA
Hofstetter, John E.: (ID) Feb. 10, 1883, (L) Booneville, (AN) MO3380.396, (CO) Hickory
Hogan, Micager: (ID) Jan. 25, 1888, (L) Springfield, (AN) MO5780.018, (CO) Taney
Hogland, John: (OC) Blacksmith, (RES) Kansas City, MO, (CMTS) City Directory Kansas City, MO, 1899
Hogue, Alexander A.: (ID) Feb. 5, 1891, (L) Booneville, (AN) MO3400.369, (CO) Laclede
Hoins, Herman: (CEN) 1893 NE State Census, MO Veterans, (MIL) 9th MO Infantry, Co. K, (RES) Kiowa, NE
Hoke, Henry A.: (ID) Mar. 7, 1892, (L) Springfield, (AN) MO5960.429, (CO) Laclede
Hoke, Maude. (B) May 17, 1899, (D) May 27, 1988, (RES) Lebanon, MO, (CO) Laclede
Holder, James: (ID) Dec. 26, 1891, (L) Booneville, (AN) MO3410.172, (CO) Hickory
Holeman, Edward: (ID) Nov. 9, 1891, (L) Booneville, (AN) MO3410.119, (CO) Laclede
Hollaman, Thomas J.: (ID) Nov. 28, 1896, (L) Booneville, (AN) MO3430.298, (CO) Hickory
Holland, Colley B.: (ID) Nov. 10, 1882, (L) Springfield, (AN) MO5760.187, (CO) Taney
Holland, Colly B.: (ID) Jul. 25, 1882, (L) Springfield, (AN) MO5760.122, (CO) Taney
Holland, James F.: (DI) Apr. 6, 1896, (A) 36Y, (B) 1860, (BP) England,

(CO) St. Louis
Holland, John L.: (ID) Dec. 18, 1893, (L) Springfield, (AN) MO5790.342, (CO) Taney
Hollandsworth, George M.: (ID) Jan. 19, 1898, (L) Booneville, (AN) MO6030.084, (CO) Laclede
Hollandsworth, James T.: (ID) Aug. 27, 1898, (L) Booneville, (AN) MO6040.174, (CO) Laclede
Hollenbeck, Eli: (ID) Jun. 7, 1889, (L) Booneville, (AN) MO3400.098, (CO) Adair
Hollerer, Johann: (ID) Mar. 1, 1884, (L) St. Louis, (AN) MO1130.310, (CO) Osage
Holley, George E.: (CMTS) 1899 Tax List, Crawford Twp., Wallace, (CO) Buchanan
Hollingshead, Marshall: (A) 21Y, (BP) MO, (B) 1899, (Race) White, (CEN) 1920 Census, South Pasadena, Los Angeles Co., CA
Hollingswort, Jack: (A) 21Y, (BP) MO, (B) 1899, (Race) White, (CEN) 1920 Census, Coalinga, Fresno Co., CA
Hollingsworth, Erle: (A) 21Y, (BP) MO, (B) 1899, (Race) White, (CEN) 1920 Census, San Francisco, San Francisco Co., CA
Hollingsworth, Lemuel: (ID) Feb. 6, 1892, (L) Springfield, (AN) MO5790.048, (CO) Taney
Hollingsworth, Robert A.: (ID) Feb. 6, 1892, (L) Springfield, (AN) MO5790.050, (CO) Taney
Hollingsworth, Robert A.: (ID) Apr. 9, 1892, (L) Springfield, (AN) MO5790.141, (CO) Taney
Hollis, Earl: (A) 21Y, (BP) MO, (B) 1899, (Race) White, (CEN) 1920 Census, Visalia, Tulare Co., CA
Hollmann, D. D.: (A) 21Y, (BP) MO, (B) 1899, (Race) White, (CEN) 1920 Census, Coalinga, Fresno Co., CA
Holm, Nelson: (OC) Blacksmith, (RES) Kansas City, MO, (CMTS) City Directory Kansas City, MO, 1899
Holman, Joseph B.: (ID) Jun. 30, 1884, (L) Booneville, (AN) MO3390.053, (CO) Laclede
Holman, William N. W.: (MD) Dec. 8, 1881, (Spouse) Teresa F. Trailkill, (CO) Laclede
Holmes, John H.: (ID) Nov. 30, 1894, (L) Springfield, (AN) MO6000.094, (CO) Taney
Holmes, Montimer: (ID) Jan. 30, 1896, (L) Booneville, (AN) MO3430.121, (CO) Hickory
Holsten, D.: (CEN) 1893 NE State Census, MO Veterans, (MIL) 5th MO Cavalry, Co. C, (RES) Scribner, NE
Holt, George A.: (ID) Jun. 26, 1890, (L) Springfield, (AN) MO5780.382, (CO) Taney
Holt, Granville L.: (ID) Sep. 7, 1894, (L) Springfield, (AN) MO5790.372, (CO) Taney
Holt, Jasper N.: (ID) Jan. 12, 1895, (L) Springfield, (AN) MO6000.239,

(CO) Taney
Holt, Ganville A.: (OC) Postmaster, Protem, Sep. 10, 1891, (CO) Taney
Holtz, Paul: (DI) Jul. 15, 1893, (A) 42Y, (B) 1851, (BP) Germany, (CO) St. Louis
Honeycut, Mathew: (ID) Aug. 20, 1892, (L) Springfield, (AN) MO5970.396, (CO) Taney
Honeycut, Mathew: (ID) Oct. 21, 1891, (L) Springfield, (AN) MO5950.071, (CO) Taney
Honeycut, Nathan: (ID) May 31, 1892, (L) Springfield, (AN) MO5970.341, (CO) Taney
Hooker, John L.: (MD) Oct. 19, 1881, (Spouse) Laura B. Harrison, (CO) Laclede
Hooker, Joseph L.: (A) 21Y, (BP) MO, (B) 1899, (Race) White, (CEN) 1920 Census, Long Beach, Los Angeles Co., CA
Hooker, Thomas: (ID) Aug. 15, 1888, (L) Springfield, (AN) MO5910.336, (CO) Laclede
Hooper, Jacob: (ID) Jan. 20, 1881, (L) Booneville, (AN) MO3380.125, (CO) Adair
Hooser, John B.: (ID) Jun. 28, 1890, (L) Springfield, (AN) MO5920.482, (CO) Taney
Hooser, John B.: (ID) Dec. 18, 1893, (L) Springfield, (AN) MO5790.333, (CO) Taney
Hopkins, G. C.: (CEN) 1893 NE State Census, MO Veterans, (MIL) 35th MO Infantry, Co. C, (RES) Omaha, NE
Hopkins, Norman: (A) 21Y, (BP) MO, (B) 1899, (Race) Colored, (CEN) 1920 Census, Sacramento, Sacramento Co., CA
Hopper, Archie: (A) 21Y, (BP) MO, (B) 1899, (Race) White, (CEN) 1920 Census, Turlock, Stanislaus Co., CA
Hopper, Fanny: (B) Apr. 13, 1899, (D) Aug, 1976, (RES) Lebanon, MO, (CO) Laclede
Hopper, Creel: (OC) Postmaster, Mincy, Jan. 12, 1885, (CO) Taney
Hopson, Alva: (A) 21Y, (BP) MO, (B) 1899, (Race) White, (CEN) 1920 Census, Los Angeles, Los Angeles Co., CA
Hopson, Gilbert B.: (A) 21Y, (BP) MO, (B) 1899, (Race) White, (CEN) 1920 Census, Modesto, Stanislaus Co., CA
Hopson, McClellan H: (B) 1898, (BP) MO, (CEN) 1920 Census, Union, Laclede Co., MO
Horine, Samuel H.: (ID) Dec. 18, 1893, (L) Springfield, (AN) MO5790.339, (CO) Taney
Horn, Homer: (OC) Blacksmith, (RES) Kansas City, MO, (CMTS) City Directory Kansas City, MO, 1899
Horn, John W.: (CEN) 1893 NE State Census, MO Veterans, (MIL) 5th MO Cavalry, Co. C, (RES) Brock, NE
Hornberger, John: (DI) Jul. 14, 1893, (A) 32Y, (B) 1861, (BP) Germany, (CO) St. Louis
Horstmannsdorf, William: (DI) Nov. 28, 1890, (A) 30Y, (B) 1860, (BP)

Germany, (CO) St. Louis
Horton, George W.: (ID) Jun. 20, 1893, (L) Springfield, (AN) MO5790.299, (CO) Taney
Hosfelt, Casper: (ID) Jun. 6, 1890, (L) Booneville, (AN) MO3400.230, (CO) Laclede
Hoskins, Luther L.: (B) 1898, (BP) MO, (CEN) 1920 Census, Auglaize, Laclede Co., MO
Hoskinson, Isaac: (ID) Apr. 16, 1892, (L) Booneville, (AN) MO3300.279, (CO) Laclede
Hoss, Granville S.: (ID) Sep. 21, 1888, (L) Booneville, (AN) MO3300.075, (CO) Hickory
Hoss, Granville S.: (ID) Nov. 21, 1888, (L) Booneville, (AN) MO3300.076, (CO) Hickory
Hoss, Granville S.: (ID) Nov. 21, 1888, (L) Booneville, (AN) MO3300.077, (CO) Hickory
Hoss, Granville S.: (ID) Nov. 21, 1888, (L) Booneville, (AN) MO3300.078, (CO) Hickory
Hoss, Granville S.: (ID) Sep. 26, 1889, (L) Booneville, (AN) MO3300.095, (CO) Hickory
Hoss, Granville S.: (ID) Sep. 26, 1889, (L) Booneville, (AN) MO3300.096, (CO) Hickory
Hough, Arvile: (B) 1898, (BP) MO, (CEN) 1920 Census, Hooker, Laclede Co., MO
Hough, Edward: (B) 1898, (BP) MO, (CEN) 1920 Census, Franklin, Laclede Co., MO
Hough, Josephus: (ID) Oct. 9, 1895, (L) Springfield, (AN) MO6010.161, (CO) Laclede
Hough, Ray B: (B) 1898, (BP) MO, (CEN) 1920 Census, Franklin, Laclede Co., MO
Hough, Samuel B.: (ID) Feb. 21, 1893, (L) Springfield, (AN) MO5980.450, (CO) Laclede
Housman, A. D.: (CMTS) 1899 Tax List, Crawford Twp., Faucett, (CO) Buchanan
Housman, D. H.: (CMTS) 1899 Tax List, Crawford Twp., Faucett, (CO) Buchanan
Housman, Louis: (ID) Mar. 7, 1892, (L) Springfield, (AN) MO5970.031, (CO) Taney
Howard, Daniel D.: (ID) Feb. 17, 1890, (L) Springfield, (AN) MO5920.399, (CO) Taney
Howard, Isaac: (ID) Mar. 7, 1892, (L) Springfield, (AN) MO5960.214, (CO) Taney
Howard, John H.: (ID) Jul. 27, 1885, (L) Springfield, (AN) MO5900.186, (CO) Laclede
Howard, Richard K.: (ID) Apr. 14, 1888, (L) Springfield, (AN) MO5780.101, (CO) Taney
Howard, Stephen: (ID) Jul. 3, 1897, (L) Booneville, (AN) MO3430.394,

(CO) Hickory
Howard, Thomas K.: (ID) Mar. 20, 1882, (L) Springfield, (AN) MO5890.162, (CO) Laclede
Howard, Thomas K.: (ID) Dec. 10, 1881, (L) Springfield, (AN) MO5760.023, (CO) Laclede
Howderm John W.: (CEN) 1893 NE State Census, MO Veterans, (MIL) 39th MO Infantry, Co. I, (RES) Albion, NE
Howell, Alex: (A) 21Y, (BP) MO, (B) 1899, (Race) White, (CEN) 1920 Census, Los Angeles, Los Angeles Co., CA
Howell, B. A.: (MD) Aug. 7, 1881, (Spouse) Josephine Workman, (CO) Laclede
Howell, Bedie: (A) 21Y, (BP) MO, (B) 1899, (Race) White, (CEN) 1920 Census, San Francisco, San Francisco Co., CA
Howell, Charles A.: (ID) Apr. 9, 1892, (L) Springfield, (AN) MO5790.068, (CO) Taney
Howerton, A. C.: (CEN) 1893 NE State Census, MO Veterans, (MIL) 1st MO Cavalry, Co. D, (RES) Miller, NE
Howland, Henry: (CMTS) 1899 Tax List, Crawford Twp., Faucett, (CO) Buchanan
Hoye, Jacob: (CEN) 1893 NE State Census, MO Veterans, (MIL) 50th MO Cavalry, Co. E, (RES) Edgar, NE
Hoyt, George F.: (OC) Blacksmith, (RES) Kansas City, MO, (CMTS) City Directory Kansas City, MO, 1899
Hubble, Joel H.: (ID) Apr. 20, 1885, (L) Springfield, (AN) MO5770.021, (CO) Taney
Hubbs, Alice: (A) 21Y, (BP) MO, (B) 1899, (Race) White, (CEN) 1920 Census, Riverside, Riverside Co., CA
Huckaby, Daniel: (A) 21Y, (BP) MO, (B) 1899, (Race) White, (CEN) 1920 Census, Oakland, Alameda Co., CA
Hudson, Flora: (CMTS) 1899 Tax List, Crawford Twp., Wallace, (CO) Buchanan
Hudson, William A.: (ID) Oct. 21, 1891, (L) Springfield, (AN) MO5950.215, (CO) Taney
Huff, Jacob N.: (ID) Mar. 7, 1892, (L) Springfield, (AN) MO5960.292, (CO) Taney
Huff, James: (ID) Jan. 25, 1896, (L) Booneville, (AN) MO3430.120, (CO) Laclede
Huff, Henry: (MD) Mar. 28, 1881, (Spouse) Luiza Dann, (CO) Mississippi
Huffman, Charley: (ID) Sep. 2, 1882, (L) Booneville, (AN) MO3380.322, (CO) Hickory
Huffman, Harley: (B) May 31, 1899, (D) Feb, 1968, (RES) Conway, MO, (CO) Laclede
Huffman, J. C.: (CMTS) 1899 Tax List, Crawford Twp., Wallace, (CO) Buchanan
Hufft, John C.: (ID) Feb. 12, 1892, (L) Springfield, (AN) MO5960.135, (CO) Taney

Hufker, Benjamin: (DI) Apr. 6, 1896, (A) 27Y, (B) 1869, (BP) Germany, (CO) St. Louis

Hufker, Clemens: (DI) Apr. 6, 1896, (A) 56Y, (B) 1840, (BP) Germany, (CO) St. Louis

Hughes, Elizabeth: (A) 21Y, (BP) MO, (B) 1899, (Race) White, (CEN) 1920 Census, Fresno, Fresno Co., CA

Hughes, Harriet M.: (ID) Jun. 26, 1890, (L) Springfield, (AN) MO5780.377, (CO) Taney

Hughes, John: (DI) Apr. 6, 1896, (A) 36Y, (B) 1860, (BP) Ireland, (CO) St. Louis

Hughes, John: (A) 21Y, (BP) MO, (B) 1899, (Race) White, (CEN) 1920 Census, Vallejo, Solano Co., CA

Hughes, John R.: (ID) Apr. 16, 1892, (L) Springfield, (AN) MO5970.291, (CO) Taney

Hughes, Mary: (ID) Oct. 11, 1886, (L) Springfield, (AN) MO5900.357, (CO) Taney

Hughes, William: (DI) Apr. 6, 1896, (A) 30Y, (B) 1866, (BP) Ireland, (CO) St. Louis

Hughs, Thomas C.: (ID) Jul. 17, 1890, (L) Springfield, (AN) MO5930.323, (CO) Taney

Hulett, Jacob G.: (OC) Postmaster, Eglinton, Mar. 7, 1882, (CO) Taney

Hulfemeyer, Hermann: (DI) Oct. 6, 1890, (A) 39Y, (B) 1851, (BP) Germany, (CO) St. Louis

Hull, Malanckton: (ID) Apr. 14, 1888, (L) Springfield, (AN) MO5780.124, (CO) Taney

Hull, William J.: (ID) Apr. 26, 1893, (L) Springfield, (AN) MO5990.109, (CO) Taney

Hullet, F. K.: (A) 21Y, (BP) MO, (B) 1899, (Race) White, (CEN) 1920 Census, Los Angeles, Los Angeles Co., CA

Humbird, George: (B) 1892, (D) 1940, (CO) Ray, (C) Crowley Cemetery

Humphrey, Cloe: (B) 1898, (BP) MO, (CEN) 1920 Census, Lebanon, Laclede Co., MO

Humphrey, Virgil: (ID) Feb. 13, 1899, (L) Springfield, (AN) MO6060.030, (CO) Taney

Humphreys, Thomas A.: (ID) May 31, 1892, (L) Springfield, (AN) MO5970.347, (CO) Laclede

Humphreys, Thomas H.: (ID) Jun. 6, 1896, (L) Springfield, (AN) MO5790.494, (CO) Taney

Hungate, J. H.: (CEN) 1893 NE State Census, MO Veterans, (MIL) 11th MO Infantry, Co. D, (RES) Omaha, NE

Hungerford, Levi D.: (ID) Apr. 20, 1885, (L) Springfield, (AN) MO5770.109, (CO) Taney

Hunsucker, Lucinda: (ID) Feb. 13, 1899, (L) Springfield, (AN) MO6060.031, (CO) Taney

Hunt, F. H. D.: (CEN) 1893 NE State Census, MO Veterans, (MIL) 5th MO Cavalry, Co. D, (RES) St. Dervin, NE

Hunt, James V.: (ID) Jan. 30, 1889, (L) Springfield, (AN) MO5910.471, (CO) Taney

Hunt, William: (DI) Nov. 8, 1893, (A) 26Y, (B) 1867, (BP) Canada, (CO) St. Louis

Hunt, William F.: (ID) Mar. 7, 1892, (L) Springfield, (AN) MO5960.205, (CO) Taney

Hunter, Arthur C.: (ID) Feb. 20, 1891, (L) Springfield, (AN) MO5940.153, (CO) Taney

Hunter, Daniel F.: (ID) Jun. 26, 1890, (L) Springfield, (AN) MO5780.337, (CO) Taney

Hunter, Edward: (ID) Jan. 12, 1895, (L) Springfield, (AN) MO6000.232, (CO) Taney

Hunter, Frederick B.: (ID) Mar. 24, 1888, (L) Booneville, (AN) MO3390.309, (CO) Laclede

Hunter, Harry F.: (ID) Apr. 9, 1892, (L) Springfield, (AN) MO5790.176, (CO) Taney

Hunter, Harry F.: (ID) Apr. 9, 1892, (L) Springfield, (AN) MO5790.177, (CO) Taney

Hunter, Harry F.: (ID) Apr. 9, 1892, (L) Springfield, (AN) MO5790.178, (CO) Taney

Hunter, J. F.: (ID) Jul. 20, 1886, (L) Springfield, (AN) MO5770.432, (CO) Taney

Hunter, J. F.: (ID) Nov. 23, 1888, (L) Springfield, (AN) MO5780.215, (CO) Taney

Hunter, J. F.: (ID) Nov. 23, 1888, (L) Springfield, (AN) MO5780.235, (CO) Taney

Hunter, J. F.: (ID) Nov. 23, 1888, (L) Springfield, (AN) MO5780.236, (CO) Taney

Hunter, J. F.: (ID) Nov. 23, 1888, (L) Springfield, (AN) MO5780.240, (CO) Taney

Hunter, J. F.: (ID) Nov. 23, 1889, (L) Springfield, (AN) MO5780.223, (CO) Taney

Hunter, J. F.: (ID) Dec. 3, 1886, (L) Springfield, (AN) MO5780.002, (CO) Taney

Hunter, Sarah F.: (ID) Mar. 18, 1897, (L) Springfield, (AN) MO6020.281, (CO) Taney

Huntley, John S.: (ID) Nov. 23, 1891, (L) Springfield, (AN) MO5950.444, (CO) Taney

Hunziker, John: (ID) Feb. 7, 1893, (L) Booneville, (AN) MO3420.107, (CO) Hickory

Hunziker, Susan: (ID) Feb. 7, 1893, (L) Booneville, (AN) MO3420.107, (CO) Hickory

Hurley, A. S.: (CEN) 1893 NE State Census, MO Veterans, (MIL) 42nd MO Infantry, Co. E, (RES) Kearney, NE

Hurley, Dennis C.: (OC) Blacksmith, (RES) Kansas City, MO, (CMTS) City Directory Kansas City, MO, 1899

Huron, Horace: (Song) *Brush the Frowns Away*, (PUB) C. L. Partee Music Co., Kansas City, 1897
Hurt, David M.: (ID) Nov. 30, 1894, (L) Springfield, (AN) MO6000.197, (CO) Taney
Husted, Charles A.: (ID) Jul. 12, 1898, (L) Springfield, (AN) MO6040.024, (CO) Taney
Huston, Marjorie: (A) 21Y, (BP) MO, (B) 1899, (Race) White, (CEN) 1920 Census, San Diego, San Diego Co., CA
Hutchings, Hansel: (ID) Nov. 13, 1885, (L) Springfield, (AN) MO5770.208, (CO) Taney
Hutchings, James: (ID) Apr. 22, 1889, (L) Springfield, (AN) MO5920.028, (CO) Taney
Hutchings, James: (ID) Jun. 26, 1890, (L) Springfield, (AN) MO5780.388, (CO) Taney
Hutchings, James: (ID) Sep. 28, 1898, (L) Springfield, (AN) MO1150.360, (CO) Taney
Hutchings, Pleasant E.: (ID) Mar. 17, 1892, (L) Springfield, (AN) MO5970.045, (CO) Taney
Hyland, Edward: (DI) Apr. 6, 1896, (A) 39Y, (B) 1857, (BP) Ireland, (CO) St. Louis
Hynd, James: (ID) Sep. 7, 1894, (L) Springfield, (AN) MO5790.398, (CO) Taney
Iastizinski, John: (DI) Apr. 6, 1896, (A) 34Y, (B) 1862, (BP) Poland, (CO) St. Louis
Iastizinski, Joseph: (DI) Apr. 6, 1896, (A) 45Y, (B) 1851, (BP) Poland, (CO) St. Louis
Icke, George F.: (ID) Jun. 20, 1893, (L) Springfield, (AN) MO5790.294, (CO) Taney
Igo, Jacob M.: (ID) May 22, 1896, (L) Springfield, (AN) MO6010.462, (CO) Taney
Igo, James B.: (ID) Oct. 10, 1896, (L) Springfield, (AN) MO5800.056, (CO) Taney
Igo, Samuel A.: (ID) Oct. 4, 1898, (L) Springfield, (AN) MO6040.277, (CO) Taney
Ince, John F.: (ID) Mar. 20, 1893, (L) Springfield, (AN) MO5990.083, (CO) Taney
Ingenthron, Joseph: (ID) Aug. 30, 1882, (L) Springfield, (AN) MO5890.292, (CO) Taney
Ingenthron, Joseph: (ID) Sep. 6, 1890, (L) Springfield, (AN) MO5780.394, (CO) Taney
Ingerson, Andy W.: (A) 21Y, (BP) MO, (B) 1899, (Race) White, (CEN) 1920 Census, Upland, San Bernardino Co., CA
Inglis, John: (ID) Feb. 26, 1891, (L) Booneville, (AN) MO3410.049, (CO) Hickory
Ingram, Lafayette: (ID) Apr. 18, 1891, (L) Springfield, (AN) MO5940.427, (CO) Taney

Ingram, Martin V.: (ID) Dec. 30, 1884, (L) Springfield, (AN)
  MO5760.448, (CO) Taney
Ingram, Mary E.: (ID) Sep. 20, 1897, (L) Springfield, (AN)
  MO6020.476, (CO) Taney
Ingram, William M.: (ID) Sep. 20, 1897, (L) Springfield, (AN)
  MO6020.476, (CO) Taney
Inks, Samuel P.: (ID) Mar. 20, 1882, (L) Booneville, (AN)
  MO3380.176, (CO) Hickory
Irelan, Silas O.: (ID) Apr. 6, 1898, (L) Springfield, (AN)
  MO6030.230, (CO) Taney
Irelan, Willis G.: (ID) Mar. 13, 1895, (L) Springfield, (AN)
  MO6000.317, (CO) Taney
Irelan, Mary E.: (OC) Postmaster, Cedar Creek, Apr. 21, 1892,
  (CO) Taney
Ireland, James: (CEN) 1893 NE State Census, MO Veterans, (MIL) 2nd
  MO Cavalry, Co. G, (RES) Du Bois, NE
Irick, Mary J.: (ID) Sep. 10, 1883, (L) Springfield, (AN)
  MO5760.322, (CO) Laclede
Irwin, Nancy: (ID) Nov. 12, 1894, (L) Springfield, (AN) MO6000.018,
  (CO) Taney
Irwin, Robert M.: (ID) Nov. 23, 1888, (L) Springfield, (AN)
  MO5780.241, (CO) Taney
Irwin, Robert M.: (ID) Dec. 15, 1892, (L) Springfield, (AN)
  MO5980.305, (CO) Taney
Isaacs, Enos: (ID) Aug. 13, 1889, (L) Springfield, (AN) MO5920.241,
  (CO) Taney
Isaacs, G. W., (Dr.): (CMTS) 1899 Tax List, Crawford Twp., Faucett,
  (CO) Buchanan
Isaacs, Reuben: (ID) Dec. 20, 1881, (L) Springfield, (AN)
  MO5890.081, (CO) Taney
Isaacs, Ruben J.: (ID) Mar. 7, 1892, (L) Springfield, (AN)
  MO5960.303, (CO) Taney
Isaacs, W. S.: (CMTS) 1899 Tax List, Crawford Twp., Faucett,
  (CO) Buchanan
Isaacson, A. E.: (CMTS) 1899 Tax List, Crawford Twp., Faucett,
  (CO) Buchanan
Israel, William Y: (A) 21Y, (BP) MO, (B) 1899, (Race) White, (CEN)
  1920 Census, San Diego, San Diego Co., CA
Issel, Louis: (DI) Apr. 6, 1896, (A) 24Y, (B) 1872, (BP) Germany,
  (CO) St. Louis
Ivey, Ansley N.: (ID) May 4, 1885, (L) Springfield, (AN) MO5900.127,
  (CO) Laclede
Jackman, Thomas A.: (OC) Blacksmith, (RES) Kansas City, MO, (CMTS)
  City Directory Kansas City, MO, 1899
Jackson, Andrew: (ID) Apr. 1, 1892, (L) Springfield, (AN)
  MO5970.184, (CO) Taney

Jackson, Homer: (A) 21Y, (BP) MO, (B) 1899, (Race) White, (CEN) 1920
  Census, San Quentin, Marin Co., CA
Jackson, Isaac: (ID) Nov. 23, 1891, (L) Springfield, (AN)
  MO5950.252, (CO) Taney
Jackson, John: (ID) Aug. 15, 1888, (L) Springfield, (AN) MO5910.355,
  (CO) Taney
Jackson, Mary L.: (ID) Feb. 17, 1890, (L) Springfield, (AN)
  MO5920.447, (CO) Taney
Jackson, Mary L.: (ID) Apr. 20, 1885, (L) Springfield, (AN)
  MO5770.071, (CO) Taney
Jackson, Samuel: (ID) Jul. 9, 1895, (L) Springfield, (AN)
  MO6010.096, (CO) Taney
Jackson, Samuel L.: (ID) Apr. 20, 1885, (L) Springfield, (AN)
  MO5770.035, (CO) Taney
Jackson, Samuel L.: (ID) Nov. 23, 1891, (L) Springfield, (AN)
  MO5950.331, (CO) Taney
Jackson, Samuel M.: (ID) Aug. 28, 1893, (L) Springfield, (AN)
  MO5790.309, (CO) Taney
Jackson, Temperance A.: (ID) Aug. 15, 1888, (L) Springfield, (AN)
  MO5910.355, (CO) Taney
Jackson, William A.: (ID) Jul. 24, 1888, (L) Springfield, (AN)
  MO5780.179, (CO) Laclede
Jackson, William T.: (ID) Feb. 6, 1892, (L) Springfield, (AN)
  MO5790.025, (CO) Taney
Jackson, William M.: (OC) Postmaster, Bradleyville, Jan. 27, 1891,
  Sep. 26, 1894, Feb. 17, 1896, (CO) Taney
Jacobs, Elvert P.: (A) 21Y, (BP) MO, (B) 1899, (Race) White, (CEN)
  1920 Census, San Quentin, Marin Co., CA
Jacobs, Jacob H.: (CEN) 1893 NE State Census, MO Veterans, (MIL) 1st
  MO Infantry, Co. L, (RES) Weston, NE
Jacobs, William H.: (ID) Sep. 9, 1892, (L) Springfield, (AN)
  MO5970.444, (CO) Taney
Jacobs, William H.: (ID) Nov. 30, 1894, (L) Springfield, (AN)
  MO6000.088, (CO) Taney
Jacques, Easter: (A) 21Y, (BP) MO, (B) 1899, (Race) White, (CEN) 1920
  Census, Norwalk, Los Angeles Co., CA
James, Adam W.: (ID) Jun. 26, 1890, (L) Springfield, (AN)
  MO5780.353, (CO) Taney
James, Clarence E.: (A) 21Y, (BP) MO, (B) 1899, (Race) White, (CEN)
  1920 Census, Los Angeles, Los Angeles Co., CA
James, Cyrus A.: (ID) May 22, 1896, (L) Springfield, (AN)
  MO6010.467, (CO) Taney
James, Josiah: (ID) Oct. 10, 1896, (L) Booneville, (AN) MO3430.254,
  (CO) Laclede
James, William: (A) 21Y, (BP) MO, (B) 1899, (Race) Colored, (CEN)
  1920 Census, King, Monterey Co., CA

Janes, Earl J.: (A) 21Y, (B) 1899, (BP) MO, (Race) White, (CEN) 1920 Census, Washington, Laclede Co., MO

Jaosfe, Harry: (B) 1898, (BP) MO, (CEN) 1920 Census, Lebanon, Laclede Co., MO

Jarboe, M. L.: (CMTS) 1899 Tax List, Crawford Twp., Wallace, (CO) Buchanan

Jarrell, John R.: (ID) Sep. 2, 1882, (L) Booneville, (AN) MO3380.341, (CO) Laclede

Jarrell, William A.: (MD) Nov. 27, 1881, (Spouse) Catherine James, (CO) Laclede

Jaworowski, Anton J.: (DI) Apr. 6, 1896, (A) 38Y, (B) 1858, (BP) Poland, (CO) St. Louis

Jay, Tarom Clayton: (A) 21Y, (BP) MO, (B) 1899, (Race) White, (CEN) 1920 Census, San Francisco, San Francisco Co., CA

Jenkins, Ezekiel: (OC) Blacksmith, (RES) Kansas City, MO, (CMTS) City Directory Kansas City, MO, 1899

Jenkins, George D.: (ID) Apr. 2, 1897, (L) Springfield, (AN) MO6020.319, (CO) Taney

Jenkins, Joshua J.: (OC) Blacksmith, (RES) Kansas City, MO, (CMTS) City Directory Kansas City, MO, 1899

Jenkins, Schuylar B.: (ID) Aug. 14, 1893, (L) Booneville, (AN) MO3420.201, (CO) Hickory

Jenkins, William: (ID) Oct. 17, 1892, (L) Springfield, (AN) MO5980.005, (CO) Taney

Jenkins, Yell: (ID) Oct. 10, 1896, (L) Springfield, (AN) MO5800.055, (CO) Taney

Jenness, Milton: (ID) Apr. 9, 1892, (L) Springfield, (AN) MO5790.113, (CO) Taney

Jennings, Charles T.: (ID) Jul. 14, 1893, (L) Springfield, (AN) MO5990.205, (CO) Taney

Jennings, Edith: (B) Feb. 8, 1899, (D) Jan, 1987, (RES) Lebanon, MO, (CO) Laclede

Jennings, Emeline: (ID) Nov. 30, 1894, (L) Springfield, (AN) MO6000.210, (CO) Laclede

Jennings, Jesse M.: (ID) Oct. 17, 1890, (L) Springfield, (AN) MO5940.007, (CO) Taney

Jennings, Lysander H.: (ID) May 25, 1883, (L) Springfield, (AN) MO5760.237, (CO) Taney

Jennings, Jesse M.: (OC) Postmaster, Forsyth, Dec. 21, 1889, (CO) Taney

Jennings, Charles T.: (OC) Postmaster, Mincy, Jul. 23, 1890, (CO) Taney

Jensen, Octa: (B) 1898, (BP) IL, (CEN) 1920 Census, Lebanon, Laclede Co., MO

Jenson, Adolf: (Song) *Village Holiday*, (PUB) Kunkel Bros., St. Louis, 1886

Jerman, Samuel W.: (ID) Apr. 18, 1891, (L) Springfield, (AN) MO5940.374, (CO) Laclede

Jerrold, Malinda P.: (ID) Aug. 30, 1882, (L) Springfield, (AN)
MO5890.276, (CO) Laclede
Jinkens, William A.: (ID) Jul. 3, 1888, (L) Springfield, (AN)
MO5910.083, (CO) Laclede
Jinkens, William A.: (ID) Jul. 20, 1886, (L) Springfield, (AN)
MO5770.341, (CO) Laclede
Jinkins, George W.: (ID) Jun. 11, 1895, (L) Springfield, (AN)
MO6000.484, (CO) Laclede
Johansen, Andre: (DI) Oct. 15, 1894, (A) 45Y, (B) 1849, (BP) Sweden, (CO) St. Louis
John, John F.: (B) Sep. 4, 1893, (D) Oct. 10, 1918, (BP) Houston, (CO) Texas, (PRTS) Moses W. Maples and Rosa Keeny
Johnson, Andrew L.: (ID) Mar. 24, 1899, (L) Springfield, (AN) MO1150.420, (CO) Taney
Johnson, Anton W.: (A) 21Y, (BP) MO, (B) 1899, (Race) White, (CEN) 1920 Census, Township 18, Kern Co., CA
Johnson, Aphea: (A) 21Y, (BP) MO, (B) 1899, (Race) White, (CEN) 1920 Census, Los Angeles, Los Angeles Co., CA
Johnson, B. J.: (CMTS) 1899 Tax List, Crawford Twp., Halleck, (CO) Buchanan
Johnson, Benjamin F.: (ID) Aug. 5, 1898, (L) Springfield, (AN) MO6040.150, (CO) Taney
Johnson, Borghild: (A) 21Y, (BP) MO, (B) 1899, (Race) White, (CEN) 1920 Census, Oakland, Alameda Co., CA
Johnson, D. H.: (CEN) 1893 NE State Census, MO Veterans, (MIL) 8th MO Infantry, Co. H, (RES) Central City, NE
Johnson, D. R.: (CEN) 1893 NE State Census, MO Veterans, (MIL) 3rd MO Infantry, Co. H, (RES) Tekamah, NE
Johnson, Daniel: (CEN) 1893 NE State Census, MO Veterans, (MIL) 4th MO Cavalry, Co. B, (RES) Pleasanton, NE
Johnson, Daniel: (ID) Jun. 13, 1899, (L) Springfield, (AN) MO6060.290, (CO) Taney
Johnson, Edward: (DI) Apr. 1, 1896, (A) 49Y, (B) 1847, (BP) Ireland, (CO) St. Louis
Johnson, Edward: (DI) Apr. 2, 1896, (A) 49Y, (B) 1847, (BP) England, (CO) St. Louis
Johnson, Elbert N.: (ID) Oct. 23, 1895, (L) Springfield, (AN) MO6010.187, (CO) Taney
Johnson, Eric A.: (ID) Apr. 9, 1892, (L) Booneville, (AN) MO3410.385, (CO) Hickory
Johnson, Flossie: (A) 21Y, (BP) MO, (B) 1899, (Race) White, (CEN) 1920 Census, San Diego, San Diego Co., CA
Johnson, George: (OC) Blacksmith, (RES) Kansas City, MO, (CMTS) City Directory Kansas City, MO, 1899
Johnson, J. C.: (CEN) 1893 NE State Census, MO Veterans, (MIL) 13th MO Cavalry, Co. C, (RES) Chappell, NE

(CEN) 1920 Census, San Francisco, San Francisco Co., CA
Johnson, James L.: (CMTS) 1899 Tax List, Wallace, Crawford Twp., (CO) Buchanan
Johnson, Joel E.: (B) 1898, (BP) TN, (CEN) 1920 Census, Washington, Laclede Co., MO
Johnson, Joel F.: (ID) May 25, 1883, (L) Springfield, (AN) MO5760.270, (CO) Laclede
Johnson, John: (ID) Jun. 5, 1888, (L) Booneville, (AN) MO3390.452, (CO) Hickory
Johnson, John: (ID) Feb. 26, 1891, (L) Booneville, (AN) MO3410.034, (CO) Laclede
Johnson, John: (OC) Blacksmith, (RES) Kansas City, MO, (CMTS) City Directory Kansas City, MO, 1899
Johnson, John H.: (ID) Mar. 7, 1892, (L) Springfield, (AN) MO5960.493, (CO) Laclede
Johnson, John W.: (ID) May 6, 1893, (L) Booneville, (AN) MO3420.149, (CO) Hickory
Johnson, L. C., (Dr.): (CMTS) 1899 Tax List, Crawford Twp., Halleck, (CO) Buchanan
Johnson, Malinda: (ID) Dec. 17, 1898, (L) Springfield, (AN) MO6040.393, (CO) Taney
Johnson, Martin D.: (ID) Mar. 7, 1892, (L) Springfield, (AN) MO5960.311, (CO) Laclede
Johnson, Nigel L.: (B) 1898, (BP) MO, (CEN) 1920 Census, Washington, Laclede Co., MO
Johnson, Ola: (DI) Oct. 13, 1890, (A) 48Y, (B) 1842, (BP) Sweden, (CO) St. Louis
Johnson, Peter A.: (ID) Nov. 1, 1890, (L) Booneville, (AN) MO3400.311, (CO) Hickory
Johnson, Richard: (B) Feb. 16, 1899, (D) Jul, 1977, (RES) Lebanon, MO, (CO) Laclede
Johnson, Sherman: (ID) Nov. 30, 1894, (L) Springfield, (AN) MO6000.052, (CO) Taney
Johnson, Sophronius: (ID) Feb. 13, 1899, (L) Springfield, (AN) MO6040.488, (CO) Taney
Johnson, T. B.: (CEN) 1893 NE State Census, MO Veterans, (MIL) 11th MO Infantry, Co. G, (RES) Aurora, NE
Johnson, T. W.: (CEN) 1893 NE State Census, MO Veterans, (MIL) 42nd MO Infantry, Co. G, (RES) Ord, NE
Johnson, Ulysses G.: (ID) Feb. 13, 1899, (L) Springfield, (AN) MO6060.047, (CO) Taney
Johnson, William: (OC) Blacksmith, (RES) Kansas City, MO, (CMTS) City Directory Kansas City, MO, 1899
Johnson, William A.: (ID) May 4, 1892, (L) Springfield, (AN) MO5970.307, (CO) Taney
Johnson, William C.: (ID) Feb. 6, 1892, (L) Springfield, (AN)

MO5960.001, (CO) Laclede
Johnson, William J.: (ID) Jul. 17, 1890, (L) Springfield, (AN) MO5930.266, (CO) Taney
Johnson, William M.: (ID) Aug. 24, 1897, (L) Booneville, (AN) MO3430.428, (CO) Hickory
Johnson, Adam: (OC) Postmaster, Brown Branch, Apr. 24, 1897, (CO) Taney
Johnston, Arthur: (A) 21Y, (BP) MO, (B) 1899, (Race) White, (CEN) 1920 Census, Fillmore, Ventura Co., CA
Johnston, John F.: (CEN) 1893 NE State Census, MO Veterans, (MIL) 7th MO Cavalry, Co. M, (RES) Wescott, NE
Johnston, Philip G.: (DI) Sep. 18, 1890, (A) 28Y, (B) 1862, (BP) Ireland, (CO) St. Louis
Johnston, Stephen C.: (ID) Apr. 2, 1891, (L) Springfield, (AN) MO5780.459, (CO) Taney
Johnston, Thomas: (OC) Blacksmith, (RES) Kansas City, MO, (CMTS) City Directory Kansas City, MO, 1899
Jolley, Robert T.: (ID) Jun. 25, 1885, (L) Springfield, (AN) MO5770.201, (CO) Laclede
Jolley, Robert T.: (MD) Sep. 11, 1881, (Spouse) Jane Griffith, (CO) Laclede
Jolly, L. Iris: (B) 1898, (BP) MO, (CEN) 1920 Census, Lebanon, Laclede Co., MO
Jones, Albert F.: (ID) Sep. 1, 1896, (L) Booneville, (AN) MO3430.202, (CO) Hickory
Jones, Anna Belle: (A) 21Y, (BP) MO, (B) 1899, (Race) White, (CEN) 1920 Census, Los Angeles, Los Angeles Co., CA
Jones, Barney: (CEN) 1893 NE State Census, MO Veterans, (MIL) 35th MO Infantry, Co. B, (RES) Inez, NE
Jones, Benjamin B.: (ID) Apr. 9, 1892, (L) Springfield, (AN) MO5790.116, (CO) Taney
Jones, C. H.: (CMTS) 1899 Tax List, Crawford Twp., Wallace, (CO) Buchanan
Jones, Colonel I.: (ID) Dec. 17, 1898, (L) Springfield, (AN) MO6040.348, (CO) Laclede
Jones, D.: (CEN) 1893 NE State Census, MO Veterans, (MIL) 1st Engineer, Co. B, (RES) Cozad, NE
Jones, David: (ID) Aug. 1, 1898, (L) Springfield, (AN) MO6040.178, (CO) Taney
Jones, E. L.: (OC) Coach University of Missouri, 1892
Jones, Franklin: (ID) Jul. 14, 1893, (L) Springfield, (AN) MO5990.200, (CO) Taney
Jones, Fred: (A) 21Y, (BP) MO, (B) 1899, (Race) White, (CEN) 1920 Census, Los Angeles, Los Angeles Co., CA
Jones, Fred L.: (A) 21Y, (BP) MO, (B) 1899, (Race) White, (CEN) 1920 Census, Oakley, Contra Costa Co., CA

Jones, Gordon L.: (A) 21Y, (BP) MO, (B) 1899, (Race) White, (CEN) 1920 Census, Los Angeles, Los Angeles Co., CA
Jones, Harry: (A) 21Y, (BP) MO, (B) 1899, (Race) White, (CEN) 1920 Census, Vallejo, Solano Co., CA
Jones, Henry: (CEN) 1893 NE State Census, MO Veterans, (MIL) 2nd MO Cavalry, Co. M, (RES) Du Bois, NE
Jones, John M.: (ID) Mar. 20, 1886, (L) Springfield, (AN) MO5900.319, (CO) Laclede
Jones, Lewis A.: (ID) Nov. 23, 1891, (L) Springfield, (AN) MO5950.362, (CO) Laclede
Jones, Louise: (A) 21Y, (BP) MO, (B) 1899, (Race) White, (CEN) 1920 Census, San Francisco, San Francisco Co., CA
Jones, Magy M.: (A) 21Y, (B) 1899, (BP) MO, (Race) White, (CEN) 1920 Census, Franklin, Laclede Co., MO
Jones, Manuel W.: (ID) Jan. 11, 1892, (L) Springfield, (AN) MO5950.465, (CO) Taney
Jones, Margaret M.: (ID) Aug. 14, 1893, (L) Booneville, (AN) MO3300.363, (CO) Hickory
Jones, Margaret M.: (ID) Aug. 14, 1893, (L) Booneville, (AN) MO3300.365, (CO) Hickory
Jones, Melinda S.: (ID) Dec. 22, 1890, (L) Booneville, (AN) MO3300.116, (CO) Hickory
Jones, Myrtle O.: (A) 21Y, (BP) MO, (B) 1899, (Race) White, (CEN) 1920 Census, El Centro, Imperial Co., CA
Jones, Natan R: (B) 1898, (BP) MO, (CEN) 1920 Census, Franklin, Laclede Co., MO
Jones, Opal: (B) Oct. 17, 1899, (D) Jan. 15, 1988, (RES) Lebanon, MO, (CO) Laclede
Jones, Paris W.: (ID) Sep. 5, 1895, (L) Springfield, (AN) MO5790.463, (CO) Laclede
Jones, Richard: (CMTS) 1899 Tax List, Crawford Twp., Halleck, (CO) Buchanan
Jones, Samuel F.: (ID) Jul. 10, 1883, (L) Booneville, (AN) MO3380.442, (CO) Laclede
Jones, Samuel H.: (MD) May 19, 1881, (Spouse) Julia Hubbs, (CO) Laclede
Jones, Sarah: (ID) Dec. 30, 1884, (L) Springfield, (AN) MO5760.442, (CO) Laclede
Jones, Shepard A.: (ID) Apr. 6, 1895, (L) Springfield, (AN) MO6030.212, (CO) Taney
Jones, Thomas: (OC) Blacksmith, (RES) Kansas City, MO, (CMTS) City Directory Kansas City, MO, 1899
Jones, W. H.: (CEN) 1893 NE State Census, MO Veterans, (MIL) 1st Engineer, Co. C, (RES) Morse Bluff, NE
Jones, Walker: (CEN) 1893 NE State Census, MO Veterans, (MIL) 60th MO Infantry, Co. D, (RES) Union, NE

Jones, William: (ID) Dec. 26, 1891, (L) Booneville, (AN) MO3410.242, (CO) Hickory
Jones, William: (OC) Blacksmith, (RES) Kansas City, MO, (CMTS) City Directory Kansas City, MO, 1899
Jones, William A.: (ID) Sep. 6, 1890, (L) Booneville, (AN) MO3400.261, (CO) Hickory
Jones, William C.: (OC) Blacksmith, (RES) Kansas City, MO, (CMTS) City Directory Kansas City, MO, 1899
Jones, William D.: (ID) May 12, 1899, (L) Springfield, (AN) MO6060.169, (CO) Laclede
Jones, William F.: (CMTS) 1899 Tax List, Crawford Twp., Halleck, (CO) Buchanan
Jones, William J.: (ID) Sep. 1, 1881, (L) Booneville, (AN) MO3380.138, (CO) Laclede
Jones, James F.: (OC) Postmaster, Bluff, Apr. 25, 1893, (CO) Taney
Joplin, Scott: (Song) *Original Rags*, (PUB) Call Hoffman, Kansas City, 1899
Jordan, Lee: (OC) Blacksmith, (RES) Kansas City, MO, (CMTS) City Directory Kansas City, MO, 1899
Jordon, George W.: (ID) Jun. 27, 1898, (L) Booneville, (AN) MO6030.444, (CO) Hickory
Joseph, Gabriel: (ID) Oct. 13, 1896, (L) Booneville, (AN) MO3310.030, (CO) Osage
Joyce, Dorothea J.: (A) 21Y, (BP) MO, (B) 1899, (Race) White, (CEN) 1920 Census, San Diego, San Diego Co., CA
Jurgensmeyer, George: (ID) May 5, 1897, (L) St. Louis, (AN) MO1150.235, (CO) Osage
Kaffenberger, Warren: (B) Nov. 11, 1899, (D) Jul, 1978, (RES) Lebanon, MO, (CO) Laclede
Kaiser, Elizabeth: (B) Jan. 24, 1899, (D) Dec. 24, 1996, (RES) Lebanon, MO, (CO) Laclede
Kaiser, John E.: (DI) Oct. 13, 1896, (A) 28Y, (B) 1868, (BP) Germany, (CO) St. Louis
Kalkbrenner, Frederick W.: (ID) Apr. 29, 1882, (L) Booneville, (AN) MO3380.227, (CO) Osage
Kaminski, August: (DI) Apr. 6, 1896, (A) 36Y, (B) 1860, (BP) Poland, (CO) St. Louis
Kammameyer, Peter: (A) 21Y, (BP) MO, (B) 1899, (Race) White, (CEN) 1920 Census, San Francisco, San Francisco Co., CA
Kamper, Peter H.: (ID) Aug. 8, 1892, (L) Booneville, (AN) MO3410.436, (CO) Hickory
Kane, Daniel: (DI) Apr. 1, 1896, (A) 31Y, (B) 1865, (BP) Ireland, (CO) St. Louis
Kane, Patrick: (DI) Apr. 6, 1896, (A) 26Y, (B) 1870, (BP) Ireland, (CO) St. Louis
Karch, Samuel: (ID) Feb. 5, 1891, (L) Booneville, (AN) MO3400.402,

(CO) Laclede
Karel, Bencel: (CEN) 1893 NE State Census, MO Veterans, (MIL) 4th MO Infantry, Co. E, (RES) Ravenna, NE
Kassen, Frederick: (OC) Blacksmith, (RES) Kansas City, MO, (CMTS) City Directory Kansas City, MO, 1899
Kastning, Ray J.: (A) 21Y, (BP) MO, (B) 1899, (Race) White, (CEN) 1920 Census, Pasadena, Los Angeles Co., CA
Kaszewski, Ignacy: (DI) Apr. 6, 1896, (A) 49Y, (B) 1847, (BP) Poland, (CO) St. Louis
Katner, John F.: (ID) Jan. 21, 1893, (L) Springfield, (AN) MO5980.422, (CO) Laclede
Kauppe, Adam: (OC) Blacksmith, (RES) Kansas City, MO, (CMTS) City Directory Kansas City, MO, 1899
Kause, Johann: (DI) Apr. 6, 1896, (A) 28Y, (B) 1868, (BP) Poland, (CO) St. Louis
Keallper, H. F.: (CEN) 1893 NE State Census, MO Veterans, (MIL) 1st MO Infantry, Co. H, (RES) McCook, NE
Keane, Joseph: (A) 21Y, (BP) MO, (B) 1899, (Race) White, (CEN) 1920 Census, Oakland, Alameda Co., CA
Kearney, Edward: (DI) Apr. 1, 1896, (A) 25Y, (B) 1871, (BP) Ireland, (CO) St. Louis
Kearney, James: (ID) Mar. 18, 1897, (L) St. Louis, (AN) MO1150.230, (CO) Osage
Kearns, George M.: (CEN) 1893 NE State Census, MO Veterans, (MIL) 2nd MO Battery, (RES) Loup City, NE
Keating, Daniel: (DI) Apr. 1, 1896, (A) 38Y, (B) 1858, (BP) Ireland, (CO) St. Louis
Keck, George: (ID) Oct. 17, 1892, (L) Springfield, (AN) MO5970.486, (CO) Taney
Keele, Philmer: (ID) Mar. 24, 1888, (L) Booneville, (AN) MO3390.321, (CO) Hickory
Keener, George W.: (ID) Nov. 15, 1894, (L) Booneville, (AN) MO3420.341, (CO) Hickory
Keener, John W.: (ID) Feb. 5, 1891, (L) Booneville, (AN) MO3400.443, (CO) Hickory
Keener, William I.: (ID) Dec. 18, 1893, (L) Springfield, (AN) MO5790.336, (CO) Taney
Keesee, John T.: (ID) Mar. 7, 1892, (L) Springfield, (AN) MO5960.335, (CO) Taney
Keesee, Peter: (ID) Mar. 7, 1892, (L) Springfield, (AN) MO5960.480, (CO) Taney
Keesling, Franklin: (B) 1898, (BP) MO, (CEN) 1920 Census, Washington, Laclede Co., MO
Keith, Antoine: (ID) Oct. 17, 1892, (L) Springfield, (AN) MO5980.054, (CO) Taney
Keithley, James C.: (ID) Apr. 10, 1886, (L) Springfield, (AN)

MO5900.344, (CO) Taney
Keithley, John T.: (ID) Jul. 14, 1893, (L) Springfield, (AN)MO5990.210, (CO) Taney
Keithley, Joshua C.: (ID) Feb. 12, 1892, (L) Springfield, (AN) MO5960.168, (CO) Taney
Keller, Evezlane: (A) 21Y, (BP) MO, (B) 1899, (Race) White, (CEN) 1920 Census, San Francisco, San Francisco Co., CA
Keller, Lawrence C.: (A) 21Y, (BP) MO, (B) 1899, (Race) White, (CEN) 1920 Census, San Diego, San Diego Co., CA
Keller, Lawrence C.: (A) 21Y, (BP) MO, (B) 1899, (Race) White, (CEN) 1920 Census, San Mateo, San Mateo Co., CA
Kelley, Irene: (A) 21Y, (BP) MO, (B) 1899, (Race) White, (CEN) 1920 Census, Gilroy, Santa Clara Co., CA
Kelley, Jesse M.: (ID) Sep. 7, 1894, (L) Springfield, (AN) MO5790.374, (CO) Laclede
Kelly, Ephraim P.: (ID) Oct. 21, 1891, (L) Springfield, (AN) MO5950.214, (CO) Taney
Kelly, Geo. W.: (CEN) 1893 NE State Census, MO Veterans, (MIL) 8th MO Infantry, Co. D, (RES) Tryon, NE
Kelly, Jacob: (ID) May 15, 1883, (L) Springfield, (AN) MO5890.421, (CO) Laclede
Kelly, John J.: (ID) Apr. 9, 1892, (L) Springfield, (AN) MO5790.075, (CO) Taney
Kelly, Jordon: (ID) Jun. 22, 1888, (L) Springfield, (AN) MO5910.023, (CO) Laclede
Kelmel, Edna: (A) 21Y, (BP) MO, (B) 1899, (Race) White, (CEN) 1920 Census, Los Angeles, Los Angeles Co., CA
Kelrey, G. W.: (CEN) 1893 NE State Census, MO Veterans, (MIL) 2nd MO Cavalry, Co. D, (RES) Litchfield, NE
Kelsey, Joe: (B) Apr. 28, 1899, (D) Jul, 1979, (RES) Lebanon, MO, (CO) Laclede
Kembel, John S.: (ID) May 31, 1899, (L) Springfield, (AN) MO6060.279, (CO) Laclede
Kempfer, Henry: (OC) Blacksmith, (RES) Kansas City, MO, (CMTS) City Directory Kansas City, MO, 1899
Kendall, Cyrus W.: (A) 21Y, (BP) MO, (B) 1899, (Race) White, (CEN) 1920 Census, Pasadena, Los Angeles Co., CA
Kendall, Huburt A.: (OC) Blacksmith, (RES) Kansas City, MO, (CMTS) City Directory Kansas City, MO, 1899
Kendall, Lloyd A.: (A) 21Y, (BP) MO, (B) 1899, (Race) White, (CEN) 1920 Census, Vallejo, Solano Co., CA
Kennedy, William H.: (A) 21Y, (BP) MO, (B) 1899, (Race) White, (CEN) 1920 Census, San Francisco, San Francisco Co., CA
Kenoly, Jacob: (ID) Oct. 21, 1891, (L) Springfield, (AN) MO5950.052, (CO) Laclede
Keoun, N. G.: (CEN) 1893 NE State Census, MO Veterans, (MIL) 21st

MO Infantry, Co. B, (RES) Ord, NE
Keown, Thos.: (CEN) 1893 NE State Census, MO Veterans, (MIL) 12th MO Cavalry, Co. F, (RES) Hay Springs, NE
Keppler, Hermann: (DI) Oct. 17, 1892, (A) 32Y, (B) 1860, (BP) Germany, (CO) St. Louis
Kerley, Lawrence: (ID) Mar. 30, 1886, (L) Springfield, (AN) MO5900.337, (CO) Laclede
Kerr, James F.: (OC) Blacksmith, (RES) Kansas City, MO, (CMTS) City Directory Kansas City, MO, 1899
Kersey, Thomas M.: (ID) May 15, 1884, (L) Springfield, (AN) MO5760.386, (CO) Taney
Kershner, DeWitt C.: (OC) Postmaster, Kissee Mills, Feb. 4, 1891, (CO) Taney
Kesinger, Frank M.: (ID) Sep. 6, 1890, (L) Springfield, (AN) MO5780.403, (CO) Taney
Kesner, Theophilus: (ID) Aug. 1, 1892, (L) Booneville, (AN) MO3410.414, (CO) Hickory
Kessee, Willis: (ID) Nov. 10, 1882, (L) Springfield, (AN) MO5760.182, (CO) Taney
Kettmenn, Henry: (DI) Dec. 1, 1890, (A) 61Y, (B) 1829, (BP) Germany, (CO) St. Louis
Keys, Adoniram A.: (ID) Feb. 18, 1890, (L) Booneville, (AN) MO3400.197, (CO) Laclede
Keyser, Ruth: (B) Dec., 1881, (BP) MO, (CEN) 1900 Census, Ed. 89, (CO) Pemiscot
Khoon, Michael: (MD) Jan. 16, 1881, (Spouse) Elizabeth Uder, (CO) Laclede
Kiene, William L.: (OC) Blacksmith, (RES) Kansas City, MO, (CMTS) City Directory Kansas City, MO, 1899
Kieser, John: (DI) Aug. 2, 1894, (A) 31Y, (B) 1863, (BP) Germany, (CO) St. Louis
Killean, Michael: (CEN) 1893 NE State Census, MO Veterans, (MIL) 10th MO Infantry, Co. G, (RES) Fairbury, NE
Killmon, Stephen A.: (ID) Jul. 9, 1895, (L) Springfield, (AN) MO6010.056, (CO) Taney
Kimball, Andrew Z.: (A) 21Y, (BP) MO, (B) 1899, (Race) White, (CEN) 1920 Census, San Diego, San Diego Co., CA
Kimberlin, William J.: (ID) Nov. 23, 1891, (L) Springfield, (AN) MO5950.345, (CO) Laclede
Kimes, Alonzo G.: (A) 21Y, (BP) MO, (B) 1899, (Race) White, (CEN) 1920 Census, Stockton, San Joaquin Co., CA
Kimrey, Earl: (A) 21Y, (BP) MO, (B) 1899, (Race) White, (CEN) 1920 Census, Madera, Madera Co., CA
Kincheloe, Delbert: (B) 1898, (BP) MO, (CEN) 1920 Census, Franklin, Laclede Co., MO
Kincheloe, Robert P.: (ID) Aug. 15, 1888, (L) Springfield, (AN)

MO5910.334, (CO) Laclede
Kincheloe, Thomas L.: (ID) Feb. 6, 1892, (L) Springfield, (AN) MO5960.002, (CO) Laclede
Kind, Leo: (A) 21Y, (BP) MO, (B) 1899, (Race) White, (CEN) 1920 Census, Los Angeles, Los Angeles Co., CA
Kindle, Alfred: (ID) Feb. 26, 1891, (L) Booneville, (AN) MO3410.025, (CO) Hickory
King, C. D.: (CEN) 1893 NE State Census, MO Veterans, (MIL) 1st MO Cavalry, Co. L, (RES) Elmwood, NE
King, George R.: (ID) Dec. 9, 1893, (L) Booneville, (AN) MO3300.385, (CO) Hickory
King, Gustave A.: (OC) Blacksmith, (RES) Kansas City, MO, (CMTS) City Directory Kansas City, MO, 1899
King, H. D.: (CEN) 1893 NE State Census, MO Veterans, (MIL) 5th MO Infantry, Co. D, (RES) Peru, NE
King, James: (A) 21Y, (BP) MO, (B) 1899, (Race) White, (CEN) 1920 Census, Los Angeles, Los Angeles Co., CA
King, Joseph: (A) 21Y, (B) 1899, (BP) MO, (Race) White, (CEN) 1920 Census, Gasconade, Laclede Co., MO
King, Katharine: (A) 21Y, (BP) MO, (B) 1899, (Race) White, (CEN) 1920 Census, San Francisco, San Francisco Co., CA
King, L. R.: (CEN) 1893 NE State Census, MO Veterans, (MIL) 12th MO Cavalry, Co. I, (RES) Superior, NE
King, W. U.: (CEN) 1893 NE State Census, MO Veterans, (MIL) 12th MO Infantry, Co. H, (RES) Spring Ranch, NE
King, William: (ID) May 27, 1897, (L) Springfield, (AN) MO6020.342, (CO) Laclede
King, William: (ID) Jun. 13, 1899, (L) Springfield, (AN) MO6060.299, (CO) Taney
King, William H.: (CMTS) 1899 Tax List, Crawford Twp., Dearborn, (CO) Buchanan
King, Willie B.: (ID) Aug. 14, 1893, (L) Booneville, (AN) MO3300.366, (CO) Hickory
King, Willie B.: (ID) Aug. 14, 1893, (L) Booneville, (AN) MO3300.368, (CO) Hickory
King, Willie B.: (ID) Aug. 14, 1893, (L) Booneville, (AN) MO3300.371, (CO) Hickory
King, Willie B.: (ID) Aug. 14, 1893, (L) Booneville, (AN) MO3300.372, (CO) Hickory
King, Willie B.: (ID) Dec. 9, 1893, (L) Booneville, (AN) MO3300.384, (CO) Hickory
King, Willie B.: (ID) Dec. 9, 1893, (L) Booneville, (AN) MO3300.386, (CO) Hickory
Kingman, Stella: (A) 21Y, (BP) MO, (B) 1899, (Race) White, (CEN) 1920 Census, Fresno, Fresno Co., CA
Kingsbury, A. G.: (CEN) 1893 NE State Census, MO Veterans, (MIL) 1st

MO Cavalry, Co. L. & B, (RES) Ponca, NE
Kingsolver, I. M.: (CEN) 1893 NE State Census, MO Veterans, (MIL) 4th MO Cavalry, Co. G, (RES) Gresham, NE
Kinnett, David: (A) 21Y, (B) 1899, (BP) MO, (Race) White, (CEN) 1920 Census, Auglaize, Laclede Co., MO
Kinney, Albert J.: (OC) Blacksmith, (RES) Kansas City, MO, (CMTS) City Directory Kansas City, MO, 1899
Kinney, Jesse F.: (ID) Dec. 3, 1892, (L) Springfield, (AN) MO5980.262, (CO) Laclede
Kinyon, Charles H.: (ID) Apr. 18, 1891, (L) Springfield, (AN) MO5950.007, (CO) Taney
Kinyon, Hiram J.: (ID) Jul. 17, 1890, (L) Springfield, (AN) MO5930.210, (CO) Taney
Kinyon, William C.: (ID) Feb. 1, 1894, (L) Springfield, (AN) MO5990.407, (CO) Taney
Kirby, Robinson P.: (ID) Apr. 1, 1892, (L) Springfield, (AN) MO5970.200, (CO) Taney
Kirk, John T.: (ID) Jan. 11, 1892, (L) Springfield, (AN) MO5950.464, (CO) Taney
Kirk, William L.: (ID) Sep. 25, 1894, (L) Springfield, (AN) MO5990.470, (CO) Taney
Kirkendall, Michael M.: (ID) Jul. 9, 1895, (L) Springfield, (AN) MO6010.100, (CO) Taney
Kirkhart, Alpheus: (ID) Dec. 20, 1881, (L) Springfield, (AN) MO5890.065, (CO) Laclede
Kirkman, Ely: (CMTS) 1899 Tax List, Crawford Twp., Faucett, (CO) Buchanan
Kirkman, N. W.: (CMTS) 1899 Tax List, Crawford Twp., Faucett, (CO) Buchanan
Kirkman, N. W.: (CMTS) 1899 Tax List, Crawford Twp., Wallace, (CO) Buchanan
Kirkpatrick, Charles C.: (ID) Nov. 22, 1897, (L) Booneville, (AN) MO3310.114, (CO) Hickory
Kirkwood, James B.: (ID) Mar. 7, 1892, (L) Springfield, (AN) MO5960.259, (CO) Laclede
Kirn, George M.: (DI) Apr. 3, 1896, (A) 42Y, (B) 1854, (BP) Canada, (CO) St. Louis
Kissee, Alexander C.: (ID) Jun. 26, 1890, (L) Springfield, (AN) MO5780.322, (CO) Taney
Kissee, Alexander C.: (ID) Dec. 30, 1884, (L) Springfield, (AN) MO5760.460, (CO) Taney
Kissee, Arter: (ID) Oct. 17, 1892, (L) Springfield, (AN) MO5980.055, (CO) Taney
Kissee, George W.: (ID) Jul. 20, 1886, (L) Springfield, (AN) MO5770.359, (CO) Taney
Kitchel, J. M.: (CEN) 1893 NE State Census, MO Veterans, (MIL) 1st

MO Cavalry, Co. B, (RES) Ragan, NE
Kittel, Gustave R.: (ID) Dec. 26, 1891, (L) Booneville, (AN) MO3410.276, (CO) Hickory
Kittel, Robert: (ID) Feb. 28, 1891, (L) Booneville, (AN) MO3410.001, (CO) Hickory
Kittle, Josiah W.: (MD) Feb. 16, 1881, (Spouse) Mary E. Fulbright, (CO) Laclede
Kleinsorge, Augustus: (ID) May 10, 1882, (L) Booneville, (AN) MO3290.069, (CO) Osage
Klinker, Henry: (ID) Dec. 22, 1890, (L) Booneville, (AN) MO3300.117, (CO) Hickory
Klosienski, Johann: (DI) Apr. 6, 1896, (A) 59Y, (B) 1837, (BP) Poland, (CO) St. Louis
Knaak, Ardis: (B) Dec. 4, 1899, (D) Oct, 1979, (RES) Lebanon, MO, (CO) Laclede
Knight, Amos S.: (ID) Jul. 20, 1886, (L) Springfield, (AN) MO5770.412, (CO) Laclede
Knight, Franklin P.: (ID) Jan. 9, 1886, (L) Springfield, (AN) MO5900.264, (CO) Laclede
Knisley, Raymond L.: (A) 21Y, (BP) MO, (B) 1899, (Race) White, (CEN) 1920 Census, Pasadena, Los Angeles Co., CA
Koenig, Henry: (DI) Oct. 6, 1890, (A) 41Y, (B) 1849, (BP) Germany, (CO) St. Louis
Koenig, Nicolas: (ID) Dec. 26, 1891, (L) Booneville, (AN) MO3410.269, (CO) Laclede
Kohn, Christopher: (OC) Blacksmith, (RES) Kansas City, MO, (CMTS) City Directory Kansas City, MO, 1899
Konnick, Dan W.: (A) 21Y, (BP) MO, (B) 1899, (Race) White, (CEN) 1920 Census, Los Angeles, Los Angeles Co., CA
Kopatschek, William: (DI) Aug. 6, 1898, (A) 24Y, (B) 1874, (BP) Austria, (CO) St. Louis
Korns, Lewis B.: (CEN) 1893 NE State Census, MO Veterans, (MIL) 18th MO Infantry, Co. I, (RES) Indianola, NE
Kozozimski, Frank: (DI) Apr. 6, 1896, (A) 30Y, (B) 1866, (BP) Poland, (CO) St. Louis
Kreinheder, T. W.: (CEN) 1893 NE State Census, MO Veterans, (MIL) 3rd MO Infantry, Co. D, (RES) Hastings, NE
Kreinkamp, Christian: (DI) Dec. 1, 1890, (A) 36Y, (B) 1854, (BP) Germany, (CO) St. Louis
Krejci, Eugene W.: (A) 21Y, (BP) MO, (B) 1899, (Race) White, (CEN) 1920 Census, Los Angeles, Los Angeles Co., CA
Kremer, Jacob: (ID) Jun. 10, 1896, (L) Booneville, (AN) MO3310.018, (CO) Osage
Krentzner, Arthur: (A) 21Y, (BP) MO, (B) 1899, (Race) White, (CEN) 1920 Census, San Francisco, San Francisco Co., CA
Kroeger, Ernest R.: (Song) *Nocturne*, (PUB) Kunkel Bros., St. Louis,

1885
Kroeger, Ernest R.: (Song) *Birds of the Forest*, (PUB) Kunkel Bros., St. Louis, 1888

Kruse, Ernst: (CEN) 1893 NE State Census, MO Veterans, (MIL) 12th MO Infantry, Co. I, (RES) Sidney, NE

Krusse, Frederick: (OC) Blacksmith, (RES) Kansas City, MO, (CMTS) City Directory Kansas City, MO, 1899

Kubella, Frank: (OC) Blacksmith, (RES) Kansas City, MO, (CMTS) City Directory Kansas City, MO, 1899

Kuenker, Henry: (DI) Dec. 1, 1890, (A) 32Y, (B) 1858, (BP) Germany, (CO) St. Louis

Kuhn, Christopher: (OC) Blacksmith, (RES) Kansas City, MO, (CMTS) City Directory Kansas City, MO, 1899

Kunkel, Charles: (Song) *Southern Jollifcation*, (PUB) Kunkel Bros., St. Louis, 1890

Kyger, Adam: (ID) Apr. 2, 1891, (L) Springfield, (AN) MO5780.422, (CO) Taney

Kyger, Catherine: (ID) Nov. 10, 1882, (L) Springfield, (AN) MO5760.168, (CO) Taney

Lacell, Noah: (A) 21Y, (BP) MO, (B) 1899, (Race) White, (CEN) 1920 Census, Turlock, Stanislaus Co., CA

Lacy, Ethan: (ID) May 28, 1888, (L) Booneville, (AN) MO3390.427, (CO) Hickory

Ladd, R. C.: (A) 21Y, (BP) MO, (B) 1899, (Race) White, (CEN) 1920 Census, Vallejo, Solano Co., CA

Laffoon, Sherley E.: (A) 21Y, (BP) MO, (B) 1899, (Race) White, (CEN) 1920 Census, El Centro, Imperial Co., CA

Laine, Thomas: (DI) Apr. 3, 1896, (A) 47Y, (B) 1849, (BP) Ireland, (CO) St. Louis

Laird, Artemus: (OC) Blacksmith, (RES) Kansas City, MO, (CMTS) City Directory Kansas City, MO, 1899

Lamar, Charles: (CMTS) 1899 Tax List, Crawford Twp., Wallace, (CO) Buchanan

Lamar, Seth: (CMTS) 1899 Tax List, Crawford Twp., Wallace, (CO) Buchanan

Lamb, Cecil: (A) 21Y, (BP) MO, (B) 1899, (Race) White, (CEN) 1920 Census, Los Angeles, Los Angeles Co., CA

Lambert, James: (CMTS) 1899 Tax List, Crawford Twp., Wallace, (CO) Buchanan

Lambertz, John H.: (DI) Apr. 6, 1896, (A) 29Y, (B) 1867, (BP) Germany, (CO) St. Louis

Lamphere, Elizabeth: (ID) May 10, 1898, (L) Springfield, (AN) MO6030.379, (CO) Taney

Landa, Filible: (DI) Apr. 4, 1896, (A) 38Y, (B) 1858, (BP) Bohemia, (CO) St. Louis

Landers, Emmet W.: (A) 21Y, (BP) MO, (B) 1899, (Race) White, (CEN)

1920 Census, Bradley, Merced Co., CA
Landers, Harry G.: (ID) Feb. 17, 1890, (L) Springfield, (AN) MO5920.363, (CO) Taney
Landers, Harry C.: (OC) Postmaster, Protem, Jul. 10, 1898, (CO) Taney
Landon, Joseph W.: (ID) May 4, 1885, (L) Springfield, (AN) MO5900.094, (CO) Taney
Lang, G. O.: (Song) *In the Shadow of the Pines*, (LY) Hattie Lummis, (PUB) Legg Bros., Kansas City, 1895
Lang, G. O.: (Song) *Dreams of Old Kentucky*, (PUB) Legg Brothers, Kansas City, 1899
Langan, Jacob C.: (ID) Aug. 10, 1888, (L) Springfield, (AN) MO5910.214, (CO) Taney
Lange, Gustav: (Song) *Little Wanderer*, (PUB) Kunkel Bros., St. Louis, 1885
Lange, William H. H.: (DI) Feb. 17, 1897, (A) 35Y, (B) 1862, (BP) Germany, (CO) St. Louis
Langford, Alva: (ID) Aug. 14, 1899, (L) Booneville, (AN) MO1150.449, (CO) Hickory
Langford, Minnie: (ID) Aug. 14, 1899, (L) Booneville, (AN) MO1150.449, (CO) Hickory
Lansaw, O. L.: (CMTS) 1899 Tax List, Crawford Twp., Wallace, (CO) Buchanan
Lansdown, Zachariah T.: (ID) Nov. 5, 1897, (L) Booneville, (AN) MO3430.490, (CO) Laclede
Lantis, W. C.: (CEN) 1893 NE State Census, MO Veterans, (MIL) 2nd MO Infantry, Co. M, (RES) Bloomington, NE
Lantz, Wineva: (A) 21Y, (BP) MO, (B) 1899, (Race) White, (CEN) 1920 Census, Santa Ana, Orange Co., CA
Lapham, Allyn M.: (ID) Nov. 13, 1885, (L) Springfield, (AN) MO5770.205, (CO) Taney
Larimer, George M.: (A) 21Y, (BP) MO, (B) 1899, (Race) White, (CEN) 1920 Census, Tipton, Tulare Co., CA
Larimer, J. R.: (CEN) 1893 NE State Census, MO Veterans, (MIL) 14th MO Infantry, Co. A, (RES) Kearney, NE
Larkin, Sadie F.: (A) 21Y, (BP) MO, (B) 1899, (Race) White, (CEN) 1920 Census, San Francisco, San Francisco Co., CA
Larmon, Clare: (B) Jan. 12, 1899, (D) Mar 10, 1988, (RES) Lebanon, MO, (CO) Laclede
Larose, Moses: (ID) Apr. 18, 1895, (L) Booneville, (AN) MO3420.470, (CO) Hickory
Larrabee, John S.: (ID) Jul. 17, 1890, (L) Springfield, (AN) MO5930.093, (CO) Taney
Larson, Charles: (OC) Blacksmith, (RES) Kansas City, MO, (CMTS) City Directory Kansas City, MO, 1899
Larson, John: (ID) Dec. 26, 1891, (L) Booneville, (AN) MO3410.277, (CO) Hickory

Laskiewitz, Joseph: (DI) Apr. 6, 1896, (A) 47Y, (B) 1849, (BP) Poland, (CO) St. Louis

Latham, John C.: (OC) Blacksmith, (RES) Kansas City, MO, (CMTS) City Directory Kansas City, MO, 1899

Lauebdire, Ivie: (B) Apr., 1897, (BP) MO, (CEN) 1900 Census, Ed. 89, (CO) Pemiscot

Lauebdire, William: (B) May, 1894, (BP) MO, (CEN) 1900 Census, Ed. 89, (CO) Pemiscot

Laughlin, George W.: (ID) Aug. 15, 1888, (L) Springfield, (AN) MO5910.339, (CO) Laclede

Laup, Henry: (CEN) 1893 NE State Census, MO Veterans, (MIL) 2nd MO Artillery, Co. C, (RES) Upland, NE

Lawe, F. M.: (CEN) 1893 NE State Census, MO Veterans, (MIL) 43rd MO Infantry, Co. I, (RES) Palisade, NE

Lawless, Edward: (OC) Blacksmith, (RES) Kansas City, MO, (CMTS) City Directory Kansas City, MO, 1899

Lawrence, Chas. L.: (A) 21Y, (BP) MO, (B) 1899, (Race) White, (CEN) 1920 Census, San Francisco, San Francisco Co., CA

Lawrence, Dalton: (A) 21Y, (BP) MO, (B) 1899, (Race) White, (CEN) 1920 Census, Township 16, Kern Co., CA

Lawrence, George: (ID) Dec. 18, 1893, (L) Springfield, (AN) MO5790.341, (CO) Taney

Lawrence, John H.: (ID) Mar. 7, 1892, (L) Springfield, (AN) MO5960.288, (CO) Taney

Lawrence, Samuel H.: (ID) Apr. 18, 1891, (L) Springfield, (AN) MO5940.340, (CO) Taney

Lawrence, William: (ID) Mar. 13, 1895, (L) Springfield, (AN) MO6000.264, (CO) Taney

Lawrence, William J.: (ID) Dec. 3, 1892, (L) Springfield, (AN) MO5980.286, (CO) Taney

Lawrence, William J.: (ID) Dec. 3, 1895, (L) Springfield, (AN) MO5790.464, (CO) Taney

Lawson, Barnett: (A) 21Y, (BP) MO, (B) 1899, (Race) White, (CEN) 1920 Census, Menlo Park, San Mateo Co., CA

Lawson, Hiram: (ID) Nov. 30, 1894, (L) Springfield, (AN) MO6000.159, (CO) Taney

Lawson, Ira: (ID) May 25, 1883, (L) Springfield, (AN) MO5760.241, (CO) Taney

Lawson, Nathan: (ID) Apr. 18, 1891, (L) Springfield, (AN) MO5940.373, (CO) Laclede

Lawson, Nimrod: (ID) Apr. 23, 1891, (L) Springfield, (AN) MO5950.035, (CO) Laclede

Lawyers, Pearl: (A) 21Y, (BP) MO, (B) 1899, (Race) White, (CEN) 1920 Census, Fillmore, Ventura Co., CA

Layman, Louise Jr: (B) 1898, (BP) MO, (CEN) 1920 Census, Union, Laclede Co., MO

Layton, Horace A.: (ID) Apr. 25, 1898, (L) Springfield, (AN) MO1150.274, (CO) Taney
Layton, Lester Kendrick: (A) 21Y, (BP) MO, (B) 1899, (Race) White, (CEN) 1920 Census, Hermosa Beach, Los Angeles Co., CA
Lazar, Lucille: (A) 21Y, (BP) MO, (B) 1899, (Race) White, (CEN) 1920 Census, Los Angeles, Los Angeles Co., CA
Le Duc, Jules: (ID) Apr. 20, 1885, (L) Springfield, (AN) MO5770.015, (CO) Taney
Lea, Cova: (A) 21Y, (BP) MO, (B) 1899, (Race) White, (CEN) 1920 Census, Lake, Siskiyou Co., CA
Leach, Jesse J.: (A) 21Y, (BP) MO, (B) 1899, (Race) White, (CEN) 1920 Census, San Diego, San Diego Co., CA
Leach, Tom H.: (CEN) 1893 NE State Census, MO Veterans, (MIL) 10th MO Cavalry, Co. B, (RES) Plattsmouth, NE
Leatherman, Lola L.: (A) 21Y, (BP) MO, (B) 1899, (Race) White, (CEN) 1920 Census, Richmond, Contra Costa Co., CA
Leathers, Thomas M.: (ID) Jun. 20, 1889, (L) Springfield, (AN) MO5920.201, (CO) Taney
Lebherz, Gottlieb: (ID) Sep. 25, 1894, (L) Springfield, (AN) MO6000.014, (CO) Taney
Ledoras, John: (CEN) 1893 NE State Census, MO Veterans, (MIL) 31st MO Infantry, Co. A, (RES) Brownville, NE
Lee, Bert S.: (ID) Apr. 9, 1892, (L) Springfield, (AN) MO5790.162, (CO) Taney
Lee, Flora: (B) 1864, (D) 1896, (CO) Ray, (C) Crowley Cemetery
Lee, John: (DI) Apr. 6, 1896, (A) 22Y, (B) 1874, (BP) Ireland, (CO) St. Louis
Lee, Joshua L.: (ID) Apr. 14, 1888, (L) Springfield, (AN) MO5780.117, (CO) Taney
Lee, Levi: (ID) Dec. 10, 1897, (L) Springfield, (AN) MO6030.068, (CO) Taney
Lee, Mary: (ID) Jun. 6, 1890, (L) Booneville, (AN) MO3400.246, (CO) Laclede
Lee, Robert E.: (ID) Jun. 6, 1896, (L) Springfield, (AN) MO5790.495, (CO) Taney
Lee, William: (ID) Dec. 20, 1881, (L) Springfield, (AN) MO5890.118, (CO) Taney
Lefferts, William: (ID) Jun. 30, 1884, (L) Booneville, (AN) MO3290.278, (CO) Laclede
Leiweke, Anton: (ID) Feb. 12, 1892, (L) Booneville, (AN) MO3300.226, (CO) Osage
Leland, Peter: (OC) Blacksmith, (RES) Kansas City, MO, (CMTS) City Directory Kansas City, MO, 1899
Lem, B.: (CEN) 1893 NE State Census, MO Veterans, (MIL) 40th MO Infantry, Co. J, (RES) Cameo, NE
Lemmon, Isaac N.: (ID) Feb. 17, 1890, (L) Springfield, (AN)

MO5920.353, (CO) Taney

Lenger, Henry: (CEN) 1893 NE State Census, MO Veterans, (MIL) 3rd MO Cavalry, Co. H, (RES) Fairbury, NE

Lenny, Jack B.: (A) 21Y, (BP) MO, (B) 1899, (Race) White, (CEN) 1920 Census, Fresno, Fresno Co., CA

Lenzen, Jacob: (Song) *Dewey's Return*, (PUB) A. W. Perry & Sons' Music Co., Sedalia, 1899

Leslie, B. F.: (CEN) 1893 NE State Census, MO Veterans, (MIL) 23rd MO Infantry, Co. B, (RES) Nemaha, NE

Lesser, Alvin S.: (A) 21Y, (BP) MO, (B) 1899, (Race) White, (CEN) 1920 Census, San Francisco, San Francisco Co., CA

Lessing, Herman: (ID) Dec. 30, 1881, (L) Booneville, (AN) MO3380.161, (CO) Laclede

Lewallen, Robert B.: (ID) Jul. 17, 1890, (L) Springfield, (AN) MO5930.164, (CO) Taney

Lewin, Edgar: (A) 21Y, (BP) MO, (B) 1899, (Race) White, (CEN) 1920 Census, Los Angeles, Los Angeles Co., CA

Lewing, Caspar: (DI) Sep. 17, 1894, (A) 40Y, (B) 1854, (BP) Germany, (CO) St. Louis

Lewis, Aaron E.: (A) 21Y, (BP) MO, (B) 1899, (Race) White, (CEN) 1920 Census, San Diego, San Diego Co., CA

Lewis, Bert: (OC) Blacksmith, (RES) Kansas City, MO, (CMTS) City Directory Kansas City, MO, 1899

Lewis, Ephraim E.: (ID) Jan. 21, 1893, (L) Springfield, (AN) MO5980.385, (CO) Taney

Lewis, James G.: (ID) Sep. 20, 1897, (L) Springfield, (AN) MO6030.003, (CO) Taney

Lewis, Jesse: (ID) Jun. 30, 1882, (L) Booneville, (AN) MO3380.302, (CO) Laclede

Lewis, Mary A.: (ID) Jun. 20, 1882, (L) Springfield, (AN) MO5890.204, (CO) Taney

Lewis, Robert: (B) Mar 23, 1899, (D) Jun, 1977, (RES) Lebanon, MO, (CO) Laclede

Lewis, Thelma G.: (A) 21Y, (BP) MO, (B) 1899, (Race) White, (CEN) 1920 Census, Venice, Los Angeles Co., CA

Lewis, W. H.: (CEN) 1893 NE State Census, MO Veterans, (MIL) 25th MO Infantry, Co. E, (RES) Omaha, NE

Lewis, William: (B) Dec. 9, 1899, (D) May, 1973, (RES) Lebanon, MO, (CO) Laclede

Lewis, Wilson: (ID) Mar. 7, 1892, (L) Springfield, (AN) MO5960.362, (CO) Taney

Lewis, Ephraim E.: (OC) Postmaster, Bauff, Jul. 23, 1890, (CO) Taney

Leydon, Frank: (A) 21Y, (BP) MO, (B) 1899, (Race) White, (CEN) 1920 Census, Firebaugh, Fresno Co., CA

Libbee, John: (A) 21Y, (BP) MO, (B) 1899, (Race) White, (CEN) 1920 Census, Township 5, Fresno Co., CA

Lichty, William L.: (A) 21Y, (BP) MO, (B) 1899, (Race) White, (CEN) 1920 Census, Cascade, Fresno Co., CA

Liconnili, Domenico: (DI) Apr. 6, 1896, (A) 35Y, (B) 1861, (BP) Italy, (CO) St. Louis

Liebe, Louis: (Song) *We Meet Above*, (PUB) Kunkel Bros., St. Louis, 1885

Light, John: (ID) Dec. 20, 1881, (L) Springfield, (AN) MO5890.096, (CO) Laclede

Likens, Thomas: (ID) Oct. 21, 1891, (L) Springfield, (AN) MO5950.095, (CO) Taney

Likens, William: (ID) Apr. 18, 1891, (L) Springfield, (AN) MO5940.414, (CO) Taney

Liley, William: (ID) Mar. 25, 1896, (L) Booneville, (AN) MO3430.151, (CO) Hickory

Lillard, Joseph W.: (ID) May 31, 1899, (L) Springfield, (AN) MO6060.241, (CO) Laclede

Lillard, Levi W.: (ID) Aug. 24, 1897, (L) Springfield, (AN) MO6020.432, (CO) Laclede

Lillard, Thomas J.: (ID) Aug. 24, 1897, (L) Springfield, (AN) MO6020.466, (CO) Laclede

Linahan, Edward: (DI) Apr. 1, 1896, (A) 28Y, (B) 1868, (BP) Ireland, (CO) St. Louis

Lindabury, Charles E.: (ID) Mar. 18, 1897, (L) Springfield, (AN) MO5800.107, (CO) Taney

Lindell, Swan N.: (ID) Feb. 26, 1891, (L) Booneville, (AN) MO3410.023, (CO) Hickory

Lindsay, Coy O.: (A) 21Y, (B) 1899, (BP) MO, (Race) White, (CEN) 1920 Census, Washington, Laclede Co., MO

Lindsay, John: (ID) Apr. 14, 1888, (L) Springfield, (AN) MO5780.123, (CO) Laclede

Lindsay, William G.: (ID) Sep. 5, 1890, (L) Springfield, (AN) MO5930.378, (CO) Taney

Lindsey, John M.: (ID) Mar. 7, 1892, (L) Springfield, (AN) MO5960.215, (CO) Laclede

Lindsey, William B.: (ID) Nov. 9, 1891, (L) Booneville, (AN) MO3300.207, (CO) Hickory

Linebaugh, James: (ID) Sep. 9, 1892, (L) Springfield, (AN) MO5970.453, (CO) Taney

Linenbring, Joseph: (A) 21Y, (BP) MO, (B) 1899, (Race) White, (CEN) 1920 Census, Township 5, Kern Co., CA

Lingenfelter, Gaston P.: (ID) Apr. 14, 1888, (L) Springfield, (AN) MO5780.106, (CO) Taney

Lingenfelter, Gaston P.: (ID) Nov. 30, 1894, (L) Springfield, (AN) MO6000.148, (CO) Taney

Linich, Mamie: (A) 21Y, (BP) MO, (B) 1899, (Race) White, (CEN) 1920 Census, Los Angeles, Los Angeles Co., CA

Lippens, Peter: (DI) Apr. 6, 1896, (A) 40Y, (B) 1856, (BP) Belgium, (CO) St. Louis
Little, Andrew J.: (ID) Oct. 17, 1892, (L) Booneville, (AN) MO3420.010, (CO) Hickory
Little, John: (CEN) 1893 NE State Census, MO Veterans, (MIL) 3rd MO Infantry, Co. K, (RES) Hazard, NE
Little, Pleasant B.: (ID) Jun. 7, 1889, (L) Booneville, (AN) MO3400.087, (CO) Hickory
Lively, Jesse L.: (ID) Aug. 1, 1892, (L) Booneville, (AN) MO3410.420, (CO) Laclede
Lively, Reuben I.: (ID) Apr. 6, 1898, (L) Booneville, (AN) MO6030.266, (CO) Laclede
Lively, William A.: (ID) Apr. 9, 1892, (L) Booneville, (AN) MO3410.330, (CO) Hickory
Loar, B. F.: (CMTS) 1899 Tax List, Crawford Twp., Dearborn, (CO) Buchanan
Locher, Martin: (OC) Blacksmith, (RES) Kansas City, MO, (CMTS) City Directory Kansas City, MO, 1899
Lochner, Bernard: (ID) Nov. 13, 1895, (L) Booneville, (AN) MO3300.486, (CO) Osage
Locke, Joseph: (ID) Jun. 6, 1890, (L) Booneville, (AN) MO3400.248, (CO) Hickory
Lockhart, John B.: (ID) Jun. 6, 1890, (L) Booneville, (AN) MO3400.229, (CO) Hickory
Lockridge, Vilas O.: (A) 21Y, (BP) MO, (B) 1899, (Race) White, (CEN) 1920 Census, Gustine, Merced Co., CA
Lockwood, Dewey H.: (A) 21Y, (B) 1899, (BP) MO, (Race) White, (CEN) 1920 Census, Washington, Laclede Co., MO
Lockwood, George: (MD) Mar. 6, 1881, (Spouse) Hannah Rinor, (CO) Laclede
Lockwood, George H.: (ID) Sep. 14, 1896, (L) Springfield, (AN) MO6020.078, (CO) Laclede
Loe, Henry T.: (ID) Nov. 5, 1897, (L) Booneville, (AN) MO3430.483, (CO) Adair
Loehner, Henry: (ID) Sep. 5, 1895, (L) Booneville, (AN) MO3300.477, (CO) Osage
Loew, Christ: (ID) Feb. 5, 1891, (L) Booneville, (AN) MO3400.425, (CO) Laclede
Loftus, Martin: (OC) Blacksmith, (RES) Kansas City, MO, (CMTS) City Directory Kansas City, MO, 1899
Loftus, Patrick: (ID) Jan. 9, 1886, (L) Springfield, (AN) MO5900.218, (CO) Laclede
Loftus, Thomas: (OC) Blacksmith, (RES) Kansas City, MO, (CMTS) City Directory Kansas City, MO, 1899
Logan, Thomas: (OC) Blacksmith, (RES) Kansas City, MO, (CMTS) City Directory Kansas City, MO, 1899

Logsdon, Bozada: (ID) Apr. 1, 1892, (L) Springfield, (AN) MO5970.229, (CO) Laclede

Lohman, Joseph: (OC) Blacksmith, (RES) Kansas City, MO, (CMTS) City Directory Kansas City, MO, 1899

Loney, Hersel F.: (B) 1898, (BP) MO, (CEN) 1920 Census, Franklin, Laclede Co., MO

Long, Daniel D.: (ID) Feb. 6, 1892, (L) Springfield, (AN) MO5790.017, (CO) Taney

Long, H. L.: (CMTS) 1899 Tax List, Crawford Twp., Faucett, (CO) Buchanan

Long, J. A.: (CEN) 1893 NE State Census, MO Veterans, (MIL) 7th MO Infantry, Co. H, (RES) Douglas, NE

Long, Olga Eva: (A) 21Y, (BP) MO, (B) 1899, (Race) White, (CEN) 1920 Census, San Francisco, San Francisco Co., CA

Long, R. A.: (CEN) 1893 NE State Census, MO Veterans, (MIL) 7th MO Infantry, Co. H, (RES) Douglas, NE

Long, Simon: (CEN) 1893 NE State Census, MO Veterans, (MIL) 3rd MO Cavalry, Co. G, (RES) Balir, NE

Lonigro, Salvatore: (DI) Apr. 6, 1896, (A) 46Y, (B) 1850, (BP) Italy, (CO) St. Louis

Looney, Augusta: (B) Jul. 9, 1899, (D) Nov, 1979, (RES) Springfield, MO, (CO) Greene

Looney, Mary: (A) 21Y, (B) 1899, (BP) MO, (Race) White, (CEN) 1920 Census, Conway, Laclede Co., MO

Loper, Alfred: (ID) Nov. 30, 1894, (L) Springfield, (AN) MO6000.115, (CO) Taney

Loper, Judson: (ID) Mar. 7, 1892, (L) Springfield, (AN) MO5970.004, (CO) Taney

Lorance, W. H.: (CEN) 1893 NE State Census, MO Veterans, (MIL) 35th MO Vol, Co. C, (RES) Auburn, NE

Lord, Charles A.: (OC) Blacksmith, (RES) Kansas City, MO, (CMTS) City Directory Kansas City, MO, 1899

Lord, Joseph W.: (ID) Jul. 25, 1892, (L) Springfield, (AN) MO5790.300, (CO) Laclede

Lord, Thomas: (ID) Jun. 20, 1885, (L) Springfield, (AN) MO5900.160, (CO) Laclede

Lottridge, Henry: (CEN) 1893 NE State Census, MO Veterans, (MIL) 18th MO Infantry, Co. A, (RES) Hershey, NE

Loughbridge, S. B.: (CEN) 1893 NE State Census, MO Veterans, (MIL) 7th MO Cavalry, Co. C, (RES) Lincoln, NE

Loughran, Patrick: (DI) Apr. 6, 1896, (A) 42Y, (B) 1854, (BP) Ireland, (CO) St. Louis

Louis, M.: (Song) *You Had Better Ask Me*, (PUB) J. L. Peters, St. Louis, 1885

Loury, Luke: (DI) Apr. 1, 1896, (A) 50Y, (B) 1846, (BP) Ireland, (CO) St. Louis

Lovelace, C. C.: (ID) Mar. 20, 1882, (L) Springfield, (AN) MO5890.141, (CO) Laclede
Low, Daniel W.: (ID) Dec. 26, 1891, (L) Booneville, (AN) MO3410.136, (CO) Hickory
Low, William: (CEN) 1893 NE State Census, MO Veterans, (MIL) 23rd MO Infantry, Co. E, (RES) Norfolk, NE
Lowe, Francis J.: (ID) Nov. 5, 1897, (L) Booneville, (AN) MO3430.478, (CO) Adair
Lowery, Guy C.: (A) 21Y, (BP) MO, (B) 1899, (Race) White, (CEN) 1920 Census, San Diego, San Diego Co., CA
Lowrey, Andrew: (ID) Mar. 13, 1895, (L) Springfield, (AN) MO6000.256, (CO) Taney
Lowry, Mark: (MD) May 29, 1881, (Spouse) Minda A. White, (CO) Laclede
Lowry, William H.: (ID) Sep. 10, 1898, (L) Springfield, (AN) MO6040.223, (CO) Laclede
Lubinski, Joseph: (DI) Apr. 6, 1896, (A) 28Y, (B) 1868, (BP) Poland, (CO) St. Louis
Lucas, Albert L.: (A) 21Y, (BP) MO, (B) 1899, (Race) White, (CEN) 1920 Census, Los Angeles, Los Angeles Co., CA
Lucas, Chas. L.: (CMTS) 1899 Tax List, Crawford Twp., Wallace, (CO) Buchanan
Lucas, Lescile: (A) 21Y, (BP) MO, (B) 1899, (Race) White, (CEN) 1920 Census, San Francisco, San Francisco Co., CA
Lucas, R. H.: (CMTS) 1899 Tax List, Crawford Twp., Wallace, (CO) Buchanan
Lucker, Howard: (A) 21Y, (BP) MO, (B) 1899, (Race) White, (CEN) 1920 Census, Brawley, Imperial Co., CA
Luethge, John: (DI) Oct. 6, 1890, (A) 38Y, (B) 1852, (BP) Germany, (CO) St. Louis
Luganbill, Cora E.: (A) 21Y, (BP) MO, (B) 1899, (Race) White, (CEN) 1920 Census, Fresno, Fresno Co., CA
Lund, Joseph H.: (A) 21Y, (BP) MO, (B) 1899, (Race) White, (CEN) 1920 Census, San Francisco, San Francisco Co., CA
Luninghohner, T.: (CEN) 1893 NE State Census, MO Veterans, (MIL) 1st MO Artillery, Co. B,, (RES) Admah, NE
Lunsford, Lewis T.: (ID) Jan. 30, 1889, (L) Springfield, (AN) MO5910.481, (CO) Taney
Lusk, Edmond H.: (ID) Mar. 17, 1892, (L) Springfield, (AN) MO5970.092, (CO) Taney
Lusso, Charles: (ID) Dec. 26, 1891, (L) Booneville, (AN) MO3410.139, (CO) Hickory
Luttenberger, John G. M.: (DI) Apr. 27, 1892, (A) 28Y, (B) 1864, (BP) Germany, (CO) St. Louis
Luttrell, George D.: (ID) Mar. 2, 1897, (L) Springfield, (AN) MO6020.257, (CO) Taney

Lutz, C. G.: (CEN) 1893 NE State Census, MO Veterans, (MIL) 4th MO Cavalry, Co. B, (RES) Papillion, NE

Lydon, Martin: (DI) Apr. 6, 1896, (A) 26Y, (B) 1870, (BP) Ireland, (CO) St. Louis

Lynas, Harrietta: (B) 1898, (BP) MO, (CEN) 1920 Census, Lebanon, Laclede Co., MO

Lynch, Henry: (A) 21Y, (B) 1899, (BP) MO, (Race) White, (CEN) 1920 Census, Lebanon, Laclede Co., MO

Lynch, Martha: (A) 21Y, (B) 1899, (BP) MO, (Race) White, (CEN) 1920 Census, Washington, Laclede Co., MO

Lynds, Benjamin: (A) 21Y, (BP) MO, (B) 1899, (Race) White, (CEN) 1920 Census, Los Angeles, Los Angeles Co., CA

Lynn, Henry: (ID) Jul. 17, 1890, (L) Springfield, (AN) MO5930.362, (CO) Taney

Lyon, Timothy: (MD) Apr. 24, 1881, (Spouse) Mary Ohern, (CO) Laclede

Lyon, Joseph M.: (OC) Postmaster, McClurg, Feb. 12, 1894, (CO) Taney

Lyon, William R.: (OC) Postmaster, McClurg, Nov. 1, 1898, (CO) Taney

Lyons, Jerome E.: (A) 21Y, (BP) MO, (B) 1899, (Race) White, (CEN) 1920 Census, Township 15, Kern Co., CA

Lyons, Thomas: (DI) Apr. 3, 1896, (A) 34Y, (B) 1862, (BP) Ireland, (CO) St. Louis

Lytle, Charles W.: (A) 21Y, (BP) MO, (B) 1899, (Race) White, (CEN) 1920 Census, Stockton, San Joaquin Co., CA

Machaney, Ida C.: (A) 21Y, (BP) MO, (B) 1899, (Race) White, (CEN) 1920 Census, Los Angeles, Los Angeles Co., CA

Macken, Thomas: (DI) Apr. 4, 1896, (A) 24Y, (B) 1872, (BP) Ireland, (CO) St. Louis

Madden, Charles J.:, (OC) Postmaster, Goodloe, Apr. 18, 1894, (CO) Taney

Maddux, James M.: (ID) Jan. 22, 1895, (L) Springfield, (AN) MO5790.409, (CO) Taney

Maddux, Nathaniel S.: (ID) Mar. 13, 1895, (L) Springfield, (AN) MO6000.376, (CO) Taney

Madewell, John: (ID) Jun. 30, 1884, (L) Booneville, (AN) MO3380.488, (CO) Hickory

Madewell, Samuel: (ID) Dec. 20, 1885, (L) Booneville, (AN) MO3390.177, (CO) Hickory

Madson, David: (DI) Oct. 15, 1894, (A) 40Y, (B) 1854, (BP) Norway, (CO) St. Louis

Maehoiefski, Stephen: (DI) Apr. 4, 1896, (A) 36Y, (B) 1860, (BP) Russia Poland, (CO) St. Louis

Maff, Oliver W.: (A) 21Y, (BP) MO, (B) 1899, (Race) White, (CEN) 1920 Census, Los Angeles, Los Angeles Co., CA

Maget, R. M.: (CMTS) 1899 Tax List, Crawford Twp. Wallace, (CO) Buchanan, Wallace

Maget, W. T.: (CMTS) 1899 Tax List, Crawford Twp., Wallace, (CO)

Buchanan
Magness, William R.: (ID) Sep. 15, 1892, (L) Springfield, (AN) MO5970.465, (CO) Taney
Mahan, John: (DI) Sep. 22, 1890, (A) 29Y, (B) 1861, (BP) Ireland, (CO) St. Louis
Mahoney, Felix V.: (A) 21Y, (BP) MO, (B) 1899, (Race) White, (CEN) 1920 Census, Los Angeles, Los Angeles Co., CA
Malerim, Lenard L.: (B) 1898, (BP) MO, (CEN) 1920 Census, Lebanon, Laclede Co., MO
Mallace, Edgar: (A) 21Y, (BP) MO, (B) 1899, (Race) White, (CEN) 1920 Census, Oakland, Alameda Co., CA
Malloy, Josephine: (ID) Mar. 17, 1892, (L) Springfield, (AN) MO5790.055, (CO) Taney
Malloy, Michaelmas: (ID) Apr. 2, 1891, (L) Springfield, (AN) MO5780.448, (CO) Taney
Malone, James: (OC) Blacksmith, (RES) Kansas City, MO, (CMTS) City Directory Kansas City, MO, 1899
Malone, Reuben: (MD) Jul. 10, 1881, (Spouse) Mahala McMillian, (CO) Laclede
Maloney, R. A.: (CEN) 1893 NE State Census, MO Veterans, (MIL) 1st Engineers, Co. C, (RES) Madison, NE
Maltitz, Arthur: (A) 21Y, (BP) MO, (B) 1899, (Race) White, (CEN) 1920 Census, Los Angeles, Los Angeles Co., CA
Manes, George F.: (ID) Apr. 2, 1891, (L) Springfield, (AN) MO5780.456, (CO) Taney
Manes, John W.: (ID) Feb. 21, 1893, (L) Springfield, (AN) MO5990.004, (CO) Taney
Manley, Nona: (A) 21Y, (BP) MO, (B) 1899, (Race) Colored, (CEN) 1920 Census, Los Angeles, Los Angeles Co., CA
Mann, Alvin W.: (ID) Aug. 1, 1898, (L) Springfield, (AN) MO6040.082, (CO) Laclede
Mannken, Nonnan C.: (A) 21Y, (BP) MO, (B) 1899, (Race) White, (CEN) 1920 Census, San Francisco, San Francisco Co., CA
Maple, Edwin R.. (MD) Oct. 13, 1881, (Spouse) Julia A. Benton, (CO) Laclede
Maples, John: (B) Aug 4, 1893, (D) Jan., 1981, (RES) Glensted, Marvin, Versailles, (CO) Morgan
Marbox, Lucinda: (ID) Nov. 30, 1894, (L) Springfield, (AN) MO6000.163, (CO) Laclede
Marbut, Orean M.: (A) 21Y, (BP) MO, (B) 1899, (Race) White, (CEN) 1920 Census, Sanger, Fresno Co., CA
Marenos, Lee: (OC) Blacksmith, (RES) Kansas City, MO, (CMTS) City Directory Kansas City, MO, 1899
Margules, Geneva: (A) 21Y, (BP) MO, (B) 1899, (Race) White, (CEN) 1920 Census, Santa Barbara, Santa Barbara Co., CA
Margulewski, Walenty: (DI) Apr. 6, 1896, (A) 35Y, (B) 1861, (BP)

Poland, (CO) St. Louis
Marinus, Lee: (OC) Blacksmith, (RES) Kansas City, MO, (CMTS) City Directory Kansas City, MO, 1899
Mark, D. T.: (CMTS) 1899 Tax List, Crawford Twp., Halleck, (CO) Buchanan
Marold, Hanny: (A) 21Y, (BP) MO, (B) 1899, (Race) White, (CEN) 1920 Census, Los Angeles, Los Angeles Co., CA
Marrs, Augustis P.: (ID) Jan. 9, 1886, (L) Springfield, (AN) MO5900.240, (CO) Taney
Mars, Edward: (DI) Dec. 1, 1890, (A) 38Y, (B) 1852, (BP) Switzerland, (CO) St. Louis
Marshall, Chris O.: (B) 1898, (BP) MO, (CEN) 1920 Census, Union, Laclede Co., MO
Marshall, George H.: (ID) Apr. 18, 1891, (L) Springfield, (AN) MO5940.462, (CO) Laclede
Marshall, John: (B) May 23, 1899, (D) Jun, 1967, (RES) Lebanon, MO, (CO) Laclede
Marshall, Samuel: (ID) Sep. 7, 1894, (L) Springfield, (AN) MO5790.395, (CO) Taney
Marshall, Walter: (B) Sep. 20, 1899, (D) May, 1970, (RES) Conway, MO, (CO) Laclede
Marshhall, John: (CEN) 1893 NE State Census, MO Veterans, (MIL) 7th MO Cavalry, Co. M, (RES) Roseland, NE
Martell, May: (A) 21Y, (BP) MO, (B) 1899, (Race) White, (CEN) 1920 Census, Fresno, Fresno Co., CA
Martin, Dezzie: (B) Mar., 1896, (BP) TN, (CEN) 1900 Census, Ed. 89, (CO) Pemiscot
Martin, Francis: (B) Nov. 7, 1899, (D) Jul, 1974, (RES) Lebanon, MO, (CO) Laclede
Martin, Francis W.: (A) 21Y, (BP) MO, (B) 1899, (Race) White, (CEN) 1920 Census, Vallejo, Solano Co., CA
Martin, Frank: (ID) Aug. 27, 1898, (L) Booneville, (AN) MO6040.189, (CO) Laclede
Martin, Jasper T.: (ID) Jul. 3, 1897, (L) Booneville, (AN) MO3430.395, (CO) Hickory
Martin, Jeremiah: (B) 1856, (D) 1882, (CO) Ray, (C) Crowley Cemetery
Martin, Joseph: (B) Sep., 1886, (BP) MO, (CEN) 1900 Census, Ed. 89, (CO) Pemiscot
Martin, Lelia M.: (B) Feb., 1898, (BP) MO, (CEN) 1900 Census, Ed. 89, (CO) Pemiscot
Martin, Maggie: (B) 1886, (D) 1887, (CO) Ray, (C) Crowley Cemetery
Martin, Patrick: (DI) Apr. 4, 1896, (A) 38Y, (B) 1858, (BP) Ireland, (CO) St. Louis
Martin, R. R.: (CMTS) 1899 Tax List, Crawford Twp., Wallace, (CO) Buchanan
Martin, Robert B.: (B) Jul., 1892, (BP) TN, (CEN) 1900 Census, Ed. 89,

(CO) Pemiscot
Martin, Timothy: (ID) Aug. 10, 1888, (L) Booneville, (AN) MO3390.459, (CO) Hickory
Martin, William B.: (A) 21Y, (BP) MO, (B) 1899, (Race) White, (CEN) 1920 Census, Los Angeles, Los Angeles Co., CA
Mashbun, Ralph: (A) 21Y, (BP) MO, (B) 1899, (Race) White, (CEN) 1920 Census, Fillmore, Ventura Co., CA
Mashburn, Mary: (ID) May 31, 1899, (L) Springfield, (AN) MO6060.232, (CO) Taney
Mashburn, Mathew T.: (ID) May 31, 1899, (L) Springfield, (AN) MO6060.232, (CO) Taney
Mason, Helen: (A) 21Y, (BP) MO, (B) 1899, (Race) White, (CEN) 1920 Census, Fresno, Fresno Co., CA
Mason, Richard: (ID) Feb. 18, 1890, (L) Booneville, (AN) MO3400.218, (CO) Hickory
Massey, James G.: (ID) Dec. 15, 1892, (L) Springfield, (AN) MO5980.317, (CO) Laclede
Massie, David: (ID) Feb. 6, 1892, (L) Springfield, (AN) MO5960.033, (CO) Laclede
Massie, Eli: (ID) Jun. 22, 1888, (L) Springfield, (AN) MO5910.035, (CO) Laclede
Massie, Jesse: (ID) Oct. 31, 1892, (L) Springfield, (AN) MO5980.147, (CO) Laclede
Massie, Wake: (ID) Apr. 6, 1898, (L) Springfield, (AN) MO6030.195, (CO) Laclede
Massman, Henry: (CEN) 1893 NE State Census, MO Veterans, (MIL) 49th MO Infantry, Co. C, (RES) Battle Creek, NE
Mastie, Andrew: (DI) Apr. 6, 1896, (A) 28Y, (B) 1868, (BP) Bohemia, (CO) St. Louis
Mathers, J. W.: (CMTS) 1899 Tax List, Crawford Twp., Willow Brook, (CO) Buchanan
Mathews, George B.: (ID) Nov. 20, 1899, (L) Springfield, (AN) MO6060.397, (CO) Taney
Mathews, James C.: (ID) Feb. 10, 1883, (L) Springfield, (AN) MO5890.378, (CO) Laclede
Mathews, Malinda C.: (ID) Feb. 10, 1883, (L) Springfield, (AN) MO5890.378, (CO) Laclede
Matler, William: (OC) Blacksmith, (RES) Kansas City, MO, (CMTS) City Directory Kansas City, MO, 1899
Matlock, Dewey: (A) 21Y, (BP) MO, (B) 1899, (Race) White, (CEN) 1920 Census, San Francisco, San Francisco Co., CA
Matsen, David: (DI) Oct. 15, 1894, (A) 40Y, (B) 1854, (BP) Norway, (CO) St. Louis
Matthews, Aaron V.: (ID) Apr. 5, 1883, (L) Springfield, (AN) MO5890.403, (CO) Taney
Matthews, Charles L.: (A) 21Y, (BP) MO, (B) 1899, (Race) White, (CEN)

1920 Census, Whittier, Los Angeles Co., CA
Matthews, Enoch A.: (ID) Jun. 3, 1885, (L) Springfield, (AN) MO5760.500, (CO) Taney
Mattley, Jonathan B.: (CEN) 1893 NE State Census, MO Veterans, (MIL) 12th MO Cavalry, Co. F, (RES) Burwell, NE
Mattoon, Eugene S.: (OC) Blacksmith, (RES) Kansas City, MO, (CMTS) City Directory Kansas City, MO, 1899
Maxwell, Thomas T.: (ID) Jul. 11, 1892, (L) Springfield, (AN) MO5790.215, (CO) Taney
May, David H.: (ID) Mar. 18, 1897, (L) Springfield, (AN) MO5800.116, (CO) Taney
May, David H.: (ID) May 31, 1892, (L) Springfield, (AN) MO5970.335, (CO) Taney
May, George W.: (ID) Nov. 5, 1897, (L) Springfield, (AN) MO6030.020, (CO) Taney
May, James J.: (ID) Mar. 17, 1892, (L) Springfield, (AN) MO5970.070, (CO) Taney
May, John: (ID) Nov. 13, 1885, (L) Springfield, (AN) MO5770.229, (CO) Taney
Mayer, Audrew: (OC) Blacksmith, (RES) Kansas City, MO, (CMTS) City Directory Kansas City, MO, 1899
Mayfield, Earnest: (A) 21Y, (BP) MO, (B) 1899, (Race) White, (CEN) 1920 Census, Los Angeles, Los Angeles Co., CA
Mayfield, I. W.: (MD) Sep. 25, 1881, (Spouse) Louella Greenstreet, (CO) Laclede
Mayne, D. H.: (CEN) 1893 NE State Census, MO Veterans, (MIL) 7th MO Infantry, Co. C, (RES) Omaha, NE
Mayr, Carl: (Song) *Siesta Serenade*, (PUB) J. R. Bell, Kansas City, 1885
Mazurkiewer, Nicholas: (DI) Apr. 4, 1896, (A) 30Y, (B) 1866, (BP) Poland, (CO) St. Louis
McAdam, Jacob: (CEN) 1893 NE State Census, MO Veterans, (MIL) 43rd MO Infantry, Co. G, (RES) Mullen, NE
McAdams, W. F.: (CEN) 1893 NE State Census, MO Veterans, (MIL) 143th MO Infantry, Co. A, (RES) Davenport, NE
McAdoo, Andrew J.: (ID) Oct. 21, 1891, (L) Springfield, (AN) MO5950.101, (CO) Laclede
McAdoo, Ollie: (A) 21Y, (B) 1899, (BP) MO, (Race) White, (CEN) 1920 Census, Conway, Laclede Co., MO
McAfee, Herman L.: (OC) Blacksmith, (RES) Kansas City, MO, (CMTS) City Directory Kansas City, MO, 1899
McAlpin, Stephen: (OC) Blacksmith, (RES) Kansas City, MO, (CMTS) City Directory Kansas City, MO, 1899
McAshland, Jacob C.: (ID) Jun. 20, 1889, (L) Springfield, (AN) MO5920.202, (CO) Taney
McAuliff, James J.: (DI) Apr. 3, 1896, (A) 26Y, (B) 1870, (BP) Ireland, (CO) St. Louis

McAuliffe, Florence: (DI) Apr. 6, 1896, (A) 50Y, (B) 1846, (BP) Ireland, (CO) St. Louis

McAuliffe, Florence D.: (DI) Apr. 4, 1896, (A) 32Y, (B) 1864, (BP) Ireland, (CO) St. Louis

McAuliffe, James: (DI) Jul. 8, 1891, (A) 27Y, (B) 1864, (BP) Ireland, (CO) St. Louis

McAuliffe, John: (DI) Apr. 1, 1896, (A) 30Y, (B) 1866, (BP) Ireland, (CO) St. Louis

McAuliffe, Michael: (DI) Apr. 6, 1896, (A) 27Y, (B) 1869, (BP) Ireland, (CO) St. Louis

McAuliffe, Philip J.: (DI) Apr. 4, 1896, (A) 24Y, (B) 1872, (BP) Ireland, (CO) St. Louis

McBee, C.: (CMTS) 1899 Tax List, Crawford Twp., Wallace, (CO) Buchanan

McBride, Howard D.: (A) 21Y, (BP) MO, (B) 1899, (Race) White, (CEN) 1920 Census, Los Angeles, Los Angeles Co., CA

McCain, James F.: (ID) Apr. 18, 1895, (L) Booneville, (AN) MO3420.423, (CO) Hickory

McCall, Duncan: (CEN) 1893 NE State Census, MO Veterans, (MIL) 11th MO Infantry, Co. B, (RES) Republican Cy, NE

McCanless, Ashley: (B) 1897, (D) 1899, (CO) Ray, (C) Crowley Cemetery

McCann, George J.: (ID) Apr. 9, 1892, (L) Springfield, (AN) MO5790.074, (CO) Taney

McCann, William G.: (ID) Apr. 9, 1892, (L) Springfield, (AN) MO5790.072, (CO) Taney

McCarthy, Dennis: (DI) Apr. 3, 1896, (A) 36Y, (B) 1860, (BP) Ireland, (CO) St. Louis

McCarthy, Timothy: (DI) Apr. 6, 1896, (A) 21Y, (B) 1875, (BP) Ireland, (CO) St. Louis

McCarty, Charles B.: (ID) Oct. 25, 1895, (L) Booneville, (AN) MO3430.078, (CO) Hickory

McCarty, George W.: (ID) Feb. 26, 1890, (L) Springfield, (AN) MO5780.293, (CO) Taney

McCaslin, William L.: (ID) Apr. 15, 1885, (L) Booneville, (AN) MO3290.344, (CO) Hickory

McCauley, Collet E.: (ID) Jan. 18, 1892, (L) Springfield, (AN) MO5950.480, (CO) Taney

McClain, C. A.: (CMTS) 1899 Tax List, Crawford Twp., Wallace, (CO) Buchanan

McClain, John: (OC) Blacksmith, (RES) Kansas City, MO, (CMTS) City Directory Kansas City, MO, 1899

McClanahan, Alexander: (MD) Jan. 16, 1881, (Spouse) Jessie P. Porter, (CO) Laclede

McClanahan, Martha: (B) 1898, (BP) MO, (CEN) 1920 Census, Gasconade, Laclede Co., MO

McClanahan, Roberta: (B) Jul. 8, 1899, (D) Dec. 1, 1994, (RES) Lebanon, MO, (CO) Laclede

McClenny, Louise: (A) 21Y, (BP) MO, (B) 1899, (Race) White, (CEN) 1920 Census, Fresno, Fresno Co., CA

McClure, John B.: (ID) Jun. 30, 1884, (L) Booneville, (AN) MO3380.492, (CO) Hickory

McClure, S. J.: (CEN) 1893 NE State Census, MO Veterans, (MIL) 1st MO Cavalry, Co. D, (RES) Madrid, NE

McColery, Orien: (CEN) 1893 NE State Census, MO Veterans, (MIL) 8th MO Infantry, Co. C, (RES) Madison, NE

McConkey, D. F.: (OC) Postmaster, Forsyth, Apr. 20, 1897, (CO) Taney

McConnell, Willard: (B) Apr. 11, 1899, (D) Nov, 1974, (RES) Lebanon, MO, (CO) Laclede

McCord, John M.: (CEN) 1893 NE State Census, MO Veterans, (MIL) 13th MO Cavalry, Co. A, (RES) Red Cloud, NE

McCorkle, Samuel: (ID) Feb. 5, 1891, (L) Booneville, (AN) MO3400.454, (CO) Hickory

McCormack, Theodore: (A) 21Y, (BP) MO, (B) 1899, (Race) White, (CEN) 1920 Census, Los Angeles, Los Angeles Co., CA

McCormick, Patrick H.: (ID) Mar. 15, 1894, (L) Booneville, (AN) MO3300.399, (CO) Adair

McCoy, Erastus H.: (ID) Feb. 5, 1891, (L) Booneville, (AN) MO3400.462, (CO) Hickory

McCoy, Ivy: (B) Apr. 1, 1899, (D) Sep. 15, 1974, (RES) Lynchburg, MO, (CO) Laclede

McCoy, James: (ID) Sep. 14, 1896, (L) Springfield, (AN) MO6020.042, (CO) Taney

McCoy, Mary E.: (ID) Jan. 11, 1889, (L) Booneville, (AN) MO3400.025, (CO) Hickory

McCoy, William: (ID) Jan. 11, 1889, (L) Booneville, (AN) MO3400.025, (CO) Hickory

McCracken, Nathaniel: (ID) Jan. 4, 1896, (L) Warsaw, (AN) MO2120.194, (CO) Hickory

McCrary, Samuel A.: (MD) Jul. 23, 1882, (Spouse) Dora B. Garrison, (CO) Laclede

McCubbin, Granville: (ID) Jul. 14, 1893, (L) Springfield, (AN) MO5990.187, (CO) Taney

McCulloch, George C.: (ID) Sep. 10, 1898, (L) Springfield, (AN) MO6040.200, (CO) Laclede

McCulloch, William Z: (ID) Sep. 10, 1898, (L) Springfield, (AN) MO6040.201, (CO) Laclede

McCullough, Lilla: (B) 1899, (D) 1970, (CO) Ray, (C) Crowley Cemetery

McDade, John: (ID) Sep. 5, 1890, (L) Springfield, (AN) MO5930.450, (CO) Taney

McDaniel, Barney: (ID) Apr. 26, 1893, (L) Springfield, (AN) MO5990.112, (CO) Taney

McDaniel, D. L.: (CMTS) 1899 Tax List, Crawford Twp., Faucett, (CO) Buchanan
McDaniel, Isaac M.: (ID) Jul. 27, 1897, (L) Springfield, (AN) MO6020.412, (CO) Laclede
McDaniel, Sterhen: (OC) Blacksmith, (RES) Kansas City, MO, (CMTS) City Directory Kansas City, MO, 1899
McDermott, Patrick: (DI) Jun. 20, 1892, (A) 30Y, (B) 1862, (BP) Ireland, (CO) St. Louis
McDonald, Daniel: (A) 21Y, (BP) MO, (B) 1899, (Race) White, (CEN) 1920 Census, San Francisco, San Francisco Co., CA
McDonald, Patrick: (DI) Apr. 6, 1896, (A) 29Y, (B) 1867, (BP) Ireland, (CO) St. Louis
McDurmitt, Lawrence: (OC) Blacksmith, (RES) Kansas City, MO, (CMTS) City Directory Kansas City, MO, 1899
McElhany, Robert L.: (ID) Mar. 17, 1892, (L) Springfield, (AN) MO5790.056, (CO) Taney
McElhinney, Edna: (Song) *Elna Waltz*, (PUB) H. Bollman & Sons, St. Louis, 1885
McElligott, Charles P.: (ID) Nov. 18, 1895, (L) Springfield, (AN) MO6010.248, (CO) Taney
McEntee, James F.: (OC) Blacksmith, (RES) Kansas City, MO, (CMTS) City Directory Kansas City, MO, 1899
McFall, Anderson: (ID) Feb. 20, 1891, (L) Springfield, (AN) MO5940.088, (CO) Laclede
McFall, Salome J.: (A) 21Y, (BP) MO, (B) 1899, (Race) White, (CEN) 1920 Census, Exeter, Tulare Co., CA
McFarland, George: (OC) Blacksmith, (RES) Kansas City, MO, (CMTS) City Directory Kansas City, MO, 1899
McFarland, George R.: (ID) Apr. 26, 1893, (L) Springfield, (AN) MO5990.128, (CO) Taney
McFarland, L. W.: (A) 21Y, (BP) MO, (B) 1899, (Race) White, (CEN) 1920 Census, San Francisco, San Francisco Co., CA
McFarlane, George W.: (OC) Blacksmith, (RES) Kansas City, MO, (CMTS) City Directory Kansas City, MO, 1899
McFerson, William H.: (ID) Dec. 20, 1881, (L) Springfield, (AN) MO5890.127, (CO) Taney
McGaugh, Kalcola: (B) 1870, (D) 1890, (CO) Ray, (C) Crowley Cemetery
McGer, J. L.: (CEN) 1893 NE State Census, MO Veterans, (MIL) 3rd MO Infantry, Co. B, (RES) Beatrice, NE
McGill, John E.: (ID) Jan. 18, 1894, (L) Springfield, (AN) MO5990.380, (CO) Taney
McGill, Mary: (ID) Feb. 19, 1896, (L) Springfield, (AN) MO6010.337, (CO) Taney
McGinn, Sarah: (ID) Mar. 18, 1897, (L) St. Louis, (AN) MO1150.226, (CO) Osage
McGowan, James: (CEN) 1893 NE State Census, MO Veterans, (MIL)

43th MO Infantry, Co. F, (RES) Surprise, NE
McGrane, Margaret E.: (A) 21Y, (BP) MO, (B) 1899, (Race) White, (CEN) 1920 Census, Los Angeles, Los Angeles Co., CA
McGrath, John: (DI) June. 3, 1891, (A) 35Y, (B) 1856, (BP) Ireland, (CO) St. Louis
McGums, Calwin: (CEN) 1893 NE State Census, MO Veterans, (MIL) 11th MO Cavalry, Co. B, (RES) Blue Springs, NE
McGurn, Patrick: (DI) Apr. 6, 1896, (A) 28Y, (B) 1868, (BP) Ireland, (CO) St. Louis
McGurn, V. N.: (A) 21Y, (BP) MO, (B) 1899, (Race) White, (CEN) 1920 Census, Vallejo, Solano Co., CA
McHaffie, James K.: (ID) Mar. 30, 1882, (L) Springfield, (AN) MO5760.049, (CO) Taney
McHaffie, James K.: (ID) Apr. 9, 1892, (L) Springfield, (AN) MO5790.133, (CO) Taney
McHaffie, James K.: (ID) Jul. 24, 1888, (L) Springfield, (AN) MO5780.175, (CO) Taney
McHenry, Gladys: (A) 21Y, (BP) MO, (B) 1899, (Race) White, (CEN) 1920 Census, Los Angeles, Los Angeles Co., CA
McHolland, Joseph D.: (A) 21Y, (BP) MO, (B) 1899, (Race) White, (CEN) 1920 Census, San Diego, San Diego Co., CA
McIntosh, Abner T.: (ID) Mar. 13, 1895, (L) Springfield, (AN) MO6000.385, (CO) Taney
McIntyre, Alexander: (OC) Blacksmith, (RES) Kansas City, MO, (CMTS) City Directory Kansas City, MO, 1899
McKeeman, Samuel J.: (ID) Mar. 5, 1896, (L) Springfield, (AN) MO5790.472, (CO) Taney
McKeeman, Samuel J.: (ID) Jul. 9, 1895, (L) Springfield, (AN) MO6000.495, (CO) Taney
McKelvey, Lillian: (B) Jun. 21, 1899, (D) Feb. 1, 1996, (RES) Lebanon, MO, (CO) Laclede
McKenney, Martha: (A) 21Y, (BP) MO, (B) 1899, (Race) White, (CEN) 1920 Census, San Diego, San Diego Co., CA
McKim, Ward: (A) 21Y, (BP) MO, (B) 1899, (Race) White, (CEN) 1920 Census, Tranquility, Fresno Co., CA
McKim, William: (A) 21Y, (BP) MO, (B) 1899, (Race) White, (CEN) 1920 Census, Downey, Los Angeles Co., CA
McKinney, Benjamin F.: (ID) Jan. 20, 1881, (L) Springfield, (AN) MO5890.019, (CO) Taney
McKnight, Phyllis: (A) 21Y, (BP) MO, (B) 1899, (Race) White, (CEN) 1920 Census, Vacaville, Solano Co., CA
McKnight, W. T.: (CEN) 1893 NE State Census, MO Veterans, (MIL) 11th MO Infantry, Co. D, (RES) Grafton, NE
McKune, J. F.: (CMTS) 1899 Tax List, Crawford Twp., Faucett, (CO) Buchanan
McLarkey, Thomas: (DI) Apr. 6, 1896, (A) 29Y, (B) 1867, (BP) England,

(CO) St. Louis
McLaughlin, Andrew: (ID) Dec. 18, 1897, (L) St. Louis, (AN)
MO1150.247, (CO) Osage
McLaughlin, James: (ID) Feb. 9, 1898, (L) St. Louis, (AN) MO1150.254,
(CO) Osage
McLaughlin, John: (ID) Jul. 6, 1896, (L) Booneville, (AN) MO3430.194,
(CO) Osage
McLendon, Jay A.: (A) 21Y, (BP) MO, (B) 1899, (Race) White, (CEN)
1920 Census, Los Angeles, Los Angeles Co., CA
McLeod, James Harvey: (DI) Sep. 21, 1895, (A) 26Y, (B) 1869, (BP)
Canada, (CO) St. Louis
McLivuanne, Charles: (A) 21Y, (BP) MO, (B) 1899, (Race) White, (CEN)
1920 Census, Cahuenga, Los Angeles Co., CA
McMahon, Thomas: (DI) Apr. 6, 1896, (A) 35Y, (B) 1861, (BP) Ireland,
(CO) St. Louis
McManaman, Joseph W.: (ID) Apr. 3, 1896, (L) Springfield, (AN)
MO6010.401, (CO) Laclede
McManus, Jeff D.: (ID) Mar. 17, 1892, (L) Springfield, (AN)
MO5970.091, (CO) Taney
McMenus, Joseph: (ID) May 15, 1884, (L) Springfield, (AN)
MO5760.403, (CO) Laclede
McMillian, William J.: (ID) Jul. 27, 1897, (L) Springfield, (AN)
MO6020.414, (CO) Taney
McNally, Lawrence: (DI) Dec. 1, 1890, (A) 26Y, (B) 1864, (BP) Ireland,
(CO) St. Louis
McNamara, Grace: (A) 21Y, (BP) MO, (B) 1899, (Race) White, (CEN)
1920 Census, Los Angeles, Los Angeles Co., CA
McNamara, James: (DI) Apr. 4, 1896, (A) 28Y, (B) 1868, (BP) Ireland,
(CO) St. Louis
McNamara, Patrick: (DI) Apr. 3, 1896, (A) 21Y, (B) 1875, (BP) Ireland,
(CO) St. Louis
McNarnare, George: (A) 21Y, (BP) MO, (B) 1899, (Race) White, (CEN)
1920 Census, Fresno, Fresno Co., CA
McNaughton, Lester J.: (OC) Blacksmith, (RES) Kansas City, MO,
(CMTS) City Directory Kansas City, MO, 1899
McNeil, Alexander: (ID) Jan. 30, 1889, (L) Springfield, (AN)
MO5910.458, (CO) Laclede
McNicholas, John: (DI) Apr. 3, 1896, (A) 32Y, (B) 1864, (BP) Ireland,
(CO) St. Louis
McPherson, Elijah: (ID) Apr. 20, 1885, (L) Springfield, (AN)
MO5770.034, (CO) Taney
McQueen, J. L.: (CMTS) 1899 Tax List, Crawford Twp. DeKalb,
(CO) Buchanan
McRae, A. L.: (OC) Coach University of Missouri, 1890
McShane, H.: (CEN) 1893 NE State Census, MO Veterans, (MIL) 14th
MO Infantry, Co. K, (RES) Lincoln, NE

McVay, James: (OC) Blacksmith, (RES) Kansas City, MO, (CMTS) City Directory Kansas City, MO, 1899

McVey, Joseph: (ID) Jan. 7, 1885, (L) Springfield, (AN) MO5900.063, (CO) Taney

McVey, Thomas C.: (ID) Sep. 5, 1895, (L) Springfield, (AN) MO6010.131, (CO) Taney

McWhirter, Jefferson Y.: (MD) Apr. 17, 1881, (Spouse) Emily A. Wallace, (CO) Laclede

McWhirter, Mary A.: (ID) Jan. 20, 1881, (L) Springfield, (AN) MO5890.008, (CO) Laclede

McWhirter, William C.: (ID) Jan. 20, 1881, (L) Springfield, (AN) MO5890.008, (CO) Laclede

Mead, Ezekiel: (ID) May 17, 1896, (L) Warsaw, (AN) MO2120.240, (CO) Hickory

Meador, Madge: (A) 21Y, (BP) MO, (B) 1899, (Race) White, (CEN) 1920 Census, Fresno, Fresno Co., CA

Meadows, Alexander: (ID) Mar. 10, 1886, (L) Springfield, (AN) MO5770.295, (CO) Taney

Meadows, Alley: (ID) May 16, 1898, (L) Springfield, (AN) MO6030.384, (CO) Taney

Meadows, Benjamin F.: (ID) Feb. 20, 1891, (L) Springfield, (AN) MO5940.262, (CO) Taney

Meadows, Christopher C.: (ID) Aug. 15, 1888, (L) Springfield, (AN) MO5910.345, (CO) Taney

Meads, Edward: (OC) Blacksmith, (RES) Kansas City, MO, (CMTS) City Directory Kansas City, MO, 1899

Meads, Riley: (B) Aug. 11, 1899, (D) Feb, 1978, (RES) Lebanon, MO, (CO) Laclede

Meads, William J.: (OC) Blacksmith, (RES) Kansas City, MO, (CMTS) City Directory Kansas City, MO, 1899

Meal, Edith M.: (A) 21Y, (BP) MO, (B) 1899, (Race) White, (CEN) 1920 Census, Oakland, Alameda Co., CA

Means, A. R.: (CMTS) 1899 Tax List, Crawford Twp., Faucett, (CO) Buchanan

Means, W. D.: (CMTS) 1899 Tax List, Crawford Twp., Faucett, (CO) Buchanan

Meegan, Patrick: (DI) Apr. 6, 1896, (A) 36Y, (B) 1860, (BP) Ireland, (CO) St. Louis

Meehan, John: (DI) Apr. 1, 1896, (A) 38Y, (B) 1858, (BP) Ireland, (CO) St. Louis

Meek, James: (CMTS) 1899 Tax List, Crawford Twp., Wallace, (CO) Buchanan

Meek, John: (CMTS) 1899 Tax List, Crawford Twp., Wallace, (CO) Buchanan

Meilert, Henry: (DI) Apr. 6, 1896, (A) 43Y, (B) 1853, (BP) Germany, (CO) St. Louis

Meinay, Mildred: (A) 21Y, (BP) MO, (B) 1899, (Race) White, (CEN) 1920 Census, Los Angeles, Los Angeles Co., CA

Meldon, Wesley O.: (B) 1898, (BP) MO, (CEN) 1920 Census, Lebanon, Laclede Co., MO

Meldrum, Detta: (B) Feb. 25, 1899, (D) Mar 13, 1995, (RES) Lebanon, MO, (CO) Laclede

Melony, Harry D.: (A) 21Y, (BP) MO, (B) 1899, (Race) White, (CEN) 1920 Census, Dinuba, Tulare Co., CA

Melton, Austin P.: (ID) Oct. 17, 1892, (L) Booneville, (AN) MO3420.005, (CO) Hickory

Melton, George W.: (ID) Jan. 18, 1894, (L) Springfield, (AN) MO5990.354, (CO) Laclede

Melton, James: (ID) Jul. 9, 1895, (L) Springfield, (AN) MO6010.034, (CO) Taney

Melton, Thomas B.: (B) Apr. 15, 1895, (BP) Bradleyville, (D) Sep. 29, 1918, (CO) Taney

Mendeka, Joseph: (DI) Apr. 6, 1896, (A) 55Y, (B) 1841, (BP) Germany, (CO) St. Louis

Mendes, John O.: (A) 21Y, (BP) MO, (B) 1899, (Race) White, (CEN) 1920 Census, Monterey, Monterey Co., CA

Menefee, DeWitt R.: (A) 21Y, (BP) MO, (B) 1899, (Race) White, (CEN) 1920 Census, Ventura, Ventura Co., CA

Mengersen, August: (DI) Dec. 1, 1890, (A) 35Y, (B) 1855, (BP) Germany, (CO) St. Louis

Menichini, Leonard J.: (A) 21Y, (BP) MO, (B) 1899, (Race) White, (CEN) 1920 Census, Township 6, Fresno Co., CA

Meranda, George: (ID) Nov. 3, 1891, (L) Springfield, (AN) MO5780.489, (CO) Taney

Meranda, George: (OC) Postmaster, Kirbyville, Dec. 19, 1893, (CO) Taney

Mercer, John S.: (ID) Apr. 2, 1891, (L) Springfield, (AN) MO5940.271, (CO) Taney

Merchant, Chloey: (ID) Dec. 26, 1891, (L) Booneville, (AN) MO3410.170, (CO) Osage

Meredith, Abram: (ID) Jul. 27, 1896, (L) Springfield, (AN) MO6010.506, (CO) Taney

Meredith, Frank: (OC) Blacksmith, (RES) Kansas City, MO, (CMTS) City Directory Kansas City, MO, 1899

Meredith, Matthias: (MD) Oct. 6, 1881, (Spouse) Mary A. Lucas, (CO) Laclede

Merideth, William: (ID) Jul. 9, 1895, (L) Springfield, (AN) MO6010.040, (CO) Taney

Mernagh, James: (DI) Apr. 6, 1896, (A) 29Y, (B) 1867, (BP) Ireland, (CO) St. Louis

Merrell, M. G.: (CEN) 1893 NE State Census, MO Veterans, (MIL) 3rd MO Cavalry, Co. B, (RES) Tekamah, NE

Merrell, Virous U.: (ID) Jun. 13, 1899, (L) Springfield, (AN) MO6060.320, (CO) Taney

Merrill, Edward E.: (OC) Blacksmith, (RES) Kansas City, MO, (CMTS) City Directory Kansas City, MO, 1899

Merrill, Nelson: (ID) Sep. 5, 1890, (L) Springfield, (AN) MO5930.397, (CO) Taney

Merrion, Paul L.: (A) 21Y, (BP) MO, (B) 1899, (Race) White, (CEN) 1920 Census, Oakland, Alameda Co., CA

Merritt, Thomas F.: (ID) Apr. 18, 1891, (L) Springfield, (AN) MO5940.342, (CO) Taney

Messenger, A. J.: (OC) Blacksmith, (RES) Kansas City, MO, (CMTS) City Directory Kansas City, MO, 1899

Metcalf, Hiram L.: (ID) Apr. 2, 1897, (L) Springfield, (AN) MO6020.311, (CO) Taney

Metcalf, John A.: (ID) May 22, 1896, (L) Springfield, (AN) MO6010.430, (CO) Taney

Metcalf, John C.: (ID) Aug. 24, 1897, (L) Springfield, (AN) MO6020.450, (CO) Taney

Meyer, George W.: (ID) Feb. 18, 1898, (L) Springfield, (AN) MO1150.259, (CO) Taney

Meyer, George W.: (ID) Oct. 23, 1895, (L) Springfield, (AN) MO6010.193, (CO) Taney

Michel, Berchthold J.: (ID) Aug. 24, 1897, (L) Springfield, (AN) MO6020.433, (CO) Taney

Middleton, John J.: (ID) May 25, 1883, (L) Springfield, (AN) MO5760.278, (CO) Taney

Middleton, John J.: (ID) Oct. 21, 1886, (L) Springfield, (AN) MO5770.483, (CO) Taney

Middleton, William J.: (ID) Jun. 11, 1895, (L) Springfield, (AN) MO6000.451, (CO) Taney

Middleton, John H.: (OC) Postmaster, Kirbyville, Oct. 3, 1881, (CO) Taney

Middleton, William J.: (OC) Postmaster, Kirbyville, Dec. 8, 1897, (CO) Taney

Middleton, William M.: (OC) Postmaster, Kirbyville, Aug. 29, 1899, (CO) Taney

Midkiff, Claude: (A) 21Y, (BP) MO, (B) 1899, (Race) White, (CEN) 1920 Census, Glendora, Los Angeles Co., CA

Mieler, Frank: (ID) Dec. 22, 1890, (L) Booneville, (AN) MO3300.135, (CO) Hickory

Milbourn, Harrison: (ID) Jan. 12, 1895, (L) Springfield, (AN) MO6000.240, (CO) Taney

Milbourn, Harrison: (ID) Sep. 5, 1890, (L) Springfield, (AN) MO5930.485, (CO) Taney

Miles, William H.: (ID) Jul. 17, 1890, (L) Springfield, (AN) MO5930.195, (CO) Taney

Miller, Abbigill: (ID) Apr. 6, 1898, (L) Booneville, (AN) MO6030.277, (CO) Laclede
Miller, Benjamin: (B) 1891, (D) 1910, (CO) Ray, (C) Crowley Cemetery
Miller, Charlotte E.: (A) 21Y, (BP) MO, (B) 1899, (Race) White, (CEN) 1920 Census, Oakland, Alameda Co., CA
Miller, Clark A.: (ID) Aug. 24, 1897, (L) Booneville, (AN) MO3430.448, (CO) Hickory
Miller, Eva L.: (A) 21Y, (BP) MO, (B) 1899, (Race) White, (CEN) 1920 Census, Los Angeles, Los Angeles Co., CA
Miller, Fred: (A) 21Y, (BP) MO, (B) 1899, (Race) White, (CEN) 1920 Census, San Francisco, San Francisco Co., CA
Miller, George: (OC) Blacksmith, (RES) Kansas City, MO, (CMTS) City Directory Kansas City, MO, 1899
Miller, George P.: (ID) Aug. 23, 1893, (L) Booneville, (AN) MO3420.183, (CO) Hickory
Miller, Henry: (CEN) 1893 NE State Census, MO Veterans, (MIL) 15th MO Infantry, Co. F, (RES) Wahoo, NE
Miller, Henry: (ID) Mar. 20, 1886, (L) Springfield, (AN) MO5900.296, (CO) Laclede
Miller, Henry: (MD) Mar. 31, 1881, (Spouse) Sarah S. Lewis, (CO) Laclede
Miller, Jesse H.: (ID) Nov. 5, 1897, (L) Booneville, (AN) MO3430.465, (CO) Hickory
Miller, John T.: (CMTS) 1899 Tax List, Crawford Twp., Faucett, (CO) Buchanan
Miller, Lewis M.: (ID) Dec. 17, 1898, (L) Booneville, (AN) MO1150.372, (CO) Hickory
Miller, Lorraine: (A) 21Y, (BP) MO, (B) 1899, (Race) White, (CEN) 1920 Census, Long Beach, Los Angeles Co., CA
Miller, Onan: (CMTS) 1899 Tax List, Crawford Twp., Faucett, (CO) Buchanan
Miller, Pearl H.: (A) 21Y, (BP) MO, (B) 1899, (Race) White, (CEN) 1920 Census, Glendale, Los Angeles Co., CA
Miller, Phillip L.: (CMTS) 1899 Tax List, Crawford Twp., Dearborn, (CO) Buchanan
Miller, Samuel G.: (A) 21Y, (BP) MO, (B) 1899, (Race) White, (CEN) 1920 Census, Stockton, San Joaquin Co., CA
Miller, William D.: (ID) Apr. 6, 1898, (L) Booneville, (AN) MO6030.276, (CO) Laclede
Miller, William H.: (ID) Aug. 8, 1892, (L) Springfield, (AN) MO5970.375, (CO) Taney
Miller, William R.: (ID) Aug. 27, 1898, (L) Booneville, (AN) MO6040.183, (CO) Hickory
Millikan, William H.: (ID) Apr. 15, 1885, (L) Booneville, (AN) MO3290.343, (CO) Hickory
Mills, Columbus: (A) 21Y, (BP) MO, (B) 1899, (Race) White, (CEN)

1920 Census, Vacaville, Solano Co., CA
Mills, Isaac T.: (OC) Blacksmith, (RES) Kansas City, MO, (CMTS) City Directory Kansas City, MO, 1899
Mills, Oval: (A) 21Y, (BP) MO, (B) 1899, (Race) White, (CEN) 1920 Census, Springville, Tulare Co., CA
Minkler, Horace H.: (ID) Mar. 13, 1893, (L) Springfield, (AN) MO5990.035, (CO) Laclede
Minson, Comodory P.: (ID) Jul. 17, 1890, (L) Springfield, (AN) MO5930.274, (CO) Laclede
Minton, Fred: (A) 21Y, (BP) MO, (B) 1899, (Race) White, (CEN) 1920 Census, Township 19, Kern Co., CA
Minton, John R.: (ID) May 6, 1896, (L) Booneville, (AN) MO3310.009, (CO) Holt
Mints, Aden M.: (ID) Jun. 15, 1896, (L) Springfield, (AN) MO5790.500, (CO) Taney
Minzes, Ewing S.: (ID) Jun. 20, 1882, (L) Springfield, (AN) MO5890.199, (CO) Laclede
Mirtley, Thomas P.: (ID) Feb. 20, 1891, (L) Springfield, (AN) MO5940.232, (CO) Laclede
Mitchel, Thomas J.: (ID) Nov. 25, 1885, (L) Springfield, (AN) MO5770.238, (CO) Taney
Mitchell, Emma May: (A) 21Y, (BP) MO, (B) 1899, (Race) White, (CEN) 1920 Census, Los Angeles, Los Angeles Co., CA
Mitchell, G. W. L.: (CEN) 1893 NE State Census, MO Veterans, (MIL) 2nd MO Artillery, Co. L, (RES) Arlington, NE
Mitchell, Nelson J.: (ID) Aug. 10, 1888, (L) Booneville, (AN) MO3390.461, (CO) Hickory
Mitchell, Robert B.: (OC) Blacksmith, (RES) Kansas City, MO, (CMTS) City Directory Kansas City, MO, 1899
Mitchell, Samuel L.: (ID) Dec. 26, 1891, (L) Booneville, (AN) MO3410.164, (CO) Hickory
Mizer, Erven: (B) 1898, (BP) MO, (CEN) 1920 Census, Eldridge, Laclede Co., MO
Mizer, George R.: (ID) Dec. 20, 1881, (L) Springfield, (AN) MO5890.121, (CO) Laclede
Mizer, Hartwell: (ID) Jan. 4, 1896, (L) Warsaw, (AN) MO2120.196, (CO) Laclede
Mizer, Ward: (B) Apr. 3, 1899, (D) Sep, 1970, (RES) Lebanon, MO, (CO) Laclede
Mizer, William H.: (ID) Sep. 14, 1896, (L) Springfield, (AN) MO6020.006, (CO) Laclede
Moffat, William P.: (ID) Mar. 7, 1892, (L) Springfield, (AN) MO5960.496, (CO) Laclede
Moling, August: (CEN) 1893 NE State Census, MO Veterans, (MIL) 4th MO Infantry, Co. H, (RES) Jansen, NE
Monroe, Alpheus B.: (ID) Aug. 14, 1899, (L) Booneville, (AN)

MO6060.358, (CO) Hickory
Montfort, Francis M.: (ID) Jan. 20, 1881, (L) Springfield, (AN) MO5890.035, (CO) Taney
Montgomery, A. J.: (CMTS) 1899 Tax List, Crawford Twp., Halleck, (CO) Buchanan
Montgomery, Eva: (B) 1898, (BP) MO, (CEN) 1920 Census, Conway, Laclede Co., MO
Montgomery, George: (CMTS) 1899 Tax List, Crawford Twp. DeKalb, (CO) Buchanan
Montgomery, Henry: (ID) Feb. 17, 1890, (L) Springfield, (AN) MO5920.282, (CO) Laclede
Montgomery, Hershel: (B) 1898, (BP) MO, (CEN) 1920 Census, Union, Laclede Co., MO
Montgomery, Jefferson: (ID) Jul. 27, 1897, (L) Springfield, (AN) MO5800.146, (CO) Laclede
Montgomery, Levi: (ID) Oct. 26, 1892, (L) Springfield, (AN) MO5980.108, (CO) Taney
Montgomery, Louis: (CMTS) 1899 Tax List, Crawford Twp., Wallace, (CO) Buchanan
Montgomery, William H.: (CMTS) 1899 Tax List, Crawford Twp., Dearborn, (CO) Buchanan
Montgomery, William M.: (ID) May 10, 1898, (L) Springfield, (AN) MO6030.382, (CO) Taney
Moon, Daniel P.: (ID) Oct. 21, 1891, (L) Springfield, (AN) MO5950.216, (CO) Taney
Moon, Leroy: (A) 21Y, (BP) MO, (B) 1899, (Race) White, (CEN) 1920 Census, Pomona, Los Angeles Co., CA
Moon, Richard C.: (ID) Feb. 6, 1892, (L) Springfield, (AN) MO5960.050, (CO) Taney
Moore, Mrs. A. A.: (CMTS) 1899 Tax List, Crawford Twp., Wallace, (CO) Buchanan
Moore, Alvin: (ID) Dec. 3, 1892, (L) Springfield, (AN) MO5980.272, (CO) Taney
Moore, Charles M.. (A) 21Y, (BP) MO, (B) 1899, (Race) White, (CEN) 1920 Census, San Francisco, San Francisco Co., CA
Moore, D. N.: (CEN) 1893 NE State Census, MO Veterans, (MIL) 1st Engineers, Co. K, (RES) Powell, NE
Moore, Francis M.: (ID) Jan. 25, 1896, (L) Booneville, (AN) MO3430.118, (CO) Laclede
Moore, George E.: (CMTS) 1899 Tax List, Crawford Twp., Faucett, (CO) Buchanan
Moore, George W.: (ID) Mar. 13, 1893, (L) Springfield, (AN) MO5990.055, (CO) Taney
Moore, Isaac: (ID) May 28, 1889, (L) Springfield, (AN) MO5780.272, (CO) Taney
Moore, Jacob T.: (ID) Mar. 18, 1897, (L) Springfield, (AN)

MO5800.114, (CO) Taney
Moore, Jacob T.: (ID) Jul. 17, 1890, (L) Springfield, (AN) MO5930.092, (CO) Taney
Moore, James A.: (ID) Feb. 17, 1890, (L) Springfield, (AN) MO5920.404, (CO) Laclede
Moore, Maude F.: (A) 21Y, (BP) MO, (B) 1899, (Race) White, (CEN) 1920 Census, Los Angeles, Los Angeles Co., CA
Moore, T. B.: (CEN) 1893 NE State Census, MO Veterans, (MIL) 14th MO Infantry, Co. H, (RES) Union, NE
Moore, Thomas D.: (ID) Apr. 9, 1892, (L) Springfield, (AN) MO5790.084, (CO) Taney
Moore, Thomas D.: (ID) Oct. 31, 1892, (L) Springfield, (AN) MO5980.121, (CO) Taney
Moore, W. H.: (CMTS) 1899 Tax List, Crawford Twp., Faucett, (CO) Buchanan
Moore, William: (B) Oct. 9, 1899, (D) Jun, 1978, (RES) Lebanon, MO, (CO) Laclede
Moore, William R.: (ID) Apr. 9, 1892, (L) Springfield, (AN) MO5790.093, (CO) Taney
Moore, William W.: (ID) May 15, 1884, (L) Springfield, (AN) MO5760.361, (CO) Taney
Moore, William W.: (ID) Aug. 15, 1888, (L) Springfield, (AN) MO5910.388, (CO) Taney
Moore, Wm. E. V. B.: (CEN) 1893 NE State Census, MO Veterans, (MIL) 18th MO Infantry, Co. E, (RES) Odessa, NE
Moore, Zachariah P.: (ID) Mar. 13, 1895, (L) Springfield, (AN) MO6000.415, (CO) Taney
Mooter, Bessie: (A) 21Y, (BP) MO, (B) 1899, (Race) White, (CEN) 1920 Census, San Francisco, San Francisco Co., CA
Mooter, John: (A) 21Y, (BP) MO, (B) 1899, (Race) White, (CEN) 1920 Census, Fresno, Fresno Co., CA
Moran, W.: (OC) Blacksmith, (RES) Kansas City, MO, (CMTS) City Directory Kansas City, MO, 1899
Mordycke, Frank: (A) 21Y, (BP) MO, (B) 1899, (Race) White, (CEN) 1920 Census, Los Angeles, Los Angeles Co., CA
More, J.O.: (DI) Dec. 28, 1899, (A) 31Y, (B) 1868, (BP) Canada, (CO) St. Louis
Morehouse, Andrew J.: (ID) Nov. 10, 1882, (L) Springfield, (AN) MO5760.186, (CO) Laclede
Morehouse, George W.: (ID) Jun. 11, 1895, (L) Springfield, (AN) MO6000.439, (CO) Laclede
Morelock, J. K.: (ID) Dec. 9, 1893, (L) Booneville, (AN) MO3300.391, (CO) Adair
Morelock, Samuel: (ID) Dec. 20, 1881, (L) Springfield, (AN) MO5890.120, (CO) Laclede
Morgan, Earl B.: (A) 21Y, (BP) MO, (B) 1899, (Race) White, (CEN) 1920

Census, Bakersfield, Kern Co., CA
Morgan, George W.: (ID) Mar. 13, 1895, (L) Springfield, (AN) MO6000.387, (CO) Taney
Morgan, John F.: (ID) Nov. 12, 1894, (L) Springfield, (AN) MO6000.027, (CO) Taney
Morgan, John H.: (ID) Sep. 26, 1889, (L) Booneville, (AN) MO3300.087, (CO) Hickory
Morgan, John S.: (CEN) 1893 NE State Census, MO Veterans, (MIL) 43rd MO Infantry, Co. I, (RES) Wilsonville, NE
Morgan, Susan: (ID) Jul. 11, 1892, (L) Springfield, (AN) MO5970.369, (CO) Taney
Moriarity, Michael J.: (DI) Apr. 6, 1896, (A) 26Y, (B) 1870, (BP) Ireland, (CO) St. Louis
Morley, John: (DI) Apr. 1, 1896, (A) 32Y, (B) 1864, (BP) Ireland, (CO) St. Louis
Morley, Patrick: (DI) Apr. 1, 1896, (A) 35Y, (B) 1861, (BP) Ireland, (CO) St. Louis
Morr, Allie M.: (A) 21Y, (BP) MO, (B) 1899, (Race) White, (CEN) 1920 Census, Belvidere, Los Angeles Co., CA
Morre, Don: (A) 21Y, (BP) MO, (B) 1899, (Race) White, (CEN) 1920 Census, Vallejo, Solano Co., CA
Morris, Andrew J.: (ID) May 22, 1896, (L) Springfield, (AN) MO6010.436, (CO) Laclede
Morris, Clarence H.: (A) 21Y, (BP) MO, (B) 1899, (Race) White, (CEN) 1920 Census, Pasadena, Los Angeles Co., CA
Morris, F. S.: (CEN) 1893 NE State Census, MO Veterans, (MIL) 3rd MO Cavalry, Co. A, (RES) Sargent, NE
Morris, Mary J.: (ID) Oct. 21, 1891, (L) Springfield, (AN) MO5950.136, (CO) Laclede
Morris, Reuben R.: (ID) Apr. 3, 1896, (L) Springfield, (AN) MO6010.376, (CO) Laclede
Morris, Wallace W.: (OC) Blacksmith, (RES) Kansas City, MO, (CMTS) City Directory Kansas City, MO, 1899
Morron, Marie: (A) 21Y, (BP) MO, (B) 1899, (Race) White, (CEN) 1920 Census, Fresno, Fresno Co., CA
Morrow, Almon: (A) 21Y, (BP) MO, (B) 1899, (Race) White, (CEN) 1920 Census, Selma, Fresno Co., CA
Morrow, James P.: (ID) Apr. 1, 1892, (L) Springfield, (AN) MO5970.178, (CO) Taney
Morrow, Robert: (DI) Apr. 24, 1891, (A) 24Y, (B) 1867, (BP) Ireland, (CO) St. Louis
Morrow, William L.: (ID) Aug. 15, 1898, (L) Booneville, (AN) MO1150.341, (CO) Osage
Morse, Woolson: (Song) *Madam Piper March*, (PUB) Charles I. Wynne & Co., St. Louis, 1884
Morton, David H.: (CEN) 1893 NE State Census, MO Veterans, (MIL)

5th MO Cavalry, Co. B, (RES) Nemaha, NE
Mosby, Martha: (B) 1819, (D) 1888, (CO) Ray, (C) Crowley Cemetery
Moscicky, Stanislau: (DI) Apr. 4, 1896, (A) 30Y, (B) 1866, (BP) Poland, (CO) St. Louis
Moseley, John: (ID) Jun. 26, 1890, (L) Springfield, (AN) MO5780.358, (CO) Taney
Moseley, John: (ID) Sep. 10, 1883, (L) Springfield, (AN) MO5760.314, (CO) Taney
Moseley, John: (ID) Oct. 21, 1891, (L) Springfield, (AN) MO5950.116, (CO) Taney
Moseley, John: (ID) Nov. 13, 1885, (L) Springfield, (AN) MO5770.221, (CO) Taney
Moseley, John: (OC) Postmaster, Haworth, Dec. 16, 1887, (CO) Taney
Moseley, James T.: (OC) Postmaster, Hilda, Nov. 20, 1896, (CO) Taney
Moser, Anton: (DI) Oct. 1, 1894, (A) 29Y, (B) 1865, (BP) Switzerland, (CO) St. Louis
Moser, John: (MD) Apr. 3, 1881, (Spouse) Emily J. May, (CO) Laclede
Moser, Robert: (OC) Blacksmith, (RES) Kansas City, MO, (CMTS) City Directory Kansas City, MO, 1899
Moss, David: (CMTS) 1899 Tax List, Crawford Twp., Halleck, (CO) Buchanan
Moss, William J.: (ID) Dec. 26, 1891, (L) Booneville, (AN) MO3410.263, (CO) Laclede
Moszkowski, M.: (Song) *Mazurka*, (PUB) Kunkel Bros., St. Louis, 1885
Mott, Henry: (OC) Blacksmith, (RES) Kansas City, MO, (CMTS) City Directory Kansas City
Motter, Roy C.: (A) 21Y, (BP) MO, (B) 1899, (Race) White, (CEN) 1920 Census, Brentwood, Contra Costa Co., CA
Moyer, Benjamin F.: (OC) Blacksmith, (RES) Kansas City, MO, (CMTS) City Directory Kansas City, MO, 1899
Moyer, Jacob M.: (OC) Blacksmith, (RES) Kansas City, MO, (CMTS) City Directory Kansas City, MO, 1899
Moyle, Henry: (ID) Apr. 20, 1885, (L) Springfield, (AN) MO5770.039, (CO) Taney
Mrockowski, Adolph: (DI) Apr. 4, 1896, (A) 32Y, (B) 1864, (BP) Poland, (CO) St. Louis
Mueller, Frederick G. W.: (DI) Jan. 4, 1892, (A) 51Y, (B) 1841, (BP) Germany, (CO) St. Louis
Muff, O W.: (A) 21Y, (BP) MO, (B) 1899, (Race) White, (CEN) 1920 Census, Los Angeles, Los Angeles Co., CA
Mulanax, Alfred C.: (ID) Dec. 3, 1892, (L) Springfield, (AN) MO5980.297, (CO) Taney
Mullicane, Jeptha M.: (ID) Dec. 12, 1898, (L) Booneville, (AN) MO6040.345, (CO) Laclede
Mullin, John: (OC) Blacksmith, (RES) Kansas City, MO, (CMTS) City Directory Kansas City, MO, 1899

Mullins, Leroy: (ID) Sep. 25, 1896, (L) Booneville, (AN) MO3430.252, (CO) Hickory

Munholland, Barnabas: (ID) Mar. 7, 1892, (L) Springfield, (AN) MO5960.482, (CO) Laclede

Munns, B. P.: (CEN) 1893 NE State Census, MO Veterans, (MIL) 7th MO Infantry, Co. G, (RES) David City, NE

Muns, Joseph A.: (ID) Apr. 1, 1892, (L) Springfield, (AN) MO5970.193, (CO) Taney

Murphey, Loretta: (A) 21Y, (BP) MO, (B) 1899, (Race) White, (CEN) 1920 Census, Los Angeles, Los Angeles Co., CA

Murphy, Alexander: (ID) Sep. 2, 1882, (L) Booneville, (AN) MO3380.339, (CO) Hickory

Murphy, Dennis: (DI) Apr. 4, 1896, (A) 23Y, (B) 1873, (BP) Ireland, (CO) St. Louis

Murphy, Frank: (ID) Jun. 7, 1889, (L) Booneville, (AN) MO3400.082, (CO) Hickory

Murphy, J. H.: (CMTS) 1899 Tax List, Crawford Twp., Halleck, (CO) Buchanan

Murphy, James: (OC) Blacksmith, (RES) Kansas City, MO, (CMTS) City Directory Kansas City, MO, 1899

Murphy, John J.: (DI) Apr. 1, 1896, (A) 32Y, (B) 1864, (BP) Ireland, (CO) St. Louis

Murphy, John M.: (DI) Apr. 3, 1896, (A) 56Y, (B) 1840, (BP) Ireland, (CO) St. Louis

Murphy, John T.: (CMTS) 1899 Tax List, Crawford Twp., Halleck, (CO) Buchanan

Murphy, Thos. J.: (CMTS) 1899 Tax List, Crawford Twp., Wallace, (CO) Buchanan

Murphy, William: (CMTS) 1899 Tax List, Crawford Twp., Wallace, (CO) Buchanan

Murphy, Wm.: (CEN) 1893 NE State Census, MO Veterans, (MIL) 2nd MO Infantry, Co. A, (RES) Lebanon, NE

Murray, Simon: (DI) Apr. 1, 1896, (A) 44Y, (B) 1852, (BP) Ireland, (CO) St. Louis

Murrell, Jabez: (ID) Jul. 31, 1894, (L) Springfield, (AN) MO5790.366, (CO) Laclede

Murrell, John: (MD) Dec. 25, 1881, (Spouse) Nancy J. Collett, (CO) Laclede

Murrell, William T.: (ID) May 15, 1884, (L) Springfield, (AN) MO5760.355, (CO) Laclede

Mushral, James W.: (A) 21Y, (BP) MO, (B) 1899, (Race) White, (CEN) 1920 Census, Sacramento, Sacramento Co., CA

Myers, Christopher C.: (ID) Jan. 20, 1881, (L) Booneville, (AN) MO3380.116, (CO) Hickory

Myers, Ethel: (B) Aug. 29, 1899, (D) Dec, 1975, (RES) Lebanon, MO, (CO) Laclede

Myers, George W.: (ID) Jul. 10, 1883, (L) Springfield, (AN) MO5890.438, (CO) Taney
Myers, James W.: (OC) Blacksmith, (RES) Kansas City, MO, (CMTS) City Directory Kansas City, MO, 1899
Myers, Sally A.: (ID) Jul. 10, 1883, (L) Springfield, (AN) MO5890.438, (CO) Taney
Nagel, John H.: (ID) Mar. 7, 1892, (L) Springfield, (AN) MO5960.186, (CO) Taney
Nagel, Louis: (ID) Oct. 26, 1892, (L) Springfield, (AN) MO5980.093, (CO) Taney
Nalley, Joseph A.: (ID) Nov. 30, 1894, (L) Springfield, (AN) MO6000.114, (CO) Taney
Nance, John: (ID) Apr. 25, 1898, (L) Springfield, (AN) MO1150.289, (CO) Taney
Nance, John: (ID) Jun. 26, 1890, (L) Springfield, (AN) MO5780.325, (CO) Taney
Nance, John: (ID) Jun. 26, 1890, (L) Springfield, (AN) MO5780.376, (CO) Taney
Nance, John C.: (ID) May 15, 1884, (L) Springfield, (AN) MO5760.359, (CO) Taney
Nance, John C.: (ID) Sep. 5, 1895, (L) Springfield, (AN) MO5790.458, (CO) Taney
Nance, Jesse: (OC) Postmaster, Nance, Jun. 20, 1899, (CO) Taney
Natoli, Gaetano: (DI) Feb. 11, 1891, (A) 29Y, (B) 1862, (BP) Italy, (CO) St. Louis
Nealis, John: (DI) Apr. 1, 1896, (A) 29Y, (B) 1867, (BP) Ireland, (CO) St. Louis
Neary, Bryan: (DI) Apr. 1, 1896, (A) 30Y, (B) 1866, (BP) Ireland, (CO) St. Louis
Nehemias, Martin: (DI) Aug. 25, 1892, (A) 39Y, (B) 1853, (BP) Germany, (CO) St. Louis
Neil, Geo. W.: (CEN) 1893 NE State Census, MO Veterans, (MIL) 5th MO Cavalry, Co. D, (RES) Nemaha, NE
Nekula, John: (DI) Feb. 16, 1897, (A) 26Y, (B) 1871, (BP) Moravia, (CO) St. Louis
Nelson, Aron W.: (ID) Feb. 26, 1891, (L) Booneville, (AN) MO3410.029, (CO) Hickory
Nelson, Douglas: (A) 21Y, (BP) MO, (B) 1899, (Race) White, (CEN) 1920 Census, McKittrick, Kern Co., CA
Nelson, Geo. W.: (CEN) 1893 NE State Census, MO Veterans, (MIL) 1st MO Cavalry, Co. E, (RES) David City, NE
Nelson, Jasper N.: (ID) Dec. 26, 1891, (L) Booneville, (AN) MO3410.259, (CO) Hickory
Nelson, Thomas: (OC) Blacksmith, (RES) Kansas City, MO, (CMTS) City Directory Kansas City, MO, 1899
Nelson, William T.: (ID) Jun. 13, 1899, (L) Springfield, (AN)

MO6060.281, (CO) Laclede
Neuman, Harry J.: (OC) Blacksmith, (RES) Kansas City, MO, (CMTS) City Directory Kansas City, MO, 1899
Neumister, Gottleib: (CEN) 1893 NE State Census, MO Veterans, (MIL) 14th MO Infantry, Co. B, (RES) Avoca, NE
Nevada, Hattie: (Song) *Summertime in Dixie*, (IL) P. S. McCarty, (PUB) Kansas City Talking Machine Co., Kansas City, 1899
Nevins, John: (OC) Blacksmith, (RES) Kansas City, MO, (CMTS) City Directory Kansas City, MO, 1899
Newberry, Edward B.: (A) 21Y, (BP) MO, (B) 1899, (Race) White, (CEN) 1920 Census, Los Angeles, Los Angeles Co., CA
Newton, Hoyt: (A) 21Y, (BP) MO, (B) 1899, (Race) White, (CEN) 1920 Census, Port Costa, Contra Costa Co., CA
Nichaus, John: (OC) Blacksmith, (RES) Kansas City, MO, (CMTS) City Directory Kansas City, MO, 1899
Nichols, Delberto: (A) 21Y, (BP) MO, (B) 1899, (Race) White, (CEN) 1920 Census, Los Angeles, Los Angeles Co., CA
Nickelson, Gottlieb W.: (A) 21Y, (BP) MO, (B) 1899, (Race) White, (CEN) 1920 Census, San Francisco, San Francisco Co., CA
Nidle, William H.: (ID) May 4, 1892, (L) Springfield, (AN) MO5970.312, (CO) Taney
Nidle, William H.: (ID) Jun. 26, 1890, (L) Springfield, (AN) MO5780.369, (CO) Taney
Nidy, George: (CMTS) 1899 Tax List, Crawford Twp., Faucett, (CO) Buchanan
Nidy, Oscar: (CMTS) 1899 Tax List, Crawford Twp., Faucett, (CO) Buchanan
Nies, Joseph: (DI) Jan. 4, 1892, (A) 36Y, (B) 1856, (BP) Germany, (CO) St. Louis
Nix, Stephen A.: (ID) Apr. 18, 1895, (L) Booneville, (AN) MO3420.486, (CO) Hickory
Noble, John D.: (CMTS) 1899 Tax List, Crawford Twp., Dearborn, (CO) Buchanan
Noble, Tully. (CMTS) 1899 Tax List, Crawford Twp., Dearborn, (CO) Buchanan
Nogalski, Martin: (DI) Apr. 6, 1896, (A) 49Y, (B) 1847, (BP) Poland, (CO) St. Louis
Nolan, James: (OC) Blacksmith, (RES) Kansas City, MO, (CMTS) City Directory Kansas City, MO, 1899
Noland, Gordon S.: (A) 21Y, (BP) MO, (B) 1899, (Race) White, (CEN) 1920 Census, Holtville, Imperial Co., CA
Nooter, John: (DI) Sep. 21, 1896, (A) 29Y, (B) 1867, (BP) Holland, (CO) St. Louis
Nordblom, Weltha: (A) 21Y, (BP) MO, (B) 1899, (Race) White, (CEN) 1920 Census, Vallejo, Solano Co., CA
Norman, George W.: (ID) Feb. 5, 1891, (L) Booneville, (AN)

MO3400.377, (CO) Hickory
Norris, J. W.: (CMTS) 1899 Tax List, Crawford Twp., Wallace, (CO) Buchanan
Norris, William: (ID) May 15, 1884, (L) Springfield, (AN) MO5760.339, (CO) Laclede
North, John T.: (ID) Jun. 1, 1887, (L) Booneville, (AN) MO3390.230, (CO) Hickory
North, Peter: (ID) Aug. 26, 1896, (L) St. Louis, (AN) MO1150.215, (CO) Osage
Northrip, John P.: (ID) Jan. 20, 1881, (L) Booneville, (AN) MO3380.127, (CO) Laclede
Northrip, Sarah: (ID) Jan. 20, 1881, (L) Booneville, (AN) MO3380.127, (CO) Laclede
Norton, Frank M.: (OC) Blacksmith, (RES) Kansas City, MO, (CMTS) City Directory Kansas City, MO, 1899
Notestine, George W.: (ID) Feb. 5, 1891, (L) Booneville, (AN) MO3400.417, (CO) Adair
Nowell, Nathaniel L.: (ID) Dec. 11, 1891, (L) Booneville, (AN) MO3300.210, (CO) Hickory
Nyberg, Ole: (ID) Dec. 29, 1887, (L) Booneville, (AN) MO3370.001, (CO) Hickory
Nyberg, Vincent: (B) Jun. 5, 1899, (D) Dec. 3, 1993, (RES) Lebanon, MO, (CO) Laclede
Nyburg, Charles W.: (MD) Apr. 4, 1881, (Spouse) Addie E. Hulse, (CO) Laclede
Oatman, B M.: (A) 21Y, (BP) MO, (B) 1899, (Race) White, (CEN) 1920 Census, Willows, Glenn Co., CA
Oberbeck, Herman H.: (ID) Nov. 15, 1892, (L) Springfield, (AN) MO5790.233, (CO) Laclede
Oberbeck, Herman H.: (ID) Sep. 15, 1892, (L) Springfield, (AN) MO5970.474, (CO) Laclede
O'Brien, Andrew E.: (A) 21Y, (BP) MO, (B) 1899, (Race) White, (CEN) 1920 Census, San Francisco, San Francisco Co., CA
O'Brien, Daniel: (ID) May 5, 1899, (L) Booneville, (AN) MO6060.123, (CO) Laclede
O'Brien, Fannie: (ID) May 5, 1899, (L) Booneville, (AN) MO6060.123, (CO) Laclede
O'Brien, John C.: (A) 21Y, (BP) MO, (B) 1899, (Race) White, (CEN) 1920 Census, Pasadena, Los Angeles Co., CA
O'Bryan, Caleb H.: (ID) Feb. 10, 1883, (L) Booneville, (AN) MO3380.403, (CO) Hickory
O'Bryan, Hamilton: (ID) Sep. 27, 1889, (L) Booneville, (AN) MO3400.148, (CO) Hickory
O'Connell, John: (DI) Apr. 6, 1896, (A) 29Y, (B) 1867, (BP) Ireland, (CO) St. Louis
O'Connell, Michael: (DI) Apr. 4, 1896, (A) 27Y, (B) 1869, (BP) Ireland,

(CO) St. Louis
O'Connell, Patrick: (DI) Apr. 3, 1896, (A) 40Y, (B) 1856, (BP) Ireland, (CO) St. Louis
O'Connell, Timothy: (ID) Jun. 30, 1884, (L) Booneville, (AN) MO3390.050, (CO) Laclede
O'Connor, John: (DI) Apr. 6, 1896, (A) 33Y, (B) 1863, (BP) Ireland, (CO) St. Louis
O'Connor, Morris: (OC) Blacksmith, (RES) Kansas City, MO, (CMTS) City Directory Kansas City, MO, 1899
Odell, Domer W.: (A) 21Y, (B) 1899, (BP) MO, (Race) White, (CEN) 1920 Census, Franklin, Laclede Co., MO
Odell, Robert: (B) Oct. 22, 1886, (D) Jan. 3, 1890, (PRTS) Solomon Odell and Artellia Haggard, (CO) Laclede
Odineal, Thomas A.: (ID) May 25, 1897, (L) Springfield, (AN) MO6020.335, (CO) Laclede
Odle, Francis M.: (ID) Dec. 30, 1882, (L) Springfield, (AN) MO5760.202, (CO) Laclede
O'Donnell, John: (DI) Apr. 1, 1896, (A) 54Y, (B) 1842, (BP) Ireland, (CO) St. Louis
Ogden, Charles M.: (OC) Blacksmith, (RES) Kansas City, MO, (CMTS) City Directory Kansas City, MO, 1899
Ogle, James M.: (ID) May 22, 1896, (L) Springfield, (AN) MO6010.432, (CO) Taney
O'Hara, Patrick: (CEN) 1893 NE State Census, MO Veterans, (MIL) 12th MO Infantry, Co. D, (RES) Alliston, NE
O'Keefe, Michael J.: (DI) Apr. 1, 1896, (A) 30Y, (B) 1866, (BP) Ireland, (CO) St. Louis
Old, Sherburne E.: (A) 21Y, (BP) MO, (B) 1899, (Race) White, (CEN) 1920 Census, Township 11, Kern Co., CA
Oldfather, David: (CEN) 1893 NE State Census, MO Veterans, (MIL) 21th MO Infantry, Co. E, (RES) Lexington, NE
O'Leary, John: (DI) Apr. 3, 1896, (A) 60Y, (B) 1836, (BP) Ireland, (CO) St. Louis
Olga, Halbeck. (A) 21Y, (BP) MO, (B) 1899, (Race) White, (CEN) 1920 Census, San Francisco, San Francisco Co., CA
Oliver, George W.: (ID) Nov. 1, 1890, (L) Booneville, (AN) MO3400.315, (CO) Hickory
Oliver, Jesse W.: (ID) Feb. 20, 1891, (L) Springfield, (AN) MO5940.260, (CO) Taney
Oliver, Jesse W.: (ID) Apr. 14, 1888, (L) Springfield, (AN) MO5780.147, (CO) Taney
Oliver, John R.: (ID) Aug. 15, 1888, (L) Springfield, (AN) MO5910.321, (CO) Taney
Olmstead, Norman W.: (ID) Aug. 24, 1897, (L) Booneville, (AN) MO3430.420, (CO) Laclede
Olson, Olli: (ID) Jun. 27, 1898, (L) Booneville, (AN)

MO6030.469, (CO) Hickory

O'Malley, Patrick: (DI) Apr. 6, 1896, (A) 27Y, (B) 1869, (BP) Ireland, (CO) St. Louis

Oman, William: (ID) Oct. 11, 1888, (L) Booneville, (AN) MO3400.017, (CO) Hickory

Omieczynski, Ambrose G.: (A) 21Y, (BP) MO, (B) 1899, (Race) White, (CEN) 1920 Census, Los Angeles, Los Angeles Co., CA

O'Neal, Raleigh S.: (ID) May 16, 1893, (L) Springfield, (AN) MO5990.134, (CO) Taney

O'Neal, William M.: (ID) Jul. 9, 1895, (L) Springfield, (AN) MO6010.099, (CO) Taney

Opelt, Alfred: (CEN) 1893 NE State Census, MO Veterans, (MIL) 33rd MO Infantry, Co. H, (RES) Brownville, NE

O'Quinn, Marthe: (A) 21Y, (B) 1899, (BP) MO, (Race) White, (CEN) 1920 Census, Lebanon, Laclede Co., MO

O'Reilly, Patrick: (DI) Apr. 6, 1896, (A) 34Y, (B) 1862, (BP) Ireland, (CO) St. Louis

O'Riley, James: (ID) Jan. 20, 1885, (L) Booneville, (AN) MO3290.304, (CO) Adair

Ormsbee, Dorus: (ID) Dec. 20, 1881, (L) Springfield, (AN) MO5890.088, (CO) Laclede

Orr, James: (ID) Jul. 11, 1892, (L) Springfield, (AN) MO5970.369, (CO) Taney

Orr, Matilda: (ID) Jul. 11, 1892, (L) Springfield, (AN) MO5970.369, (CO) Taney

Orr, Morgan: (ID) Jul. 11, 1892, (L) Springfield, (AN) MO5970.369, (CO) Taney

Orr, Morgan: (ID) Sep. 10, 1883, (L) Springfield, (AN) MO5760.300, (CO) Taney

Orr, Nicholas: (ID) Apr. 29, 1882, (L) Booneville, (AN) MO3380.197, (CO) Hickory

Orr, W. H.: (CEN) 1893 NE State Census, MO Veterans, (MIL) 7th MO Cavalry, Co. I, (RES) Craig, NE

Ott, Charles W.: (ID) Sep. 7, 1894, (L) Springfield, (AN) MO5790.397, (CO) Taney

Otto, Joseph: (ID) Jan. 20, 1881, (L) Booneville, (AN) MO3380.105, (CO) Osage

Overton, Plasant: (ID) Jan. 12, 1895, (L) Springfield, (AN) MO6000.237, (CO) Taney

Overton, Plasant: (ID) Nov. 15, 1892, (L) Springfield, (AN) MO5790.237, (CO) Taney

Owen, Benj.: (Song) *The Iron Mask*, (PUB) Balmer & Weber, St. Louis, 1885

Owen, Benjamin: (CEN) 1893 NE State Census, MO Veterans, (MIL) 14th MO Cavalry, Co. F, (RES) Mason City, NE

Owen, Christopher C.: (ID) Mar. 10, 1886, (L) Springfield, (AN) MO5770.260, (CO) Taney
Owen, Christopher C.: (ID) Jul. 11, 1892, (L) Springfield, (AN) MO5790.212, (CO) Taney
Owen, Christopher C.: (ID) Nov. 23, 1888, (L) Springfield, (AN) MO5780.214, (CO) Taney
Owen, Christopher C.: (ID) Dec. 10, 1881, (L) Springfield, (AN) MO5760.017, (CO) Taney
Owen, George P.: (ID) Sep. 2, 1892, (L) Springfield, (AN) MO5970.407, (CO) Taney
Owen, Hiram F.: (ID) Dec. 18, 1893, (L) Springfield, (AN) MO5790.337, (CO) Taney
Owen, John R.: (ID) Nov. 16, 1897, (L) Springfield, (AN) MO5800.156, (CO) Taney
Owen, Albert M.: (OC) Postmaster, Protem, Jan. 12, 1888, (CO) Taney
Owen, James W.: (OC) Postmaster, Protem, Aug. 30, 1889, (CO) Taney
Owens, Oliver D.: (A) 21Y, (BP) MO, (B) 1899, (Race) White, (CEN) 1920 Census, San Francisco, San Francisco Co., CA
Owens, Robert C.: (ID) Jun. 27, 1898, (L) Booneville, (AN) MO6030.471, (CO) Hickory
Owsley, Elijah B.: (ID) Mar. 25, 1896, (L) Booneville, (AN) MO3430.150, (CO) Hickory
Owsley, Reuben S.: (ID) Oct. 20, 1891, (L) Booneville, (AN) MO3410.112, (CO) Hickory
Owsley, Robert R.: (ID) Jun. 1, 1882, (L) Booneville, (AN) MO3380.243, (CO) Hickory
Pace, John L.: (CEN) 1893 NE State Census, MO Veterans, (MIL) 1st MO Cavalry, Co. A, (RES) Lincoln, NE
Packham, Leo P.: (A) 21Y, (BP) MO, (B) 1899, (Race) White, (CEN) 1920 Census, San Diego, San Diego Co., CA
Page, John R.: (A) 21Y, (BP) MO, (B) 1899, (Race) White, (CEN) 1920 Census, San Francisco, San Francisco Co., CA
Pain, Mary E.: (ID) Jun. 30, 1884, (L) Booneville, (AN) MO3390.039, (CO) Laclede
Pairise, Salvatore: (DI) Apr. 6, 1896, (A) 23Y, (B) 1873, (BP) Italy, (CO) St. Louis
Palmer, Alfred G.: (ID) Oct. 25, 1895, (L) Booneville, (AN) MO3430.089, (CO) Hickory
Palmer, Anthony W.: (ID) Nov. 12, 1894, (L) Springfield, (AN) MO6000.021, (CO) Taney
Palmer, Henry C.: (ID) Dec. 15, 1890, (L) Booneville, (AN) MO3400.329, (CO) Hickory
Palmer, J. R.: (CMTS) 1899 Tax List, Crawford Twp. DeKalb, (CO) Buchanan
Palmer, John: (A) 21Y, (BP) MO, (B) 1899, (Race) White, (CEN) 1920 Census, Los Banos, Merced Co., CA

Palmer, John C.: (ID) Sep. 14, 1896, (L) Springfield, (AN) MO6020.026, (CO) Taney
Palmer, John C.: (CEN) 1893 NE State Census, MO Veterans, (MIL) 9th MO Cavalry, Co. M, (RES) Burchard, NE
Palmer, Mary F.: (ID) Feb. 5, 1891, (L) Booneville, (AN) MO3400.470, (CO) Hickory
Palmer, Potter A.: (A) 21Y, (BP) MO, (B) 1899, (Race) White, (CEN) 1920 Census, Los Angeles, Los Angeles Co., CA
Palmer, Victo: (A) 21Y, (BP) MO, (B) 1899, (Race) White, (CEN) 1920 Census, San Francisco, San Francisco Co., CA
Paluczak, Joseph: (DI) Apr. 6, 1896, (A) 30Y, (B) 1866, (BP) Poland, (CO) St. Louis
Panenquin, Constant: (ID) Oct. 28, 1897, (L) Booneville, (AN) MO3430.459, (CO) Hickory
Panes, Edward: (A) 21Y, (BP) MO, (B) 1899, (Race) White, (CEN) 1920 Census, San Bernardino, San Bernardino Co., CA
Panghorn, H.: (CEN) 1893 NE State Census, MO Veterans, (MIL) 39th MO Infantry, Co. A, (RES) Beatrice, NE
Papendick, Frederick: (ID) Nov. 15, 1892, (L) Springfield, (AN) MO5790.229, (CO) Taney
Paradowski, Vincent: (DI) Apr. 6, 1896, (A) 39Y, (B) 1857, (BP) Poland, (CO) St. Louis
Parham, Allen: (ID) Nov. 26, 1883, (L) Booneville, (AN) MO3380.476, (CO) Laclede
Parker, B.: (CEN) 1893 NE State Census, MO Veterans, (MIL) 29th MO Infantry, Co. G, (RES) Smartville, NE
Parker, Henry: (Song) *Laughing May*, (PUB) Balmer & Weber, St. Louis, 1885
Parker, J. M.: (CEN) 1893 NE State Census, MO Veterans, (MIL) 12th MO Cavalry, Co. C, (RES) South Omaha, NE
Parker, Samuel: (ID) Sep. 10, 1898, (L) Springfield, (AN) MO6040.196, (CO) Laclede
Parkman, William C.: (ID) Oct. 20, 1891, (L) Booneville, (AN) MO3410.099, (CO) Hickory
Parks, Geo. M.: (CEN) 1893 NE State Census, MO Veterans, (MIL) 68th MO Infantry, Co. C, (RES) Beatrice, NE
Parks, John: (ID) Jan. 11, 1892, (L) Springfield, (AN) MO5950.455, (CO) Taney
Parks, Marion W.: (ID) Jan. 13, 1893, (L) Booneville, (AN) MO3420.083, (CO) Hickory
Parody, Tim: (ID) Feb. 5, 1891, (L) Booneville, (AN) MO3400.460, (CO) Laclede
Parr, James: (OC) Blacksmith, (RES) Kansas City, MO, (CMTS) City Directory Kansas City, MO, 1899
Parrack, Benjamin: (MD) Jul. 10, 1881, (Spouse) Eliza J. Jones, (CO) Laclede

Parrish, Barnet P.: (ID) Sep. 23, 1893, (L) Springfield, (AN) MO5990.225, (CO) Taney
Parrish, George: (CMTS) 1899 Tax List, Crawford Twp., Faucett, (CO) Buchanan
Parsons, David R.: (ID) Feb. 5, 1891, (L) Booneville, (AN) MO3400.473, (CO) Hickory
Parsons, Sidney S.: (ID) May 28, 1888, (L) Booneville, (AN) MO3390.418, (CO) Hickory
Parsons, Thomas M.: (ID) Apr. 9, 1892, (L) Booneville, (AN) MO3410.316, (CO) Hickory
Parsons, Thomas M.: (ID) Apr. 9, 1892, (L) Booneville, (AN) MO3410.319, (CO) Hickory
Partlow, Benjamin A.: (ID) Jun. 30, 1884, (L) Booneville, (AN) MO3390.015, (CO) Laclede
Partlow, James W.: (ID) Jan. 22, 1896, (L) Warsaw, (AN) MO2120.220, (CO) Laclede
Pastor, Giovanni: (DI) Apr. 6, 1896, (A) 28Y, (B) 1868, (BP) Italy, (CO) St. Louis
Patten, S.: (CEN) 1893 NE State Census, MO Veterans, (MIL) 5th MO Infantry, Co. C, (RES) Nebraska City, NE
Patterson, Frank E.: (OC) Blacksmith, (RES) Kansas City, MO, (CMTS) City Directory Kansas City, MO, 1899
Patterson, Frank H.: (OC) Coach University of Missouri, 1896
Patterson, James D.: (ID) Mar. 7, 1892, (L) Springfield, (AN) MO5960.457, (CO) Laclede
Patterson, John: (CEN) 1893 NE State Census, MO Veterans, (MIL) 3rd MO Cavalry, Co. F, (RES) Ayr, NE
Patterson, John U.: (ID) Jun. 11, 1895, (L) Springfield, (AN) MO6000.475, (CO) Taney
Patterson, Ressie: (B) May 15, 1899, (D) Jul, 1992, (RES) Lynchburg, MO, (CO) Laclede
Patterson, Rose E.: (A) 21Y, (BP) MO, (B) 1899, (Race) White, (CEN) 1920 Census, Sausalito, Marin Co., CA
Patterson, William A..: (CEN) 1893 NE State Census, MO Veterans, (MIL) 7th MO Cavalry, Co. E, (RES) Platte Centre, NE
Patton, Joseph: (OC) Blacksmith, (RES) Kansas City, MO, (CMTS) City Directory Kansas City, MO, 1899
Patton, Samuel K.: (ID) Oct. 7, 1893, (L) Springfield, (AN) MO5990.299, (CO) Laclede
Paul, August: (OC) Blacksmith, (RES) Kansas City, MO, (CMTS) City Directory Kansas City, MO, 1899
Paul, Jean: (Song) *Echoes from the Wood*, (PUB) Kunkel, St. Louis, 1881
Paulus, Christopher: (OC) Blacksmith, (RES) Kansas City, MO, (CMTS) City Directory Kansas City, MO, 1899
Pavey, Wm C.: (CEN) 1893 NE State Census, MO Veterans, (MIL) 5th MO Cavalry, Co. D, (RES) Red Cloud, NE

Pavlik, Frank: (DI) Apr. 3, 1896, (A) 33Y, (B) 1863, (BP) Bohemia, (CO) St. Louis
Paxton, Carl: (A) 21Y, (BP) MO, (B) 1899, (Race) White, (CEN) 1920 Census, Orange, Orange Co., CA
Payne, Bryan: (B) 1898, (BP) MO, (CEN) 1920 Census, Conway, Laclede Co., MO
Payne, James H.: (CMTS) 1899 Tax List, Crawford Twp., Wallace, (CO) Buchanan
Payne, Peter K.: (ID) Aug. 27, 1898, (L) Booneville, (AN) MO6040.184, (CO) Hickory
Payton, Daniel: (CEN) 1893 NE State Census, MO Veterans, (MIL) 6th MO S. M., Co. L, (RES) Beaver City, NE
Payton, Henry: (ID) Nov. 10, 1882, (L) Springfield, (AN) MO5760.132, (CO) Laclede
Pearcy, Claude E.: (B) 1898, (BP) MO, (CEN) 1920 Census, Smith, Laclede Co., MO
Pearson, Thomas W.: (ID) Dec. 26, 1891, (L) Booneville, (AN) MO3410.268, (CO) Hickory
Pease, George M.: (ID) Oct. 17, 1892, (L) Springfield, (AN) MO5980.049, (CO) Laclede
Peck, William L.: (OC) Postmaster, Forsyth, Apr. 19, 1889, (CO) Taney
Pecka, Joseph: (DI) Apr. 29, 1897, (A) 40Y, (B) 1857, (BP) Bohemia, (CO) St. Louis
Pedigo, Elmer L.: (B) 1898, (BP) IN, (CEN) 1920 Census, Gasconade, Laclede Co., MO
Peebles, Lawrence: (A) 21Y, (BP) MO, (B) 1899, (Race) White, (CEN) 1920 Census, Lindsay, Tulare Co., CA
Peery, W. S.: (CEN) 1893 NE State Census, MO Veterans, (MIL) 1st MO Cavalry, Co. C, (RES) Glenrock, NE
Pelham, Rutha: (ID) Feb. 10, 1883, (L) Springfield, (AN) MO5890.346, (CO) Taney
Pelinski, Joseph: (DI) Dec. 1, 1890, (A) 30Y, (B) 1860, (BP) Germany, (CO) St. Louis
Pelphrey, William O.: (OC) Blacksmith, (RES) Kansas City, MO, (CMTS) City Directory Kansas City, MO, 1899
Pemberton, Arley: (B) Jun. 21, 1899, (D) Nov, 1986, (RES) Lebanon, MO, (CO) Laclede
Pender, William H.: (ID) Jul. 27, 1897, (L) Springfield, (AN) MO6020.403, (CO) Laclede
Penfold, William D.: (OC) Blacksmith, (RES) Kansas City, MO, (CMTS) City Directory Kansas City, MO, 1899
Pennington, Charles J.: (A) 21Y, (BP) MO, (B) 1899, (Race) White, (CEN) 1920 Census, San Francisco, San Francisco Co., CA
Pennington, Isaac N.: (ID) May 28, 1888, (L) Booneville, (AN) MO3390.389, (CO) Hickory
Pennington, Marion: (CEN) 1893 NE State Census, MO Veterans, (MIL)

13th MO Infantry, Co. F, (RES) Bertrand, NE
Pennington, Matilda: (CMTS) 1899 Tax List, Crawford Twp., Wallace, (CO) Buchanan
Penny, Albert B.: (ID) Jun. 7, 1889, (L) Booneville, (AN) MO3400.096, (CO) Hickory
Perreman, John: (MD) Jun. 25, 1881, (Spouse) Missouri Knight, (CO) Laclede
Perreten, C.: (CEN) 1893 NE State Census, MO Veterans, (MIL) 49th MO Infantry, Co. I, (RES) Rushville, NE
Perry, George L.: (OC) Blacksmith, (RES) Kansas City, MO, (CMTS) City Directory Kansas City, MO, 1899
Perry, Herbert L.: (OC) Blacksmith, (RES) Kansas City, MO, (CMTS) City Directory Kansas City, MO, 1899
Perry, John W.: (CEN) 1893 NE State Census, MO Veterans, (MIL) 26th MO Infantry, (RES) Ord, NE
Perry, Sanders P.: (ID) Jul. 10, 1883, (L) Booneville, (AN) MO3380.459, (CO) Hickory
Persinger, Charles L.: (ID) Feb. 12, 1892, (L) Springfield, (AN) MO5960.128, (CO) Taney
Persinger, Thomas J.: (ID) Jun. 13, 1899, (L) Springfield, (AN) MO6060.313, (CO) Taney
Peter, Dr. I. R.: (CMTS) 1899 Tax List, Crawford Twp., Wallace, (CO) Buchanan
Peters, Ashley: (CEN) 1893 NE State Census, MO Veterans, 11th MO Cavalry, Co. A, (RES) North Platte, NE
Peterson, Albert: (ID) Aug. 5, 1898, (L) Booneville, (AN) MO6040.140, (CO) Hickory
Petrovics, Anton: (DI) Apr. 6, 1896, (A) 27Y, (B) 1869, (BP) Austria, (CO) St. Louis
Petty, Thomas: (CMTS) 1899 Tax List, Crawford Twp., Wallace, (CO) Buchanan
Petty, William H.: (ID) Jan. 21, 1893, (L) Springfield, (AN) MO5790.269, (CO) Taney
Peugh, William: (CEN) 1893 NE State Census, MO Veterans, (MIL) 1st MO Cavalry, (RES) Benkelman, NE
Pfutzner, F. H.: (ID) Feb. 18, 1890, (L) Booneville, (AN) MO3400.204, (CO) Hickory
Phalan, Patrick J.: (OC) Blacksmith, (RES) Kansas City, MO, (CMTS) City Directory Kansas City, MO, 1899
Pharris, James W.: (CEN) 1893 NE State Census, MO Veterans, (MIL) 18th MO Infantry, Co. E, (RES) Superior, NE
Phelps, E. A.: (Song) *Russian Reveille,* (PUB) Conover Bros., Kansas City, 1881
Phelps, E. A.: (Song) *Voices of Spring,* (PUB) Conover Bros., Kansas City, 1881
Phelps, E. A.: (Song) *Grand Regimental March*, (PUB) Conover Bros.,

Kansas City, 1881
Phelps, Margaret: (A) 21Y, (BP) MO, (B) 1899, (Race) White, (CEN) 1920 Census, Los Angeles, Los Angeles Co., CA
Phelps, Margaret E.: (A) 21Y, (BP) MO, (B) 1899, (Race) White, (CEN) 1920 Census, Pasadena, Los Angeles Co., CA
Phillips, Claude: (OC) Blacksmith, (RES) Kansas City, MO, (CMTS) City Directory Kansas City, MO, 1899
Phillips, Elisha T.: (ID) Oct. 23, 1895, (L) Springfield, (AN) MO6010.169, (CO) Taney
Phillips, Herbert Wm: (A) 21Y, (BP) MO, (B) 1899, (Race) White, (CEN) 1920 Census, Los Angeles, Los Angeles Co., CA
Phillips, Milford: (A) 21Y, (BP) MO, (B) 1899, (Race) White, (CEN) 1920 Census, Sacramento, Sacramento Co., CA
Phillips, Nancy J.: (ID) Feb. 24, 1894, (L) Booneville, (AN) MO3420.261, (CO) Laclede
Phillips, Rueben F.: (MD) Oct. 25, 1881, (Spouse) Elizabeth J. Montgomery, (CO) Laclede
Phillips, Thomas W.: (ID) Mar. 10, 1886, (L) Springfield, (AN) MO5770.326, (CO) Taney
Phillips, William T.: (ID) Jan. 22, 1895, (L) Springfield, (AN) MO5790.420, (CO) Laclede
Pickett, Ingram: (A) 21Y, (BP) MO, (B) 1899, (Race) White, (CEN) 1920 Census, Los Angeles, Los Angeles Co., CA
Pickett, John M.: (ID) Sep. 5, 1895, (L) Springfield, (AN) MO6010.132, (CO) Taney
Pickett, William D.: (ID) Feb. 21, 1893, (L) Springfield, (AN) MO5990.003, (CO) Taney
Piderman, Axel E.: (ID) Oct. 11, 1888, (L) Booneville, (AN) MO3400.016, (CO) Hickory
Pierce, Charles E.: (OC) Blacksmith, (RES) Kansas City, MO, (CMTS) City Directory Kansas City, MO, 1899
Pierce, Nancy: (ID) Jul. 12, 1898, (L) Springfield, (AN) MO6040.001, (CO) Taney
Pierce, Richard M.: (ID) Oct. 4, 1898, (L) Springfield, (AN) MO6040.278, (CO) Taney
Pierce, William: (ID) Jul. 12, 1898, (L) Springfield, (AN) MO6040.001, (CO) Taney
Pierce, John C.: (OC) Postmaster, Bradleyville, Apr. 4, 1894, (CO) Taney
Piercy, John T.: (ID) Apr. 9, 1892, (L) Booneville, (AN) MO3410.349, (CO) Laclede
Pierman, Harold H.: (A) 21Y, (BP) MO, (B) 1899, (Race) White, (CEN) 1920 Census, Glendale, Los Angeles Co., CA
Piersol, T. F.: (CEN) 1893 NE State Census, MO Veterans, (MIL) 3rd MO Cavalry, Co. H, (RES) La Platte, NE
Pierson, Olaf: (CMTS) 1899 Tax List, Crawford Twp., Dearborn, (CO) Buchanan

Piguet, Ronald: (A) 21Y, (BP) MO, (B) 1899, (Race) White, (CEN) 1920 Census, Los Angeles, Los Angeles Co., CA
Pikesh, Andreas: (DI) Apr. 4, 1896, (A) 34Y, (B) 1862, (BP) Bohemia, (CO) St. Louis
Pilkintar, H.: (A) 21Y, (BP) MO, (B) 1899, (Race) White, (CEN) 1920 Census, San Francisco, San Francisco Co., CA
Pirtle, Matilda F.: (ID) Feb. 9, 1898, (L) Springfield, (AN) MO6030.126, (CO) Taney
Pirtle, Rebecca: (ID) Nov. 28, 1896, (L) Springfield, (AN) MO6020.191, (CO) Taney
Pittman, Wm: (CEN) 1893 NE State Census, MO Veterans, (MIL) 11th MO Cavalry, Co. B, (RES) North Platte, NE
Pitts, Jeremiah: (ID) Jul. 10, 1883, (L) Booneville, (AN) MO3380.437, (CO) Hickory
Pitts, John N.: (ID) Oct. 7, 1896, (L) Warsaw, (AN) MO2120.250, (CO) Hickory
Pitts, Meekin: (ID) Jun. 30, 1884, (L) Booneville, (AN) MO3390.032, (CO) Hickory
Pitts, Warren L.: (ID) Mar. 15, 1894, (L) Booneville, (AN) MO3420.272, (CO) Hickory
Pittser, George W.: (ID) Aug. 20, 1887, (L) Booneville, (AN) MO3390.234, (CO) Hickory
Pitzer, Alberta: (A) 21Y, (BP) MO, (B) 1899, (Race) White, (CEN) 1920 Census, Santa Monica, Los Angeles Co., CA
Plank, Junius R.: (A) 21Y, (BP) MO, (B) 1899, (Race) White, (CEN) 1920 Census, Dinuba, Tulare Co., CA
Plassmeyer, Gerhard: (ID) Nov. 30, 1894, (L) Booneville, (AN) MO3300.433, (CO) Osage
Pleake, Elliott V.: (ID) Mar. 7, 1892, (L) Springfield, (AN) MO5960.254, (CO) Taney
Pline, Leonard: (ID) Dec. 26, 1891, (L) Booneville, (AN) MO3410.264, (CO) Laclede
Pline, Virgil: (B) 1898, (BP) MO, (CEN) 1920 Census, Smith, Laclede Co., MO
Plympton, Benjamin J.: (ID) May 15, 1884, (L) Springfield, (AN) MO5760.334, (CO) Taney
Plympton, Benjamin J.: (ID) May 15, 1884, (L) Springfield, (AN) MO5760.395, (CO) Taney
Plympton, Benjamin J.: (ID) Jun. 1, 1882, (L) Springfield, (AN) MO5760.060, (CO) Taney
Plympton, Benjamin J.: (ID) Nov. 23, 1888, (L) Springfield, (AN) MO5780.219, (CO) Taney
Poeppelmeier, Annie: (ID) Mar. 13, 1895, (L) Springfield, (AN) MO6000.262, (CO) Taney
Poeppelmeier, John B.: (ID) Mar. 13, 1895, (L) Springfield, (AN) MO6000.262, (CO) Taney

Pointer, J. F.: (CEN) 1893 NE State Census, MO Veterans, (MIL) 7th MO Cavalry, Co. E, (RES) Palmer, NE

Pokrefke, August: (DI) Dec. 1, 1890, (A) 35Y, (B) 1855, (BP) Germany, (CO) St. Louis

Polk, Edward: (ID) May 6, 1896, (L) Springfield, (AN) MO6010.421, (CO) Laclede

Pollard, Henry: (ID) Feb. 1, 1894, (L) Springfield, (AN) MO5990.391, (CO) Laclede

Pond, James W.: (ID) Nov. 20, 1899, (L) Booneville, (AN) MO1150.464, (CO) Grundy

Pontius, Wm.: (A) 21Y, (BP) MO, (B) 1899, (Race) White, (CEN) 1920 Census, Township 5, Fresno Co., CA

Pope, Conrad: (DI) Apr. 2, 1896, (A) 56Y, (B) 1840, (BP) Germany, (CO) St. Louis

Porta, Antonio: (DI) Jul. 11, 1891, (A) 37Y, (B) 1854, (BP) Italy, (CO) St. Louis

Porta, Batistta: (DI) Dec. 26, 1891, (A) 30Y, (B) 1861, (BP) Italy, (CO) St. Louis

Porter, George: (A) 21Y, (BP) MO, (B) 1899, (Race) White, (CEN) 1920 Census, Eden, Alameda Co., CA

Porter, Manley J.: (CEN) 1893 NE State Census, MO Veterans, (MIL) 5th MO Cavalry, Co. F, (RES) Ansley, NE

Poston, W. H.: (CMTS) 1899 Tax List, Crawford Twp., Wallace, (CO) Buchanan

Potarf, David: (CEN) 1893 NE State Census, MO Veterans, (MIL) 18th MO Infantry, Co. F, (RES) Angus, NE

Poteet, William M.: (ID) Feb. 1, 1893, (L) Springfield, (AN) MO5980.429, (CO) Taney

Potter, James: (OC) Blacksmith, (RES) Kansas City, MO, (CMTS) City Directory Kansas City, MO, 1899

Potts, John W.: (ID) Aug. 27, 1898, (L) Booneville, (AN) MO6040.176, (CO) Laclede

Powell, Myrte: (A) 21Y, (BP) MO, (B) 1899, (Race) White, (CEN) 1920 Census, San Francisco, San Francisco Co., CA

Powell, W. A.: (CEN) 1893 NE State Census, MO Veterans, (MIL) 59th MO S. M., Co. F, (RES) Grafton, NE

Powers, Frank: (OC) Blacksmith, (RES) Kansas City, MO, (CMTS) City Directory Kansas City, MO, 1899

Powers, James W.: (ID) May 12, 1899, (L) Springfield, (AN) MO6060.162, (CO) Taney

Powers, M. H.: (CMTS) 1899 Tax List, Crawford Twp., Wallace, (CO) Buchanan

Powers, William E.: (A) 21Y, (BP) MO, (B) 1899, (Race) White, (CEN) 1920 Census, Los Angeles, Los Angeles Co., CA

Poynter, Emma M.: (ID) Oct. 28, 1897, (L) Booneville, (AN) MO3430.462, (CO) Laclede

Poynter, William: (ID) Oct. 28, 1897, (L) Booneville, (AN) MO3430.462, (CO) Laclede
Praddock, Granville P.: (ID) Mar. 7, 1892, (L) Springfield, (AN) MO5960.255, (CO) Laclede
Prasser, George L.: (A) 21Y, (B) 1899, (BP) MO, (Race) White, (CEN) 1920 Census, Union, Laclede Co., MO
Prather, Robert H.: (ID) Jan. 18, 1894, (L) Springfield, (AN) MO5990.355, (CO) Taney
Pratt, Edward: (OC) Blacksmith, (RES) Kansas City, MO, (CMTS) City Directory Kansas City, MO, 1899
Pratt, Geo.: (CEN) 1893 NE State Census, MO Veterans, (MIL) 10th MO Infantry, Co. K, (RES) David City, NE
Pratt, J. B.: (CEN) 1893 NE State Census, MO Veterans, (MIL) 4th MO Cavalry, Co. K, (RES) Julian, NE
Pratt, Knap A. L.: (OC) Blacksmith, (RES) Kansas City, MO, (CMTS) City Directory Kansas City, MO, 1899
Prescott, Della: (B) Nov. 2, 1899, (D) Aug, 1971, (RES) Lebanon, MO, (CO) Laclede
Preston, Frank J.: (A) 21Y, (BP) MO, (B) 1899, (Race) White, (CEN) 1920 Census, San Francisco, San Francisco Co., CA
Preston, Joseph A.: (A) 21Y, (BP) MO, (B) 1899, (Race) White, (CEN) 1920 Census, Vallejo, Solano Co., CA
Prewett, Jesse: (ID) Feb. 21, 1893, (L) Booneville, (AN) MO3420.121, (CO) Laclede
Price, Alvis W.: (A) 21Y, (BP) MO, (B) 1899, (Race) White, (CEN) 1920 Census, San Francisco, San Francisco Co., CA
Price, Andrew: (ID) Nov. 5, 1897, (L) Booneville, (AN) MO3430.471, (CO) Laclede
Price, Christeen: (A) 21Y, (BP) MO, (B) 1899, (Race) White, (CEN) 1920 Census, Tulare, Tulare Co., CA
Price, Edward: (ID) Jan. 7, 1885, (L) Springfield, (AN) MO5900.013, (CO) Laclede
Price, James M.: (CMTS) 1899 Tax List, Crawford Twp., Wallace, (CO) Buchanan
Price, Laurence: (B) Jul. 29, 1899, (D) Aug, 1982, (RES) Conway, MO, (CO) Laclede
Price, Sarah: (ID) Apr. 1, 1892, (L) Springfield, (AN) MO5970.194, (CO) Laclede
Price, William: (ID) May 25, 1883, (L) Springfield, (AN) MO5760.265, (CO) Laclede
Price, William F.: (MD) Feb. 13, 1881, (Spouse) Sarah M. Cox, (CO) Laclede
Pride, William W.: (ID) Oct. 17, 1890, (L) Springfield, (AN) MO5940.009, (CO) Taney
Pridgen, Mott: (A) 21Y, (BP) MO, (B) 1899, (Race) White, (CEN) 1920 Census, Oakley, Contra Costa Co., CA

Prior, George W.: (ID) May 25, 1883, (L) Booneville, (AN) MO3290.204, (CO) Osage
Prittiri, Salvatore: (DI) Apr. 6, 1896, (A) 30Y, (B) 1866, (BP) Italy, (CO) St. Louis
Proctor, George R.: (ID) Feb. 10, 1883, (L) Booneville, (AN) MO3380.398, (CO) Hickory
Proctor, Leander R.: (ID) Jan. 7, 1890, (L) Booneville, (AN) MO3400.167, (CO) Hickory
Prose, Harrison D.: (OC) Blacksmith, (RES) Kansas City, MO, (CMTS) City Directory Kansas City, MO, 1899
Pruitt, Harrison: (ID) Apr. 6, 1898, (L) Springfield, (AN) MO6030.169, (CO) Taney
Pruitt, James N.: (ID) May 22, 1896, (L) Springfield, (AN) MO6010.424, (CO) Taney
Pruitt, Joseph H.: (ID) Nov. 16, 1897, (L) Springfield, (AN) MO5800.159, (CO) Taney
Pruitt, M.: (CEN) 1893 NE State Census, MO Veterans, (MIL) National Guard, (RES) Omaha, NE
Pugh, Arthur: (A) 21Y, (BP) MO, (B) 1899, (Race) White, (CEN) 1920 Census, Chico, Butte Co., CA
Puller, Eliza A.: (ID) Jan. 22, 1895, (L) Springfield, (AN) MO5790.432, (CO) Taney
Puller, George B.: (ID) Apr. 14, 1888, (L) Springfield, (AN) MO5780.059, (CO) Taney
Puller, George B.: (ID) Apr. 14, 1888, (L) Springfield, (AN) MO5780.063, (CO) Taney
Puller, George B.: (ID) Apr. 14, 1888, (L) Springfield, (AN) MO5780.064, (CO) Taney
Puller, George B.: (ID) Apr. 14, 1888, (L) Springfield, (AN) MO5780.065, (CO) Taney
Puller, George B.: (ID) Apr. 9, 1892, (L) Springfield, (AN) MO5790.107, (CO) Taney
Puller, George B.: (ID) Jun. 26, 1890, (L) Springfield, (AN) MO5780.326, (CO) Taney
Puller, George B.: (ID) Jun. 26, 1890, (L) Springfield, (AN) MO5780.327, (CO) Taney
Puller, George B.: (ID) Jun. 26, 1890, (L) Springfield, (AN) MO5780.328, (CO) Taney
Puller, George B.: (ID) Jun. 26, 1890, (L) Springfield, (AN) MO5780.329, (CO) Taney
Puller, George B.: (ID) Jun. 26, 1890, (L) Springfield, (AN) MO5780.345, (CO) Taney
Puller, George B.: (ID) Jul. 20, 1886, (L) Springfield, (AN) MO5770.436, (CO) Taney
Puller, George B.: (ID) Jul. 20, 1886, (L) Springfield, (AN) MO5770.445, (CO) Taney

Puller, George B.: (ID) Oct. 18, 1886, (L) Springfield, (AN) MO5770.455, (CO) Taney
Puller, George B.: (ID) Oct. 10, 1896, (L) Springfield, (AN) MO5800.058, (CO) Taney
Puller, John G.: (ID) Jan. 22, 1895, (L) Springfield, (AN) MO5790.431, (CO) Taney
Pumphrey, Joseph R.: (ID) Dec. 10, 1881, (L) Springfield, (AN) MO5760.017, (CO) Taney
Purcell, William: (DI) Apr. 6, 1896, (A) 31Y, (B) 1865, (BP) Ireland, (CO) St. Louis
Putnam, Joseph M.: (ID) Jul. 11, 1892, (L) Springfield, (AN) MO5790.216, (CO) Taney
Putska, Rudolf: (DI) Jan. 3, 1899, (A) 25Y, (B) 1874, (BP) Austria, (CO) St. Louis
Puttmann, John: (DI) Apr. 6, 1896, (A) 32Y, (B) 1864, (BP) Bohemia, (CO) St. Louis
Qubvellor, Frank: (OC) Blacksmith, (RES) Kansas City, MO, (CMTS) City Directory Kansas City, MO, 1899
Queen, Elijah: (ID) Aug. 20, 1892, (L) Springfield, (AN) MO5970.394, (CO) Taney
Quick, Howard A.: (ID) Jan. 20, 1885, (L) Booneville, (AN) MO3290.300, (CO) Hickory
Quick, Jesse: (ID) Feb. 26, 1891, (L) Booneville, (AN) MO3410.026, (CO) Hickory
Quigg, Lucretia P.: (ID) May 5, 1899, (L) Booneville, (AN) MO6060.129, (CO) Hickory
Quigley, George: (A) 21Y, (BP) MO, (B) 1899, (Race) White, (CEN) 1920 Census, San Francisco, San Francisco Co., CA
Quigley, Patrick: (OC) Blacksmith, (RES) Kansas City, MO, (CMTS) City Directory Kansas City, MO, 1899
Quinn, Josiah W.: (ID) Oct. 5, 1896, (L) Springfield, (AN) MO6020.141, (CO) Laclede
Quinn, Michael: (DI) Apr. 4, 1896, (A) 25Y, (B) 1871, (BP) Ireland, (CO) St. Louis
Quinn, Patrick: (DI) Apr. 6, 1896, (A) 36Y, (B) 1860, (BP) Ireland, (CO) St. Louis
Racy, Michael: (A) 21Y, (BP) MO, (B) 1899, (Race) White, (CEN) 1920 Census, San Francisco, San Francisco Co., CA
Rader, James: (B) Jul. 19, 1899, (D) Jul, 1970, (RES) Conway, MO, (CO) Laclede
Radomski, Frank: (DI) Apr. 6, 1896, (A) 28Y, (B) 1868, (BP) Poland, (CO) St. Louis
Raef, Nicholas: (ID) Sep. 14, 1896, (L) Springfield, (AN) MO6020.036, (CO) Laclede
Rafferty, Peter: (DI) May. 1, 1896, (A) 39Y, (B) 1857, (BP) Ireland, (CO) St. Louis

Ragland, John M.: (ID) Jun. 23, 1888, (L) Springfield, (AN) MO5900.417, (CO) Laclede

Railton, Margaret F.: (A) 21Y, (BP) MO, (B) 1899, (Race) White, (CEN) 1920 Census, Oakland, Alameda Co., CA

Raine, Claud: (A) 21Y, (B) 1899, (BP) MO, (Race) White, (CEN) 1920 Census, Lebanon, Laclede Co., MO

Raleigh, Leach: (A) 21Y, (BP) MO, (B) 1899, (Race) White, (CEN) 1920 Census, Oakland, Alameda Co., CA

Raly, James: (ID) Mar. 18, 1897, (L) St. Louis, (AN) MO1150.224, (CO) Osage

Ramey, Francis M.: (ID) May 15, 1884, (L) Springfield, (AN) MO5760.416, (CO) Taney

Ramey, Francis M.: (ID) Dec. 30, 1884, (L) Springfield, (AN) MO5760.432, (CO) Taney

Ramoni, Giovonni: (DI) Jul. 11, 1891, (A) 33Y, (B) 1858, (BP) Italy, (CO) St. Louis

Ramoni, John: (DI) Feb. 11, 1892, (A) 30Y, (B) 1862, (BP) Italy, (CO) St. Louis

Rams, Tillman: (OC) Blacksmith, (RES) Kansas City, MO, (CMTS) City Directory Kansas City, MO, 1899

Ramsey, John S.: (ID) Apr. 6, 1898, (L) Springfield, (AN) MO6030.207, (CO) Taney

Randall, E. J.: (CEN) 1893 NE State Census, MO Veterans, (MIL) 5th MO Infantry, Co. D, (RES) Fairfield, NE

Randall, E. J.: (CMTS) 1899 Tax List, Crawford Twp., Wallace, (CO) Buchanan

Randall, Emily J.: (CMTS) 1899 Tax List, Crawford Twp., Wallace, (CO) Buchanan

Randall, Frank: (CMTS) 1899 Tax List, Crawford Twp., Wallace, (CO) Buchanan

Randall, John M.: (ID) Aug. 10, 1888, (L) Springfield, (AN) MO5910.215, (CO) Taney

Randall, Robert T.: (OC) Blacksmith, (RES) Kansas City, MO, (CMTS) City Directory Kansas City, MO, 1899

Randolph, Jasper N.: (ID) Apr. 1, 1892, (L) Springfield, (AN) MO5970.230, (CO) Laclede

Raney, Elihu M.: (CEN) 1893 NE State Census, MO Veterans, (MIL) 25th MO Infantry, Co. F, (RES) Benkelman, NE

Raney, Goodwin F.: (ID) Jun. 26, 1890, (L) Springfield, (AN) MO5780.311, (CO) Taney

Raney, Goodwin T.: (ID) Apr. 14, 1888, (L) Springfield, (AN) MO5780.090, (CO) Taney

Rankin, Charles U.: (ID) Feb. 20, 1891, (L) Springfield, (AN) MO5940.216, (CO) Taney

Ranslow, George P.: (ID) Jul. 11, 1892, (L) Springfield, (AN) MO5790.204, (CO) Taney

Rapalyea, Daniel: (ID) Sep. 27, 1892, (L) Booneville, (AN) MO3410.448, (CO) Laclede

Rath, Mattison H.: (A) 21Y, (BP) MO, (B) 1899, (Race) White, (CEN) 1920 Census, Los Angeles, Los Angeles Co., CA

Rathbun, Jacob W.: (ID) May 5, 1899, (L) Booneville, (AN) MO6060.138, (CO) Hickory

Ratherford, Ernest: (A) 21Y, (BP) MO, (B) 1899, (Race) White, (CEN) 1920 Census, Lindsay, Tulare Co., CA

Rau, Adam: (OC) Blacksmith, (RES) Kansas City, MO, (CMTS) City Directory Kansas City, MO, 1899

Rauch, Joseph E.: (A) 21Y, (BP) MO, (B) 1899, (Race) White, (CEN) 1920 Census, Angel Island, Marin Co., CA

Rauch, Viola: (A) 21Y, (BP) MO, (B) 1899, (Race) White, (CEN) 1920 Census, Hueneme, Ventura Co., CA

Raulston, John L.: (A) 21Y, (BP) MO, (B) 1899, (Race) White, (CEN) 1920 Census, Township 12, Kern Co., CA

Raupp, Philip: (OC) Blacksmith, (RES) Kansas City, MO, (CMTS) City Directory Kansas City, MO, 1899

Ray, Cynthia A.: (ID) Aug. 9, 1897, (L) Booneville, (AN) MO3430.412, (CO) Hickory

Ray, Glen S.: (A) 21Y, (BP) MO, (B) 1899, (Race) White, (CEN) 1920 Census, San Fernando, Los Angeles Co., CA

Ray, Jefferson D.: (ID) Apr. 9, 1892, (L) Springfield, (AN) MO5790.140, (CO) Taney

Ray, Jerry M.: (ID) Jul. 17, 1890, (L) Springfield, (AN) MO5930.220, (CO) Laclede

Ray, John W.: (ID) Aug. 9, 1897, (L) Booneville, (AN) MO3430.412, (CO) Hickory

Raycraft, Vanda: (A) 21Y, (BP) MO, (B) 1899, (Race) White, (CEN) 1920 Census, Salinas, Monterey Co., CA

Raymond, Josef: (A) 21Y, (BP) MO, (B) 1899, (Race) White, (CEN) 1920 Census, Los Angeles, Los Angeles Co., CA

Raymond, Seth: (CEN) 1893 NE State Census, MO Veterans, (MIL) 3rd MO Infantry, Co. A, (RES) Gering, NE

Reams, B.: (CEN) 1893 NE State Census, MO Veterans, (MIL) 8th MO Infantry, Co. H, (RES) Franklin, NE

Reams, H. F.: (CMTS) 1899 Tax List, Crawford Twp., Dearborn, (CO) Buchanan

Reavis, Rebecca M.: (DI) Jan. 3, 1891, (A) 33Y, (B) 1858, (BP) Ireland, (CO) St. Louis

Record, J. M.: (CMTS) 1899 Tax List, Crawford Twp., Faucett, (CO) Buchanan

Rector, Charles M.: (ID) May 27, 1897, (L) Booneville, (AN) MO3430.371, (CO) Laclede

Rector, Joel C.: (ID) Apr. 6, 1898, (L) Booneville, (AN) MO6030.282, (CO) Laclede

Redix, Andrew: (ID) Nov. 15, 1894, (L) Booneville, (AN) MO3420.331, (CO) Adair

Reece, Myron D.: (OC) Blacksmith, (RES) Kansas City, MO, (CMTS) City Directory Kansas City, MO, 1899

Reed, David D.: (ID) Mar. 20, 1882, (L) Springfield, (AN) MO5890.156, (CO) Laclede

Reed, Eldad: (ID) Apr. 6, 1898, (L) Booneville, (AN) MO6030.298, (CO) Hickory

Reed, Freda: (A) 21Y, (BP) MO, (B) 1899, (Race) White, (CEN) 1920 Census, Concord, Contra Costa Co., CA

Reed, Hal: (OC) Coach University of Missouri, 1891

Reed, J. L.: (CEN) 1893 NE State Census, MO Veterans, (MIL) MO Squadron, (RES) Scotia, NE

Reed, John: (ID) May 16, 1893, (L) Springfield, (AN) MO5990.148, (CO) Laclede

Reed, John: (A) 21Y, (BP) MO, (B) 1899, (Race) White, (CEN) 1920 Census, Bakersfield, Kern Co., CA

Reed, John: (MD) Nov. 23, 1881, (Spouse) Kate Perry, (CO) Laclede

Reed, John Thomas: (D) Dec. 30, 1887, (CO) Sullivan, (C) Judson Cemetery

Reese, Albert: (ID) Oct. 21, 1891, (L) Springfield, (AN) MO5950.049, (CO) Taney

Reese, James: (ID) Oct. 21, 1891, (L) Springfield, (AN) MO5950.049, (CO) Taney

Reese, Sherwood R.: (ID) Apr. 9, 1892, (L) Springfield, (AN) MO5790.187, (CO) Taney

Reese, Sherwood R.: (ID) Apr. 9, 1892, (L) Springfield, (AN) MO5790.188, (CO) Taney

Reese, William C.: (ID) Oct. 21, 1891, (L) Springfield, (AN) MO5950.049, (CO) Taney

Reeves, James: (A) 21Y, (BP) MO, (B) 1899, (Race) White, (CEN) 1920 Census, Fresno, Fresno Co., CA

Reeves, Jr, Edward A.: (OC) Blacksmith, (RES) Kansas City, MO, (CMTS) City Directory Kansas City, MO, 1899

Regan, George E.: (OC) Blacksmith, (RES) Kansas City, MO, (CMTS) City Directory Kansas City, MO, 1899

Reid, George R.: (ID) Feb. 1, 1894, (L) Springfield, (AN) MO5990.414, (CO) Laclede

Reid, Harry T.: (A) 21Y, (BP) MO, (B) 1899, (Race) White, (CEN) 1920 Census, Glendale, Los Angeles Co., CA

Reid, James R.: (ID) May 31, 1899, (L) Springfield, (AN) MO6060.242, (CO) Laclede

Reid, Julius: (CEN) 1893 NE State Census, MO Veterans, (MIL) 15th MO Infantry, Co. I, (RES) Syracuse, NE

Reid, Myron L.: (OC) Blacksmith, (RES) Kansas City, MO, (CMTS) City Directory Kansas City, MO, 1899

Reilly, Matthew: (OC) Blacksmith, (RES) Kansas City, MO, (CMTS) City Directory Kansas City, MO, 1899

Reinard, Louis: (Song) *Two Friends*, (PUB) J. L. Peters, St. Louis, 1883

Reinard, Louis: (Song) *Nearer My God to Thee*, (PUB) J. L. Peters, St. Louis, 1883

Reinkemeyer, Stephen: (ID) May 7, 1888, (L) Booneville, (AN) MO3290.529, (CO) Osage

Rekouski, Blasius: (DI) Apr. 4, 1896, (A) 43Y, (B) 1853, (BP) Germany, (CO) St. Louis

Rekowski, Frank: (DI) Apr. 6, 1896, (A) 45Y, (B) 1851, (BP) Poland, (CO) St. Louis

Rench, Luther: (A) 21Y, (BP) MO, (B) 1899, (Race) White, (CEN) 1920 Census, Vallejo, Solano Co., CA

Rendall, James: (ID) Mar. 7, 1892, (L) Springfield, (AN) MO5960.244, (CO) Taney

Renfrew, J. J.: (CMTS) 1899 Tax List, Crawford Twp., Faucett, (CO) Buchanan

Renfrew, J. T.: (CMTS) 1899 Tax List, Crawford Twp., Faucett, (CO) Buchanan

Renfro, Maria: (ID) Dec. 19, 1885, (L) Booneville, (AN) MO3390.181, (CO) Laclede

Rennaux, Stanley: (A) 21Y, (BP) MO, (B) 1899, (Race) White, (CEN) 1920 Census, Martinez, Contra Costa Co., CA

Renner, Herman: (DI) Jan. 22, 1895, (A) 39Y, (B) 1856, (BP) Germany, (CO) St. Louis

Reno, Millard F.: (ID) May 5, 1899, (L) Booneville, (AN) MO6060.134, (CO) Hickory

Renshaw, Wilson: (ID) Dec. 3, 1892, (L) Springfield, (AN) MO5980.273, (CO) Taney

Rest, Karl: (DI) May. 9, 1898, (A) 23Y, (B) 1875, (BP) Germany, (CO) St. Louis

Reynolds, E V.: (A) 21Y, (BP) MO, (B) 1899, (Race) White, (CEN) 1920 Census, Los Angeles, Los Angeles Co., CA

Reynolds, Isa W..: (A) 21Y, (BP) MO, (B) 1899, (Race) White, (CEN) 1920 Census, Dinuba, Tulare Co., CA

Reynolds, J. I.: (CMTS) 1899 Tax List, Crawford Twp., Faucett, (CO) Buchanan

Reynolds, John L.: (ID) Feb. 17, 1890, (L) Springfield, (AN) MO5920.346, (CO) Taney

Reynolds, Robert N.: (ID) Feb. 6, 1892, (L) Springfield, (AN) MO5960.041, (CO) Taney

Reynolds, Sarah: (ID) Nov. 3, 1892, (L) Booneville, (AN) MO3300.319, (CO) Adair

Reynolds, Zephaniah: (ID) May 25, 1883, (L) Booneville, (AN) MO3290.201, (CO) Adair

Rhoad, Henry H.: (ID) Apr. 20, 1885, (L) Springfield, (AN)

MO5770.140, (CO) Laclede
Rhoads, John W.: (ID) Nov. 28, 1896, (L) Springfield, (AN) MO6020.164, (CO) Taney
Riale, Alfonso: (DI) Apr. 6, 1896, (A) 24Y, (B) 1872, (BP) Italy, (CO) St. Louis
Riale, Guiseppe: (DI) Apr. 6, 1896, (A) 31Y, (B) 1865, (BP) Italy, (CO) St. Louis
Rice, J. B.: (CEN) 1893 NE State Census, MO Veterans, (MIL) 40th MO Infantry, Co. A, (RES) Davenport, NE
Rice, J. J.: (CEN) 1893 NE State Census, MO Veterans, (MIL) 7th MO Cavalry, Co. G, (RES) Beatrice, NE
Rice, James B.: (ID) Dec. 10, 1881, (L) Springfield, (AN) MO5760.031, (CO) Taney
Rice, John W.: (CEN) 1893 NE State Census, MO Veterans, (MIL) 42th MO Infantry, Co. D, (RES) Ord, NE
Rice, Stephen: (CEN) 1893 NE State Census, MO Veterans, (MIL) 6th MO Infantry, Co. K, (RES) Davenport, NE
Richard, Samuel L.: (A) 21Y, (BP) MO, (B) 1899, (Race) White, (CEN) 1920 Census, Long Beach, Los Angeles Co., CA
Richards, John: (ID) Jan. 4, 1896, (L) Warsaw, (AN) MO2120.203, (CO) Hickory
Richards, Thomas B.: (ID) Apr. 1, 1892, (L) Springfield, (AN) MO5970.248, (CO) Taney
Richards, William H.: (ID) Feb. 21, 1893, (L) Booneville, (AN) MO3300.34, (CO) Holt
Richardson, Fitzhugh: (A) 21Y, (BP) MO, (B) 1899, (Race) White, (CEN) 1920 Census, Corona, Riverside Co., CA
Richardson, Marcus M.: (ID) Oct. 26, 1892, (L) Springfield, (AN) MO5980.090, (CO) Taney
Richardson, Willis: (B) Sep. 5, 1899, (D) Jul. 19, 1989, (RES) Lebanon, MO, (CO) Laclede
Richerson, Charles M.: (A) 21Y, (B) 1899, (BP) MO, (Race) White, (CEN) 1920 Census, Auglaize, Laclede Co., MO
Richey, Squire: (CMTS) 1899 Tax List, Crawford Twp., Halleck, (CO) Buchanan
Richey, William Y: (ID) Nov. 9, 1891, (L) Booneville, (AN) MO3300.204, (CO) Laclede
Richter, George F.: (ID) Jul. 24, 1893, (L) Booneville, (AN) MO3420.193, (CO) Hickory
Riddle, Andrew J.: (ID) Sep. 25, 1894, (L) Springfield, (AN) MO6000.008, (CO) Laclede
Riddle, John N.: (ID) Nov. 11, 1895, (L) Springfield, (AN) MO6010.243, (CO) Taney
Ridgeway, Ellie: (B) Mar., 1895, (BP) MO, (CEN) 1900 Census, Ed. 89, (CO) Pemiscot
Ridgeway, Talmadge: (B) Oct., 1889, (BP) MO, (CEN) 1900 Census, Ed.

89, (CO) Pemiscot
Ridgeway, Thomas: (B) Nov., 1893, (BP) MO, (CEN) 1900 Census, Ed. 89, (CO) Pemiscot
Riebel, John: (DI) Jul. 31, 1894, (A) 25Y, (B) 1869, (BP) Germany, (CO) St. Louis
Ried, Lucile: (A) 21Y, (BP) MO, (B) 1899, (Race) White, (CEN) 1920 Census, Township 7, Fresno Co., CA
Rifenburg, Charles D: (B) 1898, (BP) MD, (CEN) 1920 Census, Union, Laclede Co., MO
Rigg, George B.: (MD) Feb. 20, 1881, (Spouse) Sarah Hill, (CO) Laclede
Rigg, James: (ID) Jun. 25, 1892, (L) Springfield, (AN) MO5970.362, (CO) Laclede
Riggs, Carl: (B) 1877, (D) 1894, (CO) Ray, (C) Crowley Cemetery
Riley, Delmar: (A) 21Y, (BP) MO, (B) 1899, (Race) White, (CEN) 1920 Census, Los Angeles, Los Angeles Co., CA
Riley, George N.: (ID) Feb. 18, 1890, (L) Booneville, (AN) MO3400.208, (CO) Laclede
Riley, James: (ID) Oct. 10, 1896, (L) Springfield, (AN) MO5800.067, (CO) Taney
Riley, Thomas: (DI) Oct. 24, 1890, (A) 28Y, (B) 1862, (BP) England, (CO) St. Louis
Riley, Will S: (B) 1898, (BP) MO, (CEN) 1920 Census, Lebanon, Laclede Co., MO
Riley, William J.: (ID) Jan. 9, 1886, (L) Booneville, (AN) MO3390.198, (CO) Laclede
Riley, William S.: (OC) Blacksmith, (RES) Kansas City, MO, (CMTS) City Directory Kansas City, MO, 1899
Rimer, Marie: (A) 21Y, (BP) MO, (B) 1899, (Race) White, (CEN) 1920 Census, San Francisco, San Francisco Co., CA
Rinkhofer, George: (OC) Blacksmith, (RES) Kansas City, MO, (CMTS) City Directory Kansas City, MO, 1899
Riorden, Michael: (OC) Blacksmith, (RES) Kansas City, MO, (CMTS) City Directory Kansas City, MO, 1899
Rippey, Eli. (ID) Apr. 9, 1892, (L) Springfield, (AN) MO5790.145, (CO) Laclede
Rippey, James: (ID) Jan. 21, 1893, (L) Springfield, (AN) MO5980.424, (CO) Laclede
Rippey, William E.: (ID) Oct. 21, 1891, (L) Springfield, (AN) MO5950.102, (CO) Laclede
Rippy, Eli: (ID) Jan. 20, 1881, (L) Springfield, (AN) MO5890.044, (CO) Laclede
Rippy, Francis M.: (ID) Jul. 9, 1895, (L) Springfield, (AN) MO6010.070, (CO) Laclede
Ritter, Frank: (OC) Blacksmith, (RES) Kansas City, MO, (CMTS) City Directory Kansas City, MO, 1899
Roach, Michael D.: (OC) Blacksmith, (RES) Kansas City, MO, (CMTS)

City Directory Kansas City, MO, 1899
Roads, Jesse: (ID) Oct. 21, 1891, (L) Springfield, (AN) MO5950.086, (CO) Taney
Robbins, Kenneth L.: (A) 21Y, (BP) MO, (B) 1899, (Race) White, (CEN) 1920 Census, San Diego, San Diego Co., CA
Robert, Merick: (ID) Jun. 1, 1882, (L) Booneville, (AN) MO3380.239, (CO) Adair
Robert, Wilcox B.: (A) 21Y, (BP) MO, (B) 1899, (Race) White, (CEN) 1920 Census, Los Angeles, Los Angeles Co., CA
Roberts, Chas: (CEN) 1893 NE State Census, MO Veterans, (MIL) 42nd MO Infantry, Co. C, (RES) College View, NE
Roberts, Francis M.: (ID) Jul. 17, 1890, (L) Springfield, (AN) MO5930.027, (CO) Laclede
Roberts, George: (ID) Jun. 30, 1884, (L) Booneville, (AN) MO3390.008, (CO) Laclede
Roberts, J.: (CMTS) 1899 Tax List, Crawford Twp., Faucett, (CO) Buchanan
Roberts, James W.: (ID) Jun. 28, 1890, (L) Springfield, (AN) MO5920.471, (CO) Taney
Roberts, James W.: (ID) Nov. 23, 1891, (L) Springfield, (AN) MO5950.440, (CO) Taney
Roberts, Jesse: (CMTS) 1899 Tax List, Crawford Twp., Wallace, (CO) Buchanan
Roberts, Jessey B.: (ID) Jun. 7, 1889, (L) Booneville, (AN) MO3400.079, (CO) Hickory
Roberts, Loren K.: (A) 21Y, (BP) MO, (B) 1899, (Race) White, (CEN) 1920 Census, Berkeley, Alameda Co., CA
Roberts, N.: (CEN) 1893 NE State Census, MO Veterans, (MIL) 2nd MO Infantry, Co. C, (RES) Liberty, NE
Roberts, P. C.: (CMTS) 1899 Tax List, Crawford Twp., Faucett, (CO) Buchanan
Roberts, Solomon H.: (ID) Mar. 25, 1896, (L) Booneville, (AN) MO3430.145, (CO) Hickory
Roberts, Thomas M.: (CEN) 1893 NE State Census, MO Veterans, (MIL) 26th MO Infantry, Co. A, (RES) Tekamah, NE
Robertson, Daniel F.: (MD) Dec. 29, 1881, (Spouse) Mary E. Smeadly, (CO) Laclede
Robertson, Frank: (A) 21Y, (BP) MO, (B) 1899, (Race) White, (CEN) 1920 Census, San Quentin, Marin Co., CA
Robertson, Jasper N.: (ID) Feb. 26, 1890, (L) Springfield, (AN) MO5780.294, (CO) Laclede
Robertson, Jasper N.: (ID) Jan. 20, 1881, (L) Springfield, (AN) MO5890.041, (CO) Laclede
Robertson, Marion: (ID) Feb. 5, 1891, (L) Booneville, (AN) MO3400.335, (CO) Hickory
Robertson, Mary E.: (ID) Jan. 21, 1893, (L) Springfield, (AN)

MO5980.383, (CO) Taney
Robertson, William S.: (ID) Jan. 21, 1893, (L) Springfield, (AN) MO5980.383, (CO) Taney
Robinson, H. L.: (OC) Coach University of Missouri, 1893-1894
Robinson, J. H. C.: (CMTS) 1899 Tax List, Crawford Twp., Halleck, (CO) Buchanan
Robinson, William: (ID) Nov. 2, 1888, (L) Booneville, (AN) MO3400.021, (CO) Hickory
Robirds, James M.: (ID) Jan. 18, 1894, (L) Springfield, (AN) MO5990.375, (CO) Taney
Robyn, A. G.: (Song) *L'Esperance*, (PUB) Balmer & Weber, St. Louis, 1887
Robyn, Alfred George: (Song) *Answer*, (PUB) Balmer & Weber, St. Louis, 1885
Rodgers, James: (CEN) 1893 NE State Census, MO Veterans, (MIL) 12th MO Infantry, Co. F, (RES) Precept, NE
Rodgers, James: (CEN) 1893 NE State Census, MO Veterans, (MIL) 1st MO Infantry, Co. A, (RES) Stamford, NE
Rodley, Edward: (ID) Jun. 23, 1888, (L) Springfield, (AN) MO5900.477, (CO) Laclede
Rodman, James A.: (OC) Blacksmith, (RES) Kansas City, MO, (CMTS) City Directory Kansas City, MO, 1899
Roettgen, Dionisius: (ID) Oct. 17, 1892, (L) Booneville, (AN) MO3420.001, (CO) Osage
Rogers, Arthur: (ID) Jul. 3, 1888, (L) Springfield, (AN) MO5910.094, (CO) Taney
Rogers, David G.: (CMTS) 1899 Tax List, Crawford Twp., Halleck, (CO) Buchanan
Rogers, Earl: (A) 21Y, (BP) MO, (B) 1899, (Race) White, (CEN) 1920 Census, Los Angeles, Los Angeles Co., CA
Rogers, Henry G.: (CEN) 1893 NE State Census, MO Veterans, (MIL) Missouri Guard, Co. F, (RES) Lebanon, NE
Rogers, J. A.: (CEN) 1893 NE State Census, MO Veterans, (MIL) 2nd MO Vol, Co. C, (RES) Nelson, NE
Rogers, John: (A) 21Y, (BP) MO, (B) 1899, (Race) White, (CEN) 1920 Census, Salinas, Monterey Co., CA
Rogers, Kenneth: (A) 21Y, (BP) MO, (B) 1899, (Race) White, (CEN) 1920 Census, Long Beach, Los Angeles Co., CA
Rogers, Nancy E.: (ID) Apr. 2, 1891, (L) Springfield, (AN) MO5780.426, (CO) Taney
Rogers, Oscar: (CMTS) 1899 Tax List, Crawford Twp., Halleck, (CO) Buchanan
Rogers, R. T.: (CMTS) 1899 Tax List, Crawford Twp., Halleck, (CO) Buchanan
Rogers, Ralph: (A) 21Y, (BP) MO, (B) 1899, (Race) White, (CEN) 1920 Census, Agnew, Santa Clara Co., CA

Rogers, W. H.: (CMTS) 1899 Tax List, Crawford Twp., Halleck, (CO) Buchanan
Roller, Phillip: (ID) Feb. 17, 1890, (L) Springfield, (AN) MO5920.452, (CO) Taney
Roller, Phillip: (ID) Apr. 9, 1892, (L) Springfield, (AN) MO5790.098, (CO) Taney
Roller, William: (ID) Jun. 23, 1888, (L) Springfield, (AN) MO5900.397, (CO) Taney
Rollins, George W: (B) 1898, (BP) MO, (CEN) 1920 Census, Eldridge, Laclede Co., MO
Rollins, James T.: (ID) May 5, 1899, (L) Booneville, (AN) MO6060.131, (CO) Laclede
Rollins, Jim: (B) Oct. 1, 1899, (D) Jan, 1978, (RES) Lebanon, MO, (CO) Laclede
Rond, Fred T.: (A) 21Y, (BP) MO, (B) 1899, (Race) White, (CEN) 1920 Census, Elkhorn, San Joaquin Co., CA
Roper, James F.: (ID) May 15, 1884, (L) Springfield, (AN) MO5890.464, (CO) Laclede
Rose, C. T.: (CMTS) 1899 Tax List, Crawford Twp., Faucett, (CO) Buchanan
Rose, Ruby S.: (A) 21Y, (BP) MO, (B) 1899, (Race) White, (CEN) 1920 Census, Sanger, Fresno Co., CA
Rose, William C.: (CMTS) 1899 Tax List, Crawford Twp., Faucett, (CO) Buchanan
Rose, William S.: (ID) Jan. 20, 1881, (L) Springfield, (AN) MO5890.002, (CO) Taney
Rose, William T.: (ID) May 15, 1884, (L) Springfield, (AN) MO5760.389, (CO) Taney
Ross, Adolph: (A) 21Y, (BP) MO, (B) 1899, (Race) White, (CEN) 1920 Census, Los Angeles, Los Angeles Co., CA
Ross, George: (B) Aug. 14, 1899, (D) Jul, 1965, (RES) Lebanon, MO, (CO) Laclede
Ross, Ruby R.: (A) 21Y, (BP) MO, (B) 1899, (Race) White, (CEN) 1920 Census, San Bernardino, San Bernardino Co., CA
Roth, Christian: (ID) Jun. 1, 1882, (L) Booneville, (AN) MO3380.256, (CO) Hickory
Roundtree, W. R.: (CMTS) 1899 Tax List, Crawford Twp., Halleck, (CO) Buchanan
Rousey, Eliza: (ID) Feb. 9, 1898, (L) Springfield, (AN) MO6030.119, (CO) Taney
Rousey, Mason: (ID) Feb. 9, 1898, (L) Springfield, (AN) MO6030.119, (CO) Taney
Routh, William H.: (ID) Feb. 6, 1892, (L) Springfield, (AN) MO5790.024, (CO) Taney
Roy, Levi P.: (CEN) 1893 NE State Census, MO Veterans, (MIL) 7th MO Cavalry, Co. H, (RES) O'Neill, NE

Rozel, Peter P.: (ID) Mar. 7, 1892, (L) Springfield, (AN) MO5960.180, (CO) Taney
Rozell, James B.: (ID) Mar. 30, 1882, (L) Springfield, (AN) MO5760.043, (CO) Taney
Rozell, James B.: (ID) Apr. 18, 1891, (L) Springfield, (AN) MO5940.341, (CO) Taney
Rozell, James R.: (ID) Feb. 9, 1898, (L) Springfield, (AN) MO6030.143, (CO) Taney
Rozell, Nancy M.: (ID) Feb. 9, 1898, (L) Springfield, (AN) MO6030.143, (CO) Taney
Rozell, Stephen J.: (ID) Nov. 3, 1891, (L) Springfield, (AN) MO5780.488, (CO) Taney
Rozelle, Martin P.: (ID) Apr. 20, 1885, (L) Springfield, (AN) MO5770.006, (CO) Taney
Rozelle, Martin P.: (ID) Oct. 18, 1886, (L) Springfield, (AN) MO5770.460, (CO) Taney
Rubey, Alfred E.: (ID) Jun. 30, 1884, (L) Booneville, (AN) MO3380.497, (CO) Hickory
Ruble, Minnie: (B) Sep. 30, 1899, (D) Feb, 1993, (RES) Lebanon, MO, (CO) Laclede
Ruble, Mollie: (B) Apr. 5, 1899, (D) Nov, 1973, (RES) Lebanon, MO, (CO) Laclede
Rublee, Pearl: (B) 1898, (BP) MO, (CEN) 1920 Census, Gasconade, Laclede Co., MO
Rubles, William H: (B) 1898, (BP) MO, (CEN) 1920 Census, Lebanon, Laclede Co., MO
Rucker, Robert H.: (ID) Jun. 7, 1889, (L) Booneville, (AN) MO3400.083, (CO) Laclede
Ruddy, Neal: (DI) Apr. 3, 1896, (A) 30Y, (B) 1866, (BP) Ireland, (CO) St. Louis
Rudolph, Max: (A) 21Y, (BP) MO, (B) 1899, (Race) White, (CEN) 1920 Census, San Francisco, San Francisco Co., CA
Rue, Lewis: (CEN) 1893 NE State Census, MO Veterans, (MIL) 8th MO Zouaves, Co. I, (RES) Brock, NE
Rupard, Erasmus A.: (ID) Jun. 1, 1882, (L) Booneville, (AN) MO3380.287, (CO) Laclede
Rupard, James: (MD) Aug. 21, 1881, (Spouse) Clara P. Paine, (CO) Laclede
Rupinski, Frank: (DI) Apr. 4, 1896, (A) 38Y, (B) 1858, (BP) Poland, (CO) St. Louis
Ruschick, Adolph: (CEN) 1893 NE State Census, MO Veterans, (MIL) 4th MO S. M., Co. B, (RES) McCook, NE
Rush, Ethel O.: (A) 21Y, (BP) MO, (B) 1899, (Race) White, (CEN) 1920 Census, Township 5, Merced Co., CA
Rush, Philip: (DI) Apr. 1, 1896, (A) 35Y, (B) 1861, (BP) Ireland, (CO) St. Louis

Russell, Jas. J.: (CMTS) 1899 Tax List, Crawford Twp., Dearborn, (CO) Buchanan

Russell, John: (ID) Dec. 22, 1890, (L) Booneville, (AN) MO3300.142, (CO) Laclede

Russell, Mrs. M. A.: (CMTS) 1899 Tax List, Crawford Twp., Faucett, (CO) Buchanan

Russell, T. F.: (CMTS) 1899 Tax List, Crawford Twp., Faucett, (CO) Buchanan

Russell, W. T.: (CMTS) 1899 Tax List, Crawford Twp., Faucett, (CO) Buchanan

Russo, Antonio: (DI) Apr. 6, 1896, (A) 42Y, (B) 1854, (BP) Italy, (CO) St. Louis

Rust, Cleo: (A) 21Y, (BP) MO, (B) 1899, (Race) White, (CEN) 1920 Census, Covina, Los Angeles Co., CA

Rutherford, Ida: (A) 21Y, (BP) MO, (B) 1899, (Race) White, (CEN) 1920 Census, San Jose, Santa Clara Co., CA

Rutherford, Josiah E.: (ID) Jan. 25, 1896, (L) Booneville, (AN) MO3430.100, (CO) Hickory

Rutledge, George O.: (ID) Oct. 20, 1897, (L) Booneville, (AN) MO3430.453, (CO) Hickory

Ryan, George W.: (ID) Feb. 13, 1899, (L) Springfield, (AN) MO6060.054, (CO) Taney

Ryan, Martin: (DI) Apr. 3, 1896, (A) 54Y, (B) 1842, (BP) Ireland, (CO) St. Louis

Ryan, Patrick: (OC) Blacksmith, (RES) Kansas City, MO, (CMTS) City Directory Kansas City, MO, 1899

Ryan, William E.: (MD) Jul. 17, 1881, (Spouse) Ellen B. Omilia, (CO) Laclede

Ryder, Thomas B.: (ID) Jan. 20, 1881, (L) Springfield, (AN) MO5890.053, (CO) Laclede

Rymer, Clifford: (A) 21Y, (BP) MO, (B) 1899, (Race) White, (CEN) 1920 Census, Santa Paula, Ventura Co., CA

Ryther, Ralph: (A) 21Y, (BP) MO, (B) 1899, (Race) White, (CEN) 1920 Census, Los Angeles, Los Angeles Co., CA

Ryun, Wilbur F.: (ID) Oct. 21, 1891, (L) Springfield, (AN) MO5950.210, (CO) Taney

Sachse, Carolyn E.: (A) 21Y, (BP) MO, (B) 1899, (Race) White, (CEN) 1920 Census, Los Angeles, Los Angeles Co., CA

Sackze, James F.: (OC) Blacksmith, (RES) Kansas City, MO, (CMTS) City Directory Kansas City, MO, 1899

Sage, John W.: (ID) Jan. 14, 1899, (L) Springfield, (AN) MO1150.403, (CO) Taney

Sage, John W.: (ID) Mar. 7, 1892, (L) Springfield, (AN) MO5960.226, (CO) Taney

Sage, John W.: (ID) Mar. 5, 1896, (L) Springfield, (AN) MO5790.478, (CO) Taney

Sagstetter, Joseph: (DI) Feb. 17, 1897, (A) 27Y, (B) 1870, (BP) Germany, (CO) St. Louis

Saladin, Roy: (A) 21Y, (BP) MO, (B) 1899, (Race) White, (CEN) 1920 Census, Pomona, Los Angeles Co., CA

Salmon, James: (CEN) 1893 NE State Census, MO Veterans, (MIL) 23th MO Infantry, Co. E, (RES) Ragan, NE

Salsbury, James: (A) 21Y, (BP) MO, (B) 1899, (Race) White, (CEN) 1920 Census, Los Angeles, Los Angeles Co., CA

Salsman, Geo. D.: (A) 21Y, (BP) MO, (B) 1899, (Race) White, (CEN) 1920 Census, San Bernardino, San Bernardino Co., CA

Salyer, William R.: (ID) Dec. 18, 1893, (L) Springfield, (AN) MO5790.335, (CO) Taney

Samons, Donald: (B) 1898, (BP) MO, (CEN) 1920 Census, Lebanon, Laclede Co., MO

Sample, Andrew: (ID) Jul. 31, 1889, (L) Springfield, (AN) MO5920.226, (CO) Taney

Sample, John T.: (ID) Oct. 16, 1896, (L) Springfield, (AN) MO6020.151, (CO) Taney

Samples, Richard T.: (ID) Jun. 27, 1898, (L) Booneville, (AN) MO6030.473, (CO) Hickory

Samples, Vivian: (B) 1886, (D) 1910, (CO) Ray, (C) Crowley Cemetery

Sams, Charles K.: (ID) Apr. 9, 1892, (L) Springfield, (AN) MO5790.069, (CO) Taney

Sandbothe, Herman: (ID) May 10, 1882, (L) Booneville, (AN) MO3290.059, (CO) Osage

Sanders, Ezra B.: (ID) Jun. 1, 1882, (L) Springfield, (AN) MO5890.192, (CO) Laclede

Sandmann, Fritz: (DI) Jul. 9, 1895, (A) 36Y, (B) 1859, (BP) Germany, (CO) St. Louis

Sands, Abel J.: (ID) Jan. 20, 1885, (L) Booneville, (AN) MO3290.317, (CO) Hickory

Sands, Abel J.: (ID) Jan. 20, 1885, (L) Booneville, (AN) MO3290.318, (CO) Hickory

Sands, Abel J.: (ID) Jan. 20, 1885, (L) Booneville, (AN) MO3290.319, (CO) Hickory

Sangster, Andrew J.: (OC) Blacksmith, (RES) Kansas City, MO, (CMTS) City Directory Kansas City, MO, 1899

Sappington, Josiah: (ID) Nov. 28, 1896, (L) Springfield, (AN) MO6020.172, (CO) Laclede

Sappington, Milton: (ID) Dec. 15, 1892, (L) Springfield, (AN) MO5980.312, (CO) Laclede

Sarratt, Alaeon: (A) 21Y, (BP) MO, (B) 1899, (Race) White, (CEN) 1920 Census, Benicia, Solano Co., CA

Sasse, Frank: (DI) Apr. 4, 1896, (A) 40Y, (B) 1856, (BP) Germany, (CO) St. Louis

Satterfield, Horace M.: (A) 21Y, (BP) MO, (B) 1899, (Race) White,

(CEN) 1920 Census, Los Angeles, Los Angeles Co., CA
Satterfield, Martin: (B) Nov. 7, 1899, (D) Dec, 1967, (RES) Lebanon, MO, (CO) Laclede
Sauer, William: (OC) Blacksmith, (RES) Kansas City, MO, (CMTS) City Directory Kansas City, MO, 1899
Saunders, Robert R.: (ID) Mar. 24, 1888, (L) Booneville, (AN) MO3390.268, (CO) Laclede
Sautter, Benjamin: (ID) Mar. 7, 1892, (L) Springfield, (AN) MO5960.479, (CO) Taney
Savage, Benjamin F.: (ID) Feb. 6, 1892, (L) Springfield, (AN) MO5790.029, (CO) Taney
Savage, Benjamin F.: (ID) Oct. 7, 1893, (L) Springfield, (AN) MO5990.256, (CO) Taney
Savage, Oliver A.: (ID) Mar. 13, 1895, (L) Springfield, (AN) MO6000.334, (CO) Taney
Savick, Alvina: (A) 21Y, (BP) MO, (B) 1899, (Race) White, (CEN) 1920 Census, Cahuenga, Los Angeles Co., CA
Sayers, Grace: (A) 21Y, (BP) MO, (B) 1899, (Race) White, (CEN) 1920 Census, Township 4, Glenn Co., CA
Scales, John H.: (ID) Jul. 2, 1894, (L) Springfield, (AN) MO5790.359, (CO) Taney
Scanlan, William James: (Song) *Gathering the Myrtle with Mary*, (PUB) Charles I. Wynne & CO., St. Louis, 1886
Scanlan, William James: (Song) *Why Paddy's Always Poor*, (PUB) Charles I. Wynne & Co., St. Louis, 1886
Scanlon, Thomas: (OC) Blacksmith, (RES) Kansas City, MO, (CMTS) City Directory Kansas City, MO, 1899
Scarbrough, Jacob R.: (ID) Jun. 7, 1889, (L) Booneville, (AN) MO3400.086, (CO) Hickory
Scarlet, S. G.: (CEN) 1893 NE State Census, MO Veterans, (MIL) 13th MO Vol, Co. B, (RES) Harbine, NE
Schaefer, William: (DI) Jan. 11, 1892, (A) 36Y, (B) 1856, (BP) Germany, (CO) St. Louis
Schaefer-Klein, Emmy: (Song) *Woodbird Polka*, (PUB) Kunkel Bros., St. Louis, 1882
Schaefer-Klein, Emmy: (Song) *Spring Dawn Polka*, (PUB) Kunkel Bros., St. Louis, 1882
Schaffer, Thomas B.: (OC) Blacksmith, (RES) Kansas City, MO, (CMTS) City Directory Kansas City, MO, 1899
Schaffitzel, Freed: (ID) Jul. 9, 1895, (L) Springfield, (AN) MO6010.033, (CO) Taney
Scharapinski, Michael: (DI) Apr. 4, 1896, (A) 37Y, (B) 1859, (BP) Germany, (CO) St. Louis
Schauer, Charles: (DI) Jul. 17, 1891, (A) 33Y, (B) 1858, (BP) Austria, (CO) St. Louis
Schauld, Neeld: (A) 21Y, (BP) MO, (B) 1899, (Race) White, (CEN)

1920 Census, San Diego, San Diego Co., CA
Scheets, William M.: (ID) Oct. 5, 1896, (L) Springfield, (AN) MO6020.140, (CO) Laclede
Schell, Charles E.: (ID) Apr. 9, 1892, (L) Springfield, (AN) MO5790.139, (CO) Taney
Scheppers, August: (ID) Oct. 13, 1896, (L) Booneville, (AN) MO3310.026, (CO) Osage
Scher, Nicholas: (DI) Dec. 1, 1890, (A) 36Y, (B) 1854, (BP) Germany, (CO) St. Louis
Scheulen, Reinhard: (ID) Feb. 18, 1890, (L) Booneville, (AN) MO3400.210, (CO) Osage
Schiess, Henry: (DI) April. 2, 1890, (A) 38Y, (B) 1852, (BP) Germany, (CO) St. Louis
Schilling, William H.: (OC) Blacksmith, (RES) Kansas City, MO, (CMTS) City Directory Kansas City, MO, 1899
Schindler, Fred: (DI) Sep. 19, 1890, (A) 34Y, (B) 1856, (BP) Germany, (CO) St. Louis
Schleiffarth, George: (Song) *Careless Elegance*, (PUB) Kunkel Bros., St. Louis, 1885
Schlenker, Charles Frederick: (DI) Jan. 5, 1891, (A) 29Y, (B) 1862, (BP) Germany, (CO) St. Louis
Schmidt, John: (OC) Blacksmith, (RES) Kansas City, MO, (CMTS) City Directory Kansas City, MO, 1899
Schmidt, Louie: (CEN) 1893 NE State Census, MO Veterans, (MIL) 2nd MO Infantry, Co. G, (RES) Lincoln, NE
Schmidt, William: (A) 21Y, (BP) MO, (B) 1899, (Race) White, (CEN) 1920 Census, Chico, Butte Co., CA
Schmitz, Peter: (ID) Apr. 14, 1897, (L) Booneville, (AN) MO3430.357, (CO) Osage
Schmoak, Paul M.: (A) 21Y, (BP) MO, (B) 1899, (Race) White, (CEN) 1920 Census, Placerville, El Dorado Co., CA
Schnackenberg, H.: (CEN) 1893 NE State Census, MO Veterans, (MIL) German Reg., Co. A, (RES) Kiowa, NE
Schoenthal, Christ: (CEN) 1893 NE State Census, MO Veterans, (MIL) 1st Engineers, Co. F, (RES) Bennet, NE
Schroeder, Christopher: (CEN) 1893 NE State Census, MO Veterans, (MIL) German Reg., Co. F, (RES) Kiowa, NE
Schroyer, Harold E.: (A) 21Y, (BP) MO, (B) 1899, (Race) White, (CEN) 1920 Census, San Francisco, San Francisco Co., CA
Schroyer, Lewis: (A) 21Y, (BP) MO, (B) 1899, (Race) White, (CEN) 1920 Census, San Francisco, San Francisco Co., CA
Schuetz, Ernst: (Song) *On the Hights*, (PUB) Kunkel Bros., St. Louis, 1885
Schultz, Julius Louis: (Song) *St. Gotthard Waltz*, (PUB) H. Bollman, St. Louis, 1884
Schutt, Earl: (A) 21Y, (BP) MO, (B) 1899, (Race) White, (CEN)

1920 Census, Vallejo, Solano Co., CA
Schwartz, Lydia E.: (ID) Oct. 21, 1891, (L) Springfield, (AN) MO5950.113, (CO) Laclede
Schwartzberg, Elmer A.: (A) 21Y, (BP) MO, (B) 1899, (Race) White, (CEN) 1920 Census, Santa Barbara, Santa Barbara Co., CA
Schwartze, William: (ID) Oct. 13, 1896, (L) Booneville, (AN) MO3310.031, (CO) Osage
Schweickhardt, William: (DI) Apr. 18, 1892, (A) 46Y, (B) 1846, (BP) Germany, (CO) St. Louis
Schwenck, Frederick: (OC) Blacksmith, (RES) Kansas City, MO, (CMTS) City Directory Kansas City, MO, 1899
Schwer, Chas. P.: (CEN) 1893 NE State Census, MO Veterans, (MIL) 41th MO Infantry, Co. A, (RES) Hebron, NE
Schwuchow, Berne: (MD) Dec. 8, 1881, (Spouse) Arenstinn Weirauch, (CO) Laclede
Schwuchow, Bernhard: (ID) Jul. 17, 1890, (L) Springfield, (AN) MO5930.083, (CO) Laclede
Scoggins, Benjamin F.: (OC) Postmaster, Bradleyville, Oct. 25, 1895, (CO) Taney
Scott, A. C.: (CMTS) 1899 Tax List, Crawford Twp., Wallace, (CO) Buchanan
Scott, A. J.: (CEN) 1893 NE State Census, MO Veterans, (MIL) 27th MO Infantry, Co. G, (RES) Lebanon, NE
Scott, Andrew C.: (ID) Nov. 13, 1885, (L) Springfield, (AN) MO5770.227, (CO) Taney
Scott, C. C.: (CEN) 1893 NE State Census, MO Veterans, (MIL) 12th MO Cavalry, Co. F, (RES) Oxford, NE
Scott, Clement: (A) 21Y, (BP) MO, (B) 1899, (Race) White, (CEN) 1920 Census, Los Angeles, Los Angeles Co., CA
Scott, Elizabeth: (CMTS) 1899 Tax List, Crawford Twp., Wallace, (CO) Buchanan
Scott, Henry: (ID) Mar. 17, 1892, (L) Springfield, (AN) MO5970.069, (CO) Taney
Scott, Henry: (ID) Sep. 7, 1894, (L) Springfield, (AN) MO5790.387, (CO) Taney
Scott, Jesse W.: (MD) Mar. 24, 1881, (Spouse) Anna Daniel, (CO) Laclede
Scott, Joab: (MD) Jan. 26, 1881, (Spouse) Ann Harrison, (CO) Laclede
Scott, Julius W.: (ID) Jan. 18, 1894, (L) Springfield, (AN) MO5990.327, (CO) Laclede
Scott, Matthew: (OC) Blacksmith, (RES) Kansas City, MO, (CMTS) City Directory Kansas City, MO, 1899
Scott, Ray: (A) 21Y, (BP) MO, (B) 1899, (Race) White, (CEN) 1920 Census, Scotia, Humboldt Co., CA
Scott, Robert: (CEN) 1893 NE State Census, MO Veterans, (MIL) 12th MO Infantry, Co. F, (RES) Precept, NE

Scott, Thomas: (OC) Blacksmith, (RES) Kansas City, MO, (CMTS) City Directory Kansas City, MO, 1899

Scott, William: (CEN) 1893 NE State Census, MO Veterans, (MIL) 21th MO Infantry, Co. F, (RES) Elba, NE

Scott, William C.: (ID) Dec. 20, 1881, (L) Springfield, (AN) MO5890.119, (CO) Taney

Scoville, Oscar: (CEN) 1893 NE State Census, MO Veterans, (MIL) 48th MO Infantry, Co. K, (RES) Nemaha, NE

Seanlan, John H.: (OC) Blacksmith, (RES) Kansas City, MO, (CMTS) City Directory Kansas City, MO, 1899

Seaton, George W.: (ID) May 4, 1885, (L) Springfield, (AN) MO5900.148, (CO) Taney

Sebastian, George: (DI) Oct. 6, 1890, (A) 41Y, (B) 1849, (BP) Germany, (CO) St. Louis

Sebastian, Michael: (DI) Oct. 6, 1890, (A) 38Y, (B) 1852, (BP) Germany, (CO) St. Louis

Sechler, Christian: (ID) Aug. 3, 1882, (L) Springfield, (AN) MO5890.243, (CO) Taney

Sechler, Henry: (ID) Sep. 5, 1890, (L) Springfield, (AN) MO5930.452, (CO) Taney

Seek, Jacob: (B) 1817, (D) 1888, (CO) Ray, (C) Crowley Cemetery

Seek, Jennie: (B) 1856, (D) 1883, (CO) Ray, (C) Crowley Cemetery

Seek, Louise: (B) 1823, (D) 1887, (CO) Ray, (C) Crowley Cemetery

Seligsohn, Aaron: (DI) Sep. 27, 1890, (A) 27Y, (B) 1863, (BP) Russian Poland, (CO) St. Louis

Sellers, Nathan C.: (ID) Oct. 7, 1893, (L) Springfield, (AN) MO5990.274, (CO) Taney

Selsor, Larkin W.: (ID) Jan. 25, 1896, (L) Springfield, (AN) MO6010.281, (CO) Taney

Selvidge, John F.: (ID) Apr. 6, 1898, (L) Springfield, (AN) MO6030.183, (CO) Taney

Selvidge, Joseph D.: (ID) May 15, 1884, (L) Springfield, (AN) MO5890.458, (CO) Taney

Semmen, Dwight: (A) 21Y, (BP) MO, (B) 1899, (Race) White, (CEN) 1920 Census, Mission, San Bernardino Co., CA

Sensibaugh, Absolom: (B) 1810, (D) 1881, (CO) Ray, (C) Crowley Cemetery

Sensibaugh, Martha:, (D) 1887, (CO) Ray, (C) Crowley Cemetery

Settle, Floyd W.: (A) 21Y, (BP) MO, (B) 1899, (Race) White, (CEN) 1920 Census, San Diego, San Diego Co., CA

Settles, Arnold L.: (A) 21Y, (BP) MO, (B) 1899, (Race) White, (CEN) 1920 Census, Los Angeles, Los Angeles Co., CA

Sewell, Robert: (CMTS) 1899 Tax List, Crawford Twp., Wallace, (CO) Buchanan

Shafer, William: (MD) Jul. 14, 1881, (Spouse) Nancy Milton, (CO) Laclede

Shaffer, William H.: (ID) Dec. 3, 1892, (L) Springfield, (AN) MO5980.240, (CO) Taney
Shaler, Sherman: (A) 21Y, (BP) MO, (B) 1899, (Race) White, (CEN) 1920 Census, Taft, Kern Co., CA
Shandy, Sidney: (CEN) 1893 NE State Census, MO Veterans, (MIL) 33rd MO Infantry, Co. H, (RES) Ruskin, NE
Shank, Adam R.: (ID) Feb. 21, 1893, (L) Springfield, (AN) MO5980.484, (CO) Laclede
Shank, William H.: (ID) Apr. 18, 1891, (L) Springfield, (AN) MO5940.458, (CO) Laclede
Shannon, Martin: (DI) Apr. 1, 1896, (A) 38Y, (B) 1858, (BP) Ireland, (CO) St. Louis
Shaper, K Everett: (A) 21Y, (BP) MO, (B) 1899, (Race) White, (CEN) 1920 Census, Los Angeles, Los Angeles Co., CA
Shapers, H. Hl: (CEN) 1893 NE State Census, MO Veterans, (MIL) 13th MO Infantry, Co. B, (RES) Nebraska City, NE
Shapter, Angie R.: (CMTS) 1899 Tax List, Crawford Twp., Wallace, (CO) Buchanan
Shapter, W. H.: (CMTS) 1899 Tax List, Crawford Twp., Wallace, (CO) Buchanan
Sharp, Zona: (B) Oct. 15, 1899, (D) Jan, 1978, (RES) Lebanon, MO, (CO) Laclede
Sharrow, Gladys: (A) 21Y, (BP) MO, (B) 1899, (Race) White, (CEN) 1920 Census, Township 8, Fresno Co., CA
Shaw, John W.: (ID) Sep. 29, 1888, (L) Booneville, (AN) MO3390.462, (CO) Laclede
Shaw, Margaret E.: (ID) Feb. 18, 1890, (L) Booneville, (AN) MO3400.215, (CO) Laclede
Sheehan, Thomas: (OC) Blacksmith, (RES) Kansas City, MO, (CMTS) City Directory Kansas City, MO, 1899
Shelton, Andrew G.: (ID) Apr. 2, 1891, (L) Springfield, (AN) MO5780.454, (CO) Taney
Shelton, Andrew G.: (ID) Jun. 20, 1893, (L) Springfield, (AN) MO5790.296, (CO) Taney
Shelton, Andrew G.: (ID) Nov. 15, 1892, (L) Springfield, (AN) MO5790.231, (CO) Taney
Shelton, Andrew G.: (ID) Dec. 10, 1881, (L) Springfield, (AN) MO5760.025, (CO) Taney
Shelton, Andrew G.: (ID) Dec. 30, 1884, (L) Springfield, (AN) MO5760.456, (CO) Taney
Shelton, E. S.: (CEN) 1893 NE State Census, MO Veterans, (MIL) 2nd MO S. M., Co. A, (RES) Brownville, NE
Shelton, Joseph S.: (ID) Aug. 24, 1897, (L) Booneville, (AN) MO3430.417, (CO) Hickory
Shephard, James H.: (MD) Dec. 25, 1881, (Spouse) Catherine M. Dougherty, (CO) Laclede

Shepherd, William: (CMTS) 1899 Tax List, Crawford Twp., Halleck, (CO) Buchanan
Sheppard, Joseph D.: (ID) Apr. 9, 1892, (L) Springfield, (AN) MO5790.117, (CO) Taney
Sherewin, C. H.: (A) 21Y, (BP) MO, (B) 1899, (Race) White, (CEN) 1920 Census, Los Angeles, Los Angeles Co., CA
Sherian, Timothy: (OC) Blacksmith, (RES) Kansas City, MO, (CMTS) City Directory Kansas City, MO, 1899
Sherman, Deward: (A) 21Y, (BP) MO, (B) 1899, (Race) White, (CEN) 1920 Census, Hueneme, Ventura Co., CA
Sherrer, Bessie: (B) 1898, (BP) MO, (CEN) 1920 Census, Lebanon, Laclede Co., MO
Sherrer, Martha: (ID) Jan. 24, 1895, (L) Booneville, (AN) MO3420.401, (CO) Laclede
Sherrodd, James A.: (ID) Apr. 9, 1892, (L) Springfield, (AN) MO5790.081, (CO) Taney
Sherrodd, James A.: (ID) Sep. 7, 1894, (L) Springfield, (AN) MO5790.379, (CO) Taney
Sherwood, Emery: (OC) Blacksmith, (RES) Kansas City, MO, (CMTS) City Directory Kansas City, MO, 1899
Shields, Nancy A.: (ID) Mar. 7, 1892, (L) Springfield, (AN) MO5960.427, (CO) Laclede
Shine, Cornelius: (OC) Blacksmith, (RES) Kansas City, MO, (CMTS) City Directory Kansas City, MO, 1899
Shine, John M.: (OC) Blacksmith, (RES) Kansas City, MO, (CMTS) City Directory Kansas City, MO, 1899
Shirley, Daniel: (B) 1825, (D) 1890, (CO) Ray, (C) Crowley Cemetery
Shockley, Henry: (ID) Mar. 13, 1895, (L) Springfield, (AN) MO6000.314, (CO) Laclede
Shockley, Hiram: (ID) Apr. 9, 1892, (L) Springfield, (AN) MO5790.149, (CO) Laclede
Shockley, Hiram: (ID) Feb. 12, 1892, (L) Springfield, (AN) MO5960.108, (CO) Laclede
Shockley, Jame. (B) Nov. 29, 1899, (D) Aug, 1981, (RES) Conway, MO, (CO) Laclede
Shockley, Thomas: (ID) Jun 11, 1895, (L) Springfield, (AN) MO6000.455, (CO) Laclede
Shockley, Wilson: (MD) Jan. 6, 1881, (Spouse) Lenna D. Johnson, (CO) Laclede
Shoemaker, Marie: (A) 21Y, (BP) MO, (B) 1899, (Race) White, (CEN) 1920 Census, Gardena, Los Angeles Co., CA
Shope, Benjamin F.: (OC) Blacksmith, (RES) Kansas City, MO, (CMTS) City Directory Kansas City, MO, 1899
Shores, Dorothy: (A) 21Y, (BP) MO, (B) 1899, (Race) White, (CEN) 1920 Census, Oakland, Alameda Co., CA
Short, N. W.: (CEN) 1893 NE State Census, MO Veterans, (MIL)

47th MO Infantry, Co. K, (RES) Gibbon, NE
Shortridge, C. G.: (CMTS) 1899 Tax List, Crawford Twp., Wallace, (CO) Buchanan
Shoup, Lester: (ID) Apr. 26, 1893, (L) Springfield, (AN) MO5790.286, (CO) Taney
Shouse, George: (CMTS) 1899 Tax List, Crawford Twp., Wallace, (CO) Buchanan
Shouse, William: (CMTS) 1899 Tax List, Crawford Twp., Wallace, (CO) Buchanan
Showers, George T.: (A) 21Y, (BP) MO, (B) 1899, (Race) White, (CEN) 1920 Census, Oakland, Alameda Co., CA
Showler, George: (ID) Sep. 27, 1892, (L) Booneville, (AN) MO3410.479, (CO) Laclede
Shreck, Louisa J.: (ID) Feb. 26, 1891, (L) Booneville, (AN) MO3410.022, (CO) Hickory
Shreck, Paul: (ID) Feb. 26, 1891, (L) Booneville, (AN) MO3410.022, (CO) Hickory
Shreve, Ora Edna: (A) 21Y, (BP) MO, (B) 1899, (Race) White, (CEN) 1920 Census, San Francisco, San Francisco Co., CA
Shryer, John: (A) 21Y, (BP) MO, (B) 1899, (Race) White, (CEN) 1920 Census, Silsbee, Imperial Co., CA
Shryock, Clarence A.: (A) 21Y, (BP) MO, (B) 1899, (Race) White, (CEN) 1920 Census, Township 5, Kern Co., CA
Shubert, Henry C.: (MD) Feb. 15, 1881, (Spouse) Annie H. Thompson, (CO) Laclede
Shubert, John: (B) Jun. 18, 1893, (D) May, 1984, (RES) St. Joseph, (CO) Buchanan
Shubert, John: (B) May 9, 1899, (D) Jan., 1975, (RES) Pacific, (CO) Franklin
Shubert, John Henry: (B) Oct. 8, 1886, (BP) St. Louis, (CO) St. Louis
Shull, H. I.: (CEN) 1893 NE State Census, MO Veterans, (MIL) 7th MO Cavalry, Co. H, (RES) Auburn, NE
Shumate, William F.: (ID) Aug. 13, 1889, (L) Springfield, (AN) MO5920.245, (CO) Taney
Shumate, William F.: (ID) Aug. 8, 1892, (L) Springfield, (AN) MO5970.373, (CO) Taney
Shurts, Charles: (CEN) 1893 NE State Census, MO Veterans, (MIL) 5th MO S. M., Co. E, (RES) Brownville, NE
Shute, Joseph G.: (ID) Apr. 1, 1892, (L) Springfield, (AN) MO5970.149, (CO) Taney
Sibey, Edward W.: (ID) Sep. 5, 1890, (L) Springfield, (AN) MO5930.408, (CO) Taney
Sidler, John: (ID) Apr. 20, 1885, (L) Springfield, (AN) MO5770.138, (CO) Laclede
Sidus, Carl: (Song) *Bright Eyes*, (PUB) Kunkel Bros., St. Louis, 1885
Sidus, Carl: (Song) *Ada's Favorite Rondo*, (PUB) Kunkel Bros., St. Louis,

1885
Sidus, Carl: (Song) *Johnny's Favorite Schottische*, (PUB) Kunkel Bros., St. Louis, 1885
Sidus, Carl: (Song) *Tilly's Favorite Rondo*, (PUB) Kunkel Bros., St. Louis, 1885
Sidus, Carl: (Song) *Charlie's Favorite Polka*, (PUB) Kunkel Bros., St. Louis, 1885
Sidus, Carl: (Song) *Katie's Favorite Schottische*, (PUB) Kunkel Bros., St. Louis, 1885
Sidus, Carl: (Song) *Ella's Favorite Galop*, (PUB) Kunkel Bros., St. Louis, 1885
Sidus, Carl: (Song) *Little Buttercup*, (PUB) Kunkel Bros., St. Louis, 1885
Siefker, John W.: (OC) Blacksmith, (RES) Kansas City, MO, (CMTS) City Directory Kansas City, MO, 1899
Siegenthaler, Fred: (A) 21Y, (BP) MO, (B) 1899, (Race) White, (CEN) 1920 Census, Petaluma, Sonoma Co., CA
Sierer, James W.: (A) 21Y, (BP) MO, (B) 1899, (Race) White, (CEN) 1920 Census, Huntington Park, Los Angeles Co., CA
Sigie, Christopher: (OC) Blacksmith, (RES) Kansas City, MO, (CMTS) City Directory Kansas City, MO, 1899
Siler, Elizabeth: (ID) Jul. 17, 1890, (L) Springfield, (AN) MO5930.010, (CO) Taney
Siler, Granville: (ID) Apr. 20, 1885, (L) Springfield, (AN) MO5770.122, (CO) Taney
Siler, James M.: (ID) Nov. 23, 1888, (L) Springfield, (AN) MO5780.211, (CO) Taney
Siler, James M.: (ID) Nov. 28, 1896, (L) Springfield, (AN) MO6020.180, (CO) Taney
Siler, Jesse G.: (ID) Apr. 9, 1892, (L) Springfield, (AN) MO5790.186, (CO) Taney
Silvers, Samuel H.: (ID) Oct. 31, 1892, (L) Springfield, (AN) MO5980.125, (CO) Laclede
Silvy, Jackson: (ID) Feb. 6, 1892, (L) Springfield, (AN) MO5790.039, (CO) Taney
Silvy, Jackson: (ID) Sep. 25, 1894, (L) Springfield, (AN) MO6000.009, (CO) Taney
Simmons, Abel J.: (A) 21Y, (BP) MO, (B) 1899, (Race) White, (CEN) 1920 Census, Richmond, Contra Costa Co., CA
Simmons, Drury L.: (ID) Feb. 1, 1894, (L) Springfield, (AN) MO5990.385, (CO) Taney
Simmons, Elisha T.: (ID) Dec. 26, 1891, (L) Booneville, (AN) MO3410.125, (CO) Hickory
Simmons, Nathan: (CMTS) 1899 Tax List, Crawford Twp., Dearborn, (CO) Buchanan
Simmons, W. D.: (CMTS) 1899 Tax List, Crawford Twp., Dearborn, (CO) Buchanan

Simons, Stewart: (A) 21Y, (BP) MO, (B) 1899, (Race) White, (CEN) 1920 Census, Los Angeles, Los Angeles Co., CA
Simpson, Alfred: (ID) Aug. 24, 1897, (L) Springfield, (AN) MO6020.439, (CO) Laclede
Simpson, Earl E.: (A) 21Y, (B) 1899, (BP) MO, (Race) White, (CEN) 1920 Census, Washington, Laclede Co., MO
Simpson, George W.: (ID) Jul. 17, 1890, (L) Springfield, (AN) MO5930.258, (CO) Laclede
Simpson, Mabel W.: (A) 21Y, (BP) MO, (B) 1899, (Race) White, (CEN) 1920 Census, Los Angeles, Los Angeles Co., CA
Simpson, William B.: (ID) Jun. 20, 1882, (L) Springfield, (AN) MO5890.228, (CO) Laclede
Simpson, William J.: (CMTS) 1899 Tax List, Crawford Twp., Wallace, (CO) Buchanan
Sims, J. M.: (CEN) 1893 NE State Census, MO Veterans, (MIL) 43th MO Vol, Co. I, (RES) Ruskin, NE
Sims, Jas A.: (CEN) 1893 NE State Census, MO Veterans, (MIL) 1st MO Infantry, Co. M, (RES) Madrid, NE
Sims, John T.: (ID) May 25, 1883, (L) Springfield, (AN) MO5760.244, (CO) Taney
Sims, John T.: (ID) May 28, 1889, (L) Springfield, (AN) MO5780.274, (CO) Taney
Sims, William B.: (ID) Jan. 22, 1895, (L) Springfield, (AN) MO5790.402, (CO) Taney
Sinko, Michael: (DI) Apr. 3, 1896, (A) 53Y, (B) 1843, (BP) Bohemia, (CO) St. Louis
Sip, Charles: (DI) Apr. 3, 1896, (A) 53Y, (B) 1843, (BP) Bohemia, (CO) St. Louis
Sisk, Joseph P.: (ID) Jun. 27, 1898, (L) Booneville, (AN) MO6030.456, (CO) Laclede
Sisson, C. T.: (Song) *Tourists' March*, (PUB) Kunkel Bros., St. Louis, 1885
Sivert, Alma: (B) 1898, (BP) MO, (CEN) 1920 Census, Auglaize, Laclede Co., MO
Sjoberg, Charles J.: (OC) Blacksmith, (RES) Kansas City, MO, (CMTS) City Directory Kansas City, MO, 1899
Skala, John: (DI) Apr. 6, 1896, (A) 53Y, (B) 1843, (BP) Bohemia, (CO) St. Louis
Skamell, John: (ID) Jul. 3, 1897, (L) Springfield, (AN) MO5800.144, (CO) Laclede
Skeffington, Michael: (DI) Apr. 1, 1896, (A) 25Y, (B) 1871, (BP) Ireland, (CO) St. Louis
Skehan, James: (DI) Apr. 4, 1896, (A) 35Y, (B) 1861, (BP) Ireland, (CO) St. Louis
Skiles, J. M.: (CEN) 1893 NE State Census, MO Veterans, (MIL) , Co. C, (RES) Holdrege, NE

Skilling, Chester L.: (A) 21Y, (BP) MO, (B) 1899, (Race) White, (CEN) 1920 Census, San Francisco, San Francisco Co., CA

Skillman, Roy G.: (A) 21Y, (BP) MO, (B) 1899, (Race) White, (CEN) 1920 Census, Long Beach, Los Angeles Co., CA

Skredinski, Thomas: (DI) Apr. 6, 1896, (A) 38Y, (B) 1858, (BP) Poland, (CO) St. Louis

Skutt, Jossie: (A) 21Y, (BP) MO, (B) 1899, (Race) White, (CEN) 1920 Census, Ontario, San Bernardino Co., CA

Sladyen, William: (ID) Nov. 30, 1894, (L) Springfield, (AN) MO6000.160, (CO) Taney

Slagle, Christian: (ID) Apr. 27, 1898, (L) Milan, (AN) MO1150.295, (CO) Grundy

Slattery, John: (DI) Apr. 1, 1896, (A) 52Y, (B) 1844, (BP) Ireland, (CO) St. Louis

Slattery, Patrick: (DI) Apr. 6, 1896, (A) 30Y, (B) 1866, (BP) Ireland, (CO) St. Louis

Slavens, John F.: (ID) Apr. 6, 1898, (L) Booneville, (AN) MO6030.297, (CO) Laclede

Slevin, Thomas: (DI) Apr. 6, 1896, (A) 29Y, (B) 1867, (BP) Ireland, (CO) St. Louis

Sliger, Adam: (CEN) 1893 NE State Census, MO Veterans, (MIL) 43th MO Infantry, Co. I, (RES) Nelson, NE

Sloan, Lydia: (B) Apr. 2, 1899, (D) Dec, 1972, (RES) Lebanon, MO, (CO) Laclede

Slocum, John: (OC) Blacksmith, (RES) Kansas City, MO, (CMTS) City Directory Kansas City, MO, 1899

Smallwood, William P.: (A) 21Y, (BP) MO, (B) 1899, (Race) White, (CEN) 920 Census, El Cerrito, Contra Costa Co., CA

Smeed, Chas.: (CEN) 1893 NE State Census, MO Veterans, (MIL) 23rd MO Infantry, Co. E and H, (RES) Lincoln, NE

Smiley, John W.: (ID) Apr. 16, 1892, (L) Booneville, (AN) MO3300.272, (CO) Adair

Smiley, William A.: (ID) Jun. 10, 1896, (L) Booneville, (AN) MO3310.020, (CO) Laclede

Smith, Andrew: (ID) Apr. 9, 1892, (L) Springfield, (AN) MO5790.095, (CO) Taney

Smith, Andrew J.: (ID) Dec. 19, 1885, (L) Booneville, (AN) MO3390.144, (CO) Hickory

Smith, Anna: (ID) May 6, 1893, (L) Booneville, (AN) MO3420.146, (CO) Hickory

Smith, Burr: (CMTS) 1899 Tax List, Crawford Twp., Wallace, (CO) Buchanan

Smith, Charles H.: (ID) May 5, 1897, (L) St. Louis, (AN) MO1150.237, (CO) Osage

Smith, Clarence: (A) 21Y, (B) 1899, (BP) IA, (Race) White, (CEN) 1920 Census, Lebanon, Laclede Co., MO

Smith, David J.: (ID) Feb. 6, 1892, (L) Springfield, (AN) MO5790.006, (CO) Taney
Smith, David U.: (ID) Dec. 15, 1892, (L) Springfield, (AN) MO5980.347, (CO) Taney
Smith, E. J.: (CEN) 1893 NE State Census, MO Veterans, (MIL) 1st MO Cavalry, Co. G, (RES) Edgar, NE
Smith, Edgar: (A) 21Y, (BP) MO, (B) 1899, (Race) White, (CEN) 1920 Census, Corona, Riverside Co., CA
Smith, Edward R.: (A) 21Y, (BP) MO, (B) 1899, (Race) White, (CEN) 1920 Census, Los Angeles, Los Angeles Co., CA
Smith, Eli: (CEN) 1893 NE State Census, MO Veterans, (MIL) 39th MO Infantry, Co. E, (RES) Oxford, NE
Smith, Elizabeth: (B) 1888, (D) 1922, (CO) Ray, (C) Crowley Cemetery
Smith, Ellie: (A) 21Y, (BP) MO, (B) 1899, (Race) White, (CEN) 1920 Census, Los Angeles, Los Angeles Co., CA
Smith, George: (OC) Blacksmith, (RES) Kansas City, MO, (CMTS) City Directory Kansas City, MO, 1899
Smith, George W.: (ID) Nov. 15, 1892, (L) Springfield, (AN) MO5790.240, (CO) Taney
Smith, Guy: (B) 1830, (D) 1887, (CO) Ray, (C) Crowley Cemetery
Smith, H. P.: (CEN) 1893 NE State Census, MO Veterans, (MIL) 39th MO Infantry, Co. I, (RES) Sargent, NE
Smith, H. S.: (CEN) 1893 NE State Census, MO Veterans, (MIL) 10th MO Infantry, Co. H, (RES) St Paul, NE
Smith, Harold E.: (A) 21Y, (BP) MO, (B) 1899, (Race) White, (CEN) 1920 Census, Long Beach, Los Angeles Co., CA
Smith, Hubbard T.: (Song) *The Proposal*, (PUB) Kunkel Bros., St. Louis, 1885
Smith, Isaac: (OC) Blacksmith, (RES) Kansas City, MO, (CMTS) City Directory Kansas City, MO, 1899
Smith, J. A.: (CEN) 1893 NE State Census, MO Veterans, (MIL) 1st MO Cavalry, Co. B, (RES) Beatrice, NE
Smith, J. J.: (CMTS) 1899 Tax List, Crawford Twp., Faucett, (CO) Buchanan
Smith, James: (MD) Mar. 27, 1883, (Spouse) Emma Huff, (CO) Clark
Smith, James J.: (ID) Jun. 7, 1889, (L) Booneville, (AN) MO3400.129, (CO) Hickory
Smith, James M.: (CEN) 1893 NE State Census, MO Veterans, (MIL) 12th MO Cavalry, Co. M, (RES) Blair, NE
Smith, John: (DI) Jun. 12, 1893, (A) 34Y, (B) 1859, (BP) Ireland, (CO) St. Louis
Smith, John: (ID) Feb. 5, 1891, (L) Booneville, (AN) MO3400.363, (CO) Laclede
Smith, John: (OC) Blacksmith, (RES) Kansas City, MO, (CMTS) City Directory Kansas City, MO, 1899
Smith, Joseph: (DI) Apr. 4, 1896, (A) 27Y, (B) 1869, (BP) Hungary,

(CO) St. Louis
Smith, Malinda J.: (ID) Jun. 14, 1897, (L) Springfield, (AN)
MO6020.390, (CO) Taney
Smith, Margaret: (ID) Sep. 14, 1896, (L) Booneville, (AN) MO3430.229,
(CO) Hickory
Smith, Marshall: (ID) Mar. 7, 1892, (L) Springfield, (AN) MO5970.016,
(CO) Taney
Smith, Mathew J.: (ID) Sep. 5, 1895, (L) Springfield, (AN) MO5790.456,
(CO) Taney
Smith, Mathew J.: (ID) Nov. 30, 1894, (L) Springfield, (AN)
MO6000.139, (CO) Taney
Smith, Montgomery: (ID) Mar. 20, 1886, (L) Springfield, (AN)
MO5900.294, (CO) Taney
Smith, Montgomery: (ID) Aug. 28, 1893, (L) Springfield, (AN)
MO5790.308, (CO) Taney
Smith, Montgomery: (ID) Nov. 3, 1891, (L) Springfield, (AN)
MO5780.486, (CO) Taney
Smith, Nelson M.: (ID) Nov. 23, 1888, (L) Springfield, (AN)
MO5780.195, (CO) Taney
Smith, Ollie: (B) Sep. 3, 1899, (D) Dec, 1980, (RES) Eldridge, MO, (CO)
Laclede
Smith, Peter: (ID) Mar. 20, 1882, (L) Springfield, (AN) MO5890.163,
(CO) Taney
Smith, Raymond: (A) 21Y, (BP) MO, (B) 1899, (Race) White, (CEN)
1920 Census, Lindsay, Tulare Co., CA
Smith, Richard W.: (MD) Aug. 25, 1881, (Spouse) Isabella E. Tosh, (CO)
Laclede
Smith, Robert: (ID) Apr. 20, 1885, (L) Springfield, (AN)
MO5770.022, (CO) Taney
Smith, Robert: (ID) Apr. 14, 1888, (L) Springfield, (AN)
MO5780.134, (CO) Taney
Smith, Samuel: (ID) Feb. 13, 1899, (L) Booneville, (AN)
MO6040.441, (CO) Hickory
Smith, T. S.: (CEN) 1893 NE State Census, MO Veterans, (MIL)
23rd MO Infantry, Co. I, (RES) Amelia, NE
Smith, Thomas J.: (ID) Jun. 14, 1897, (L) Springfield, (AN)
MO6020.390, (CO) Taney
Smith, W. H.: (CEN) 1893 NE State Census, MO Veterans, (MIL)
21st MO Infantry, Co. E, (RES) Indianola, NE
Smith, William: (CEN) 1893 NE State Census, MO Veterans, (MIL)
33rd MO Infantry, Co. G, (RES) Filley, NE
Smith, William: (OC) Blacksmith, (RES) Kansas City, MO, (CMTS) City
Directory Kansas City, MO, 1899
Smith, William H.: (ID) Apr. 3, 1896, (L) Springfield, (AN)
MO6010.395, (CO) Taney
Smith, William M.: (ID) Feb. 6, 1892, (L) Springfield, (AN)

MO5960.049, (CO) Taney
Smith, William S.: (ID) Jan. 25, 1896, (L) Springfield, (AN) MO6010.293, (CO) Laclede
Smith, Wyatt: (ID) Mar. 13, 1893, (L) Springfield, (AN) MO5990.062, (CO) Laclede
Smithpeter, Albert: (ID) Dec. 17, 1898, (L) Booneville, (AN) MO1150.374, (CO) Laclede
Smithurst, James: (CEN) 1893 NE State Census, MO Veterans, (MIL) 43rd MO Infantry, Co. C, (RES) Odell, NE
Smothers, Bonnie: (B) Feb., 1895, (BP) MO, (CEN) 1900 Census, Ed. 89, (CO) Pemiscot
Smugai, Joseph: (DI) Apr. 6, 1896, (A) 37Y, (B) 1859, (BP) Poland, (CO) St. Louis
Smythe, Milton B.: (ID) Nov. 15, 1892, (L) Springfield, (AN) MO5790.248, (CO) Taney
Snapp, David J.: (ID) Sep. 10, 1883, (L) Springfield, (AN) MO5760.297, (CO) Taney
Snapp, H. G.: (ID) Sep. 10, 1883, (L) Springfield, (AN) MO5760.297, (CO) Taney
Snapp, Harrison G.: (ID) Oct. 28, 1896, (L) Springfield, (AN) MO5800.084, (CO) Taney
Snell, Isaiah W.: (ID) May 22, 1896, (L) Springfield, (AN) MO6010.428, (CO) Taney
Snelson, Armond E.: (A) 21Y, (BP) MO, (B) 1899, (Race) White, (CEN) 1920 Census, Los Angeles, Los Angeles Co., CA
Snider, Larence M: (B) 1898, (BP) MO, (CEN) 1920 Census, Lebanon, Laclede Co., MO
Snow, J. Albert: (Song) *Home Sweet Home*, (PUB) W. A. Evans & Bro., St. Louis, 1882
Snowden, Henry: (ID) Feb. 17, 1890, (L) Springfield, (AN) MO5920.366, (CO) Taney
Snyder, W. M.: (CEN) 1893 NE State Census, MO Veterans, (MIL) 10th MO Infantry, Co. A, (RES) Tecumseh, NE
Soldynski, John: (DI) Apr. 6, 1896, (A) 47Y, (B) 1849, (BP) Poland, (CO) St. Louis
Sonnenschein, G.: (CEN) 1893 NE State Census, MO Veterans, (MIL) 4th MO Cavalry, Co. L, (RES) Stanton, NE
Sontag, August: (DI) Oct. 17, 1892, (A) 36Y, (B) 1856, (BP) Germany, (CO) St. Louis
Sontag, John: (DI) Oct. 17, 1892, (A) 45Y, (B) 1847, (BP) Germany, (CO) St. Louis
Soper, V. H.: (CMTS) 1899 Tax List, Crawford Twp., Halleck, (CO) Buchanan
Soule, Edwin: (CEN) 1893 NE State Census, MO Veterans, (MIL) 7th MO Calavry, (RES) Pickrell, NE
Soule, Isaac: (CEN) 1893 NE State Census, MO Veterans, (MIL)

8th MO Calavry, (RES) Wahoo, NE
Southard, Amy: (B) Dec. 17, 1899, (D) Aug, 1979, (RES) Chesterfield, MO Saint Louis
Southard, John A.: (ID) Apr. 26, 1893, (L) Springfield, (AN) MO5990.103, (CO) Laclede
Southard, John A.: (ID) May 4, 1885, (L) Springfield, (AN) MO5900.095, (CO) Laclede
Southworth, Nelson M.: (ID) Dec. 20, 1881, (L) Springfield, (AN) MO5890.101, (CO) Taney
Sovar, Henry: (DI) Apr. 4, 1896, (A) 31Y, (B) 1865, (BP) Hungary, (CO) St. Louis
Sowell, William L.: (ID) Feb. 5, 1891, (L) Booneville, (AN) MO3400.439, (CO) Hickory
Sparks, W. W.: (OC) Blacksmith, (RES) Kansas City, MO, (CMTS) City Directory Kansas City, MO, 1899
Speaker, Thornton: (ID) Aug. 10, 1888, (L) Springfield, (AN) MO5910.212, (CO) Laclede
Spearo, John: (A) 21Y, (BP) MO, (B) 1899, (Race) White, (CEN) 1920 Census, Waterford, Stanislaus Co., CA
Spellings, William: (ID) Nov. 13, 1886, (L) Springfield, (AN) MO5770.493, (CO) Taney
Spencer, Albert: (OC) Blacksmith, (RES) Kansas City, MO, (CMTS) City Directory Kansas City, MO, 1899
Spencer, Amos: (CEN) 1893 NE State Census, MO Veterans, (MIL) 51th MO Infantry, Co. F, (RES) Spiker, NE
Spencer, G. W.: (CMTS) 1899 Tax List, Crawford Twp. DeKalb, (CO) Buchanan
Spencer, J. T.: (CMTS) 1899 Tax List, Crawford Twp. DeKalb, (CO) Buchanan
Sperlin, John: (ID) May 15, 1884, (L) Springfield, (AN) MO5890.459, (CO) Taney
Spinell, LaSalle: (OC) Blacksmith, (RES) Kansas City, MO, (CMTS) City Directory Kansas City, MO, 1899
Spohn, Virgil. (B) 1898, (BP) MO, (CEN) 1920 Census, Osage, Laclede Co., MO
Spradling, William: (CEN) 1893 NE State Census, MO Veterans, (MIL) 49th MO Infantry, Co. F, (RES) Auburn, NE
Sprague, L. A.: (CEN) 1893 NE State Census, MO Veterans, (MIL) 2nd MO Infantry, Co. A, (RES) Huntley, NE
Spurgeon, William H.: (A) 21Y, (BP) MO, (B) 1899, (Race) White, (CEN) 1920 Census, Whittier, Los Angeles Co., CA
Spurgin, Elias: (CEN) 1893 NE State Census, MO Veterans, (MIL) 9th MO Infantry, Co. L, (RES) Wallace, NE
Spurlock, Josiah L.: (ID) Mar. 23, 1897, (L) Springfield, (AN) MO5800.133, (CO) Taney
Squire, Samuel: (ID) Jul. 20, 1886, (L) Booneville, (AN) MO3290.370,

(CO) Hickory
Squires, Alfred H.: (CMTS) 1899 Tax List, Crawford Twp., Wallace, (CO) Buchanan
Squires, H. A.: (CMTS) 1899 Tax List, Crawford Twp., Wallace, (CO) Buchanan
St. Clair, Nathaniel: (ID) Aug. 5, 1898, (L) Springfield, (AN) MO6040.147, (CO) Taney
St. John, C. A.: (CEN) 1893 NE State Census, MO Veterans, (MIL) 20th MO Infantry, Co. C, (RES) Dorch, NE
St. John, H. A.: (CMTS) 1899 Tax List, Crawford Twp., Faucett, (CO) Buchanan
Stachling, Rudolph H.: (ID) Apr. 6, 1898, (L) Springfield, (AN) MO6030.221, (CO) Taney
Stacy, William G.: (ID) Jun. 11, 1895, (L) Springfield, (AN) MO6000.459, (CO) Taney
Stafford, B. W.: (CMTS) 1899 Tax List, Crawford Twp., Dearborn, (CO) Buchanan
Stafford, Thomas: (ID) Nov. 23, 1891, (L) Springfield, (AN) MO5950.395, (CO) Taney
Stallcup, Colonel B.: (ID) Apr. 22, 1889, (L) Springfield, (AN) MO5920.036, (CO) Taney
Stallcup, Thomas J.: (ID) Dec. 10, 1881, (L) Springfield, (AN) MO5760.028, (CO) Taney
Stallcup, Colonel B.: (OC) Postmaster, Cedar Creek, May 31, 1881, (CO) Taney
Stallens, Byron R.: (B) Aug., 1892, (BP) MO, (CEN) 1900 Census, Ed. 89, (CO) Pemiscot
Stamos, Frank: (A) 21Y, (BP) MO, (B) 1899, (Race) White, (CEN) 1920 Census, Township 16, Kern Co., CA
Standefer, Jesse H.: (ID) Mar. 31, 1896, (L) Warsaw, (AN) MO2120.237, (CO) Hickory
Stange, Henry: (OC) Blacksmith, (RES) Kansas City, MO, (CMTS) City Directory Kansas City, MO, 1899
Stanley, Earl: (A) 21Y, (BP) MO, (B) 1899, (Race) White, (CEN) 1920 Census, Township 6, Fresno Co., CA
Stanley, Zelma: (A) 21Y, (BP) MO, (B) 1899, (Race) White, (CEN) 1920 Census, Fresno, Fresno Co., CA
Stanton, Peter: (DI) Sep. 17, 1890, (A) 34Y, (B) 1856, (BP) Ireland, (CO) St. Louis
Staples, M. M.: (CEN) 1893 NE State Census, MO Veterans, (MIL) 4th MO Calvary, Co. D, (RES) Table Rock, NE
Starachawicz, Wojciceh: (DI) Apr. 3, 1896, (A) 50Y, (B) 1846, (BP) Austria, (CO) St. Louis
Stark, Emil F.: (DI) Jul. 14, 1893, (A) 29Y, (B) 1864, (BP) Germany, (CO) St. Louis
Stark, Francis M.: (ID) Apr. 3, 1896, (L) Springfield, (AN)

MO6010.384, (CO) Taney
Stark, John W.: (ID) Jun. 7, 1889, (L) Booneville, (AN) MO3400.125, (CO) Hickory
Starks, Edith: (B) 1894, (D) 1910, (CO) Ray, (C) Crowley Cemetery
Starks, Mary: (B) 1840, (D) 1884, (CO) Ray, (C) Crowley Cemetery
Starnes, Mory: (B) 1898, (BP) MO, (CEN) 1920 Census, Osage, Laclede Co., MO
Staton, Franklin E.: (ID) Feb. 20, 1891, (L) Springfield, (AN) MO5940.141, (CO) Taney
Staton, Martha A.: (ID) Feb. 20, 1891, (L) Springfield, (AN) MO5940.141, (CO) Taney
Statton, Robt: (CEN) 1893 NE State Census, MO Veterans, (MIL) 10th MO Infantry, Co. C, (RES) Kearney, NE
Staup, William F.: (ID) Nov. 23, 1892, (L) Booneville, (AN) MO3300.327, (CO) Hickory
Steel, James A.: (ID) May 31, 1892, (L) Springfield, (AN) MO5970.345, (CO) Taney
Steele, C. E.: (CMTS) 1899 Tax List, Crawford Twp., Dearborn, (CO) Buchanan
Steele, O. J.: (CEN) 1893 NE State Census, MO Veterans, (MIL) 211th MO Infantry, Co. C, (RES) Stoddard, NE
Steele, Samuel A.: (OC) Blacksmith, (RES) Kansas City, MO, (CMTS) City Directory Kansas City, MO, 1899
Stegmiller, Frank J.: (OC) Blacksmith, (RES) Kansas City, MO, (CMTS) City Directory Kansas City, MO, 1899
Stein, Earl: (A) 21Y, (BP) MO, (B) 1899, (Race) White, (CEN) 1920 Census, Eureka, Humboldt Co., CA
Stein, John: (OC) Blacksmith, (RES) Kansas City, MO, (CMTS) City Directory Kansas City, MO, 1899
Steinberg, Ernst: (ID) Dec. 12, 1898, (L) Booneville, (AN) MO6040.390, (CO) Laclede
Steinbuck, Aug: (CEN) 1893 NE State Census, MO Veterans, (MIL) 1st MO Infantry, Co. A, (RES) Glenville, NE
Stephens, Frank: (A) 21Y, (BP) MO, (B) 1899, (Race) White, (CEN) 1920 Census, Los Angeles, Los Angeles Co., CA
Stephens, Jasper N.: (ID) Jul. 10, 1883, (L) Springfield, (AN) MO5890.439, (CO) Taney
Stephens, Jessica: (B) May, 1884, (BP) OH, (CEN) 1900 Census, Ed. 89, (CO) Pemiscot
Stephens, John L.: (ID) Jul. 27, 1885, (L) Booneville, (AN) MO3390.133, (CO) Hickory
Stephens, John L.: (A) 21Y, (BP) MO, (B) 1899, (Race) White, (CEN) 1920 Census, Los Angeles, Los Angeles Co., CA
Stephens, Thomas E.: (A) 21Y, (BP) MO, (B) 1899, (Race) White, (CEN) 1920 Census, Los Angeles, Los Angeles Co., CA
Stephens, Warner: (MD) Jan. 7, 1881, (Spouse) Josephine Fowler, (CO)

Laclede
Stephenson, James: (CEN) 1893 NE State Census, MO Veterans, (MIL) 48th MO Infantry, Co. K, (RES) Liberty, NE
Stern, Eugene Washington: (DI) Jan. 19, 1894, (A) 28Y, (B) 1866, (BP) Canada, (CO) St. Louis
Sterrett, R. M.: (Song) *Only A Dream*, (PUB) Conover Bros., Kansas City, 1884
Stevens, Anderson: (ID) Apr. 18, 1895, (L) Booneville, (AN) MO3420.427, (CO) Laclede
Stevens, Anderson: (ID) Oct. 25, 1895, (L) Booneville, (AN) MO3430.088, (CO) Laclede
Stevens, Andy D.: (ID) Apr. 16, 1892, (L) Booneville, (AN) MO3300.274, (CO) Laclede
Stevens, James W.: (A) 21Y, (BP) MO, (B) 1899, (Race) White, (CEN) 1920 Census, Tipton, Tulare Co., CA
Stevens, Ray B: (B) 1898, (BP) MO, (CEN) 1920 Census, Lebanon, Laclede Co., MO
Stevenson, J. S.: (CEN) 1893 NE State Census, MO Veterans, (MIL) 4th MO Cavalry, Co. K, (RES) Nemaha, NE
Stevenson, Wm: (CEN) 1893 NE State Census, MO Veterans, (MIL) 5th MO Cavalry, Co. A, (RES) Auburn, NE
Stevers, Eva: (A) 21Y, (BP) MO, (B) 1899, (Race) White, (CEN) 1920 Census, Coalinga, Fresno Co., CA
Stevnes, Milton: (ID) May 29, 1896, (L) Booneville, (AN) MO3430.185, (CO) Laclede
Stewart, Cornelius B.: (ID) Jul. 26, 1899, (L) Springfield, (AN) MO6060.349, (CO) Laclede
Stewart, Edward: (A) 21Y, (BP) MO, (B) 1899, (Race) White, (CEN) 1920 Census, San Francisco, San Francisco Co., CA
Stewart, G. Willard: (A) 21Y, (BP) MO, (B) 1899, (Race) White, (CEN) 1920 Census, Los Angeles, Los Angeles Co., CA
Stewart, J. P.: (CEN) 1893 NE State Census, MO Veterans, (MIL) 69th MO Infantry, Co. L, (RES) Du Bois, NE
Stewart, John: (ID) Jun. 11, 1895, (L) Springfield, (AN) MO6000.467, (CO) Taney
Stewart, John W: (B) 1898, (BP) MO, (CEN) 1920 Census, Lebanon, Laclede Co., MO
Stewart, William: (ID) Apr. 6, 1898, (L) Booneville, (AN) MO6030.310, (CO) Hickory
Stickman, Louis: (MD) Jul. 27, 1881, (Spouse) Bell Morgan, (CO) Laclede
Stidham, George H.: (ID) Jan. 9, 1886, (L) Booneville, (AN) MO3390.196, (CO) Laclede
Stiffler, George W.: (ID) Mar. 7, 1892, (L) Springfield, (AN) MO5960.460, (CO) Taney
Stiles, Leroy R.: (ID) May 15, 1884, (L) Springfield, (AN) MO5760.349,

(CO) Taney
Stiner, Lola M.: (A) 21Y, (BP) MO, (B) 1899, (Race) White, (CEN) 1920 Census, Selma, Fresno Co., CA
Stipe, Richard: (A) 21Y, (BP) MO, (B) 1899, (Race) White, (CEN) 1920 Census, Township 1, Tuolumne Co., CA
Stith, Edward: (B) Sep. 27, 1899, (D) Mar, 1986, (RES) Lebanon, MO, (CO) Laclede
Stith, George H.: (ID) Jul. 27, 1897, (L) Springfield, (AN) MO5800.150, (CO) Laclede
Stith, Mattie: (B) Jul. 3, 1899, (D) Sep. 15, 1993, (RES) Lebanon, MO, (CO) Laclede
Stizesewski, Paul: (DI) Apr. 6, 1896, (A) 53Y, (B) 1843, (BP) Poland, (CO) St. Louis
Stockburger, Herbert: (B) Jul. 13, 1899, (D) Jul, 1978, (RES) Lebanon, MO, (CO) Laclede
Stockstill, Allen: (ID) Apr. 9, 1892, (L) Springfield, (AN) MO5790.190, (CO) Taney
Stockstill, George: (ID) Nov. 30, 1894, (L) Springfield, (AN) MO6000.138, (CO) Taney
Stockstill, Harvey: (ID) Apr. 20, 1885, (L) Springfield, (AN) MO5770.067, (CO) Taney
Stockstill, Harvey: (ID) May 15, 1884, (L) Springfield, (AN) MO5760.387, (CO) Taney
Stockstill, Jesse B.: (ID) Sep. 25, 1894, (L) Springfield, (AN) MO5990.481, (CO) Taney
Stockstill, Ralph: (A) 21Y, (BP) MO, (B) 1899, (Race) White, (CEN) 1920 Census, San Antonio, Los Angeles Co., CA
Stockstill, Thomas U.: (ID) Jul. 9, 1895, (L) Springfield, (AN) MO6010.113, (CO) Taney
Stockstill, William S.: (ID) Mar. 7, 1892, (L) Springfield, (AN) MO5960.350, (CO) Taney
Stockstill, Zebedee: (ID) Mar. 10, 1886, (L) Springfield, (AN) MO5770.316, (CO) Taney
Stockton, Willard B..: (CEN) 1893 NE State Census, MO Veterans, (MIL) 39th MO Infantry, Co. A, (RES) Maxwell, NE
Stoddard, Philemon F.: (ID) Jul. 26, 1899, (L) Springfield, (AN) MO6060.350, (CO) Taney
Stokes, Jeremiah: (DI) Apr. 1, 1896, (A) 32Y, (B) 1864, (BP) Ireland, (CO) St. Louis
Stokley, Clayton: (ID) Mar. 10, 1886, (L) Springfield, (AN) MO5770.281, (CO) Taney
Stokley, William B.: (ID) Jul. 17, 1890, (L) Springfield, (AN) MO5930.283, (CO) Taney
Stoll, Jacob P.: (ID) Nov. 10, 1882, (L) Booneville, (AN) MO3290.153, (CO) Hickory
Ston, William G.: (CEN) 1893 NE State Census, MO Veterans, (MIL)

S Mth MO Cavalry, Co. G, (RES) Deweese, NE
Stone, Abraham T.: (ID) Jun. 28, 1890, (L) Springfield, (AN) MO5920.463, (CO) Laclede
Stone, Benjamin B.: (ID) Dec. 15, 1892, (L) Springfield, (AN) MO5980.320, (CO) Taney
Stone, Carl R.: (A) 21Y, (BP) MO, (B) 1899, (Race) White, (CEN) 1920 Census, San Francisco, San Francisco Co., CA
Stone, Charles: (A) 21Y, (BP) MO, (B) 1899, (Race) Indian, (CEN) 1920 Census, San Francisco, San Francisco Co., CA
Stone, James L.: (ID) Dec. 3, 1892, (L) Booneville, (AN) MO3420.036, (CO) Hickory
Stone, William F.: (ID) Apr. 18, 1891, (L) Springfield, (AN) MO5940.343, (CO) Taney
Stoner, Jacob B.: (ID) Nov. 15, 1892, (L) Springfield, (AN) MO5790.242, (CO) Taney
Stork, Ernest: (A) 21Y, (BP) MO, (B) 1899, (Race) White, (CEN) 1920 Census, Fresno, Fresno Co., CA
Stott, George: (ID) May 20, 1897, (L) Springfield, (AN) MO6020.324, (CO) Laclede
Stottle, Thomas J.: (ID) Dec. 3, 1892, (L) Springfield, (AN) MO5980.285, (CO) Taney
Stottle, Thomas J.: (OC) Postmaster, Bradleyville, Sep. 21, 1894, (CO) Taney
Stout, John S.: (ID) Nov. 13, 1885, (L) Springfield, (AN) MO5770.204, (CO) Taney
Stout, John W.: (ID) Nov. 26, 1883, (L) Booneville, (AN) MO3380.482, (CO) Hickory
Stout, Joseph J.: (OC) Blacksmith, (RES) Kansas City, MO, (CMTS) City Directory Kansas City, MO, 1899
Stout, Thomas J.: (ID) Jul. 10, 1883, (L) Springfield, (AN) MO5890.448, (CO) Taney
Stout, William H.: (ID) Oct. 17, 1892, (L) Springfield, (AN) MO5980.007, (CO) Taney
Stowe, Max F.: (A) 21Y, (BP) MO, (B) 1899, (Race) White, (CEN) 1920 Census, Eagle Rock, Los Angeles Co., CA
Straat, John N.: (ID) Feb. 17, 1897, (L) St. Louis, (AN) MO1150.221, (CO) Osage
Strader, Lloyd: (A) 21Y, (BP) MO, (B) 1899, (Race) White, (CEN) 1920 Census, Vallejo, Solano Co., CA
Straders, Frank: (OC) Blacksmith, (RES) Kansas City, MO, (CMTS) City Directory Kansas City, MO, 1899
Straub, Anthony: (OC) Blacksmith, (RES) Kansas City, MO, (CMTS) City Directory Kansas City, MO, 1899
Street, Hiram H.: (ID) Jan. 7, 1885, (L) Springfield, (AN) MO5900.022, (CO) Laclede
Street, Jonas: (ID) Jan. 7, 1890, (L) Booneville, (AN) MO3400.172, (CO)

Laclede
Strevel, William: (A) 21Y, (BP) MO, (B) 1899, (Race) White, (CEN) 1920 Census, San Francisco, San Francisco Co., CA
Strick, John: (DI) Apr. 6, 1896, (A) 37Y, (B) 1859, (BP) Bohemia, (CO) St. Louis
Strickland, Seth: (ID) Feb. 9, 1898, (L) St. Louis, (AN) MO1150.255, (CO) Osage
Stringberg, Nicholas: (OC) Blacksmith, (RES) Kansas City, MO, (CMTS) City Directory Kansas City, MO, 1899
Strobel, Albert: (OC) Blacksmith, (RES) Kansas City, MO, (CMTS) City Directory Kansas City, MO, 1899
Strobel, Theodore: (OC) Blacksmith, (RES) Kansas City, MO, (CMTS) City Directory Kansas City, MO, 1899
Strombreg, Nicholson: (OC) Blacksmith, (RES) Kansas City, MO, (CMTS) City Directory Kansas City, MO, 1899
Stroud, James C.: (ID) Aug. 17, 1895, (L) Booneville, (AN) MO3430.025, (CO) Hickory
Stroud, Joseph G.: (ID) Oct. 26, 1892, (L) Booneville, (AN) MO3410.500, (CO) Hickory
Struble, Don: (A) 21Y, (BP) MO, (B) 1899, (Race) White, (CEN) 1920 Census, Los Angeles, Los Angeles Co., CA
Stuart, David D.: (ID) Nov. 15, 1892, (L) Springfield, (AN) MO5980.189, (CO) Taney
Stuart, Lucy F.: (ID) Nov. 15, 1892, (L) Springfield, (AN) MO5980.189, (CO) Taney
Stuart, William R.: (ID) Jul. 17, 1890, (L) Springfield, (AN) MO5930.037, (CO) Taney
Stuckert, Leonard: (CEN) 1893 NE State Census, MO Veterans, (MIL) 1st MO Infantry, Co. B, (RES) Mason City, NE
Sturdavant, John L.: (ID) Apr. 18, 1891, (L) Springfield, (AN) MO5940.463, (CO) Laclede
Sturges, Israel: (ID) Jan. 24, 1895, (L) Booneville, (AN) MO3420.400, (CO) Laclede
Sturm, Max. (Song) *The Letter That Never Came*, (PUB) Charles I. Wynne & CO., St. Louis, 1886
Sturma, Albert: (DI) Apr. 4, 1896, (A) 42Y, (B) 1854, (BP) Bohemia, (CO) St. Louis
Sturman, William: (ID) Feb. 20, 1891, (L) Springfield, (AN) MO5940.047, (CO) Taney
Sturtevant, George A.: (ID) Jun. 28, 1895, (L) Booneville, (AN) MO3430.017, (CO) Laclede
Sullivan, Francis: (OC) Blacksmith, (RES) Kansas City, MO, (CMTS) City Directory Kansas City, MO, 1899
Sullivan, George M.: (ID) Dec. 12, 1898, (L) Booneville, (AN) MO6040.343, (CO) Adair
Sullivan, James E.: (ID) Jun. 1, 1882, (L) Booneville, (AN)

MO3290.113, (CO) Osage
Sullivan, John W.: (ID) Mar. 13, 1895, (L) Springfield, (AN) MO6000.362, (CO) Taney
Sullivan, John W.: (ID) Apr. 9, 1892, (L) Springfield, (AN) MO5790.175, (CO) Taney
Sullivan, Michael J.: (DI) Apr. 6, 1896, (A) 26Y, (B) 1870, (BP) Ireland, (CO) St. Louis
Sullivan, Robert W.: (ID) Aug. 10, 1888, (L) Springfield, (AN) MO5910.277, (CO) Taney
Sullivan, Roger: (ID) Jan. 9, 1886, (L) Springfield, (AN) MO5900.260, (CO) Taney
Sullivan, Timothy J.: (DI) Apr. 6, 1896, (A) 22Y, (B) 1874, (BP) Ireland, (CO) St. Louis
Sullivan, Wm H.: (CEN) 1893 NE State Census, MO Veterans, (MIL) 11th MO Cavalry, Co. K, (RES) Omaha, NE
Summerfeld, Charles: (OC) Blacksmith, (RES) Kansas City, MO, (CMTS) City Directory Kansas City, MO, 1899
Summers, Carl: (A) 21Y, (BP) MO, (B) 1899, (Race) White, (CEN) 1920 Census, San Francisco, San Francisco Co., CA
Summers, Carl H.: (A) 21Y, (BP) MO, (B) 1899, (Race) White, (CEN) 1920 Census, San Francisco, San Francisco Co., CA
Summers, Lester W.: (A) 21Y, (BP) MO, (B) 1899, (Race) White, (CEN) 1920 Census, Township 3, Fresno Co., CA
Summons, Slack: (B) Mar., 1886, (BP) MO, (CEN) 1900 Census, Ed. 89, (CO) Pemiscot
Sumner, Henry C.: (ID) Apr. 3, 1896, (L) Springfield, (AN) MO6010.348, (CO) Laclede
Sumner, Preston B.: (MD) Mar. 13, 1881, (Spouse) Mary A. Beard, (CO) Laclede
Sumners, Rey: (A) 21Y, (BP) MO, (B) 1899, (Race) White, (CEN) 1920 Census, Patton, San Bernardino Co., CA
Sumption, Sarah A.: (ID) Sep. 9, 1892, (L) Springfield, (AN) MO5970.436, (CO) Taney
Sundwall, Gustafadaft: (ID) Sep. 1, 1881, (L) Booneville, (AN) MO3380.149, (CO) Hickory
Supich, Domenich: (DI) Apr. 4, 1896, (A) 46Y, (B) 1850, (BP) Austria, (CO) St. Louis
Surface, Elmer: (CMTS) 1899 Tax List, Crawford Twp., Wallace, (CO) Buchanan
Surface, John: (CMTS) 1899 Tax List, Crawford Twp., Wallace, (CO) Buchanan
Surles, Charles: (OC) Blacksmith, (RES) Kansas City, MO, (CMTS) City Directory Kansas City, MO, 1899
Surles, Jesse C.: (OC) Blacksmith, (RES) Kansas City, MO, (CMTS) City Directory Kansas City, MO, 1899
Sutter, Dicy E.: (ID) Apr. 9, 1892, (L) Springfield, (AN)

MO5790.064, (CO) Taney
Sutter, Louis: (ID) Feb. 6, 1892, (L) Springfield, (AN) MO5790.033, (CO) Taney
Sutter, Louis: (ID) Apr. 9, 1892, (L) Springfield, (AN) MO5790.065, (CO) Taney
Sutter, Louis: (ID) Apr. 9, 1892, (L) Springfield, (AN) MO5790.066, (CO) Taney
Sutton, Charles E.: (CEN) 1893 NE State Census, MO Veterans, (MIL) 2nd MO Infantry, Co. A, (RES) Roten, NE
Sutton, Mourning: (CMTS) 1899 Tax List, Crawford Twp., Halleck, (CO) Buchanan
Sutton, Thomas B.: (ID) Nov. 16, 1894, (L) Booneville, (AN) MO3420.357, (CO) Adair
Sutton, W. M.: (CMTS) 1899 Tax List, Crawford Twp., Halleck, (CO) Buchanan
Sutton, Willis M.: (ID) Apr. 6, 1898, (L) Springfield, (AN) MO6030.252, (CO) Laclede
Swadley, Marcus W.: (ID) May 31, 1892, (L) Springfield, (AN) MO5970.337, (CO) Taney
Swagertor, Raniline: (B) 1898, (BP) MO, (CEN) 1920 Census, Lebanon, Laclede Co., MO
Swain, Samuel R.: (OC) Blacksmith, (RES) Kansas City, MO, (CMTS) City Directory Kansas City, MO, 1899
Swan, George W.: (CEN) 1893 NE State Census, MO Veterans, (MIL) 3rd MO Infantry, Co. H, (RES) Alma, NE
Swanson, Francis: (OC) Blacksmith, (RES) Kansas City, MO, (CMTS) City Directory Kansas City
Swanson, Swan: (CEN) 1893 NE State Census, MO Veterans, (MIL) 8th Engineer, (RES) York, NE
Swanson, Swan G.: (DI) Nov. 18, 1890, (A) 31Y, (B) 1859, (BP) Sweden, (CO) St. Louis
Swartz, C. L., (Dr.): (CMTS) 1899 Tax List, Crawford Twp., Halleck, (CO) Buchanan
Sweaney, Otto. (B) Jan. 5, 1899, (D) Jul, 1987, (RES) Lebanon, MO, (CO) Laclede
Sweazea, Mary: (A) 21Y, (BP) MO, (B) 1899, (Race) White, (CEN) 1920 Census, Ventura, Ventura Co., CA
Sweeney, Hiram L.: (CEN) 1893 NE State Census, MO Veterans, (MIL) 10th MO Infantry, Co. B, (RES) Champion, NE
Sweeney, John: (OC) Blacksmith, (RES) Kansas City, MO, (CMTS) City Directory Kansas City, MO, 1899
Sweeten, W.: (CEN) 1893 NE State Census, MO Veterans, (MIL) 23rd MO Infantry, Co. D, (RES) Omaha, NE
Sweeton, Joe: (A) 21Y, (BP) MO, (B) 1899, (Race) White, (CEN) 1920 Census, American, Sacramento Co., CA
Swicegood, John H.: (ID) Feb. 18, 1890, (L) Booneville, (AN)

MO3400.200, (CO) Hickory
Swinsberger, Lorenzo A.: (OC) Blacksmith, (RES) Kansas City, MO, (CMTS) City Directory Kansas City, MO, 1899
Switzer, Elmer J.: (A) 21Y, (BP) MO, (B) 1899, (Race) White, (CEN) 1920 Census, Township 4, Kern Co., CA
Taber, Fielden: (ID) Dec. 26, 1895, (L) Springfield, (AN) MO6010.254, (CO) Taney
Taber, Isaac: (ID) Feb. 26, 1890, (L) Springfield, (AN) MO5780.296, (CO) Taney
Taber, Isaac: (ID) Oct. 21, 1891, (L) Springfield, (AN) MO5950.046, (CO) Taney
Tackitt, William: (ID) Aug. 10, 1888, (L) Springfield, (AN) MO5910.228, (CO) Taney
Tannenbaum, Ned: (A) 21Y, (BP) MO, (B) 1899, (Race) White, (CEN) 1920 Census, Los Angeles, Los Angeles Co., CA
Tanner, Jacob: (OC) Blacksmith, (RES) Kansas City, MO, (CMTS) City Directory Kansas City, MO, 1899
Tarr, Henry C.: (OC) Blacksmith, (RES) Kansas City, MO, (CMTS) City Directory Kansas City, MO, 1899
Tarreyrena, Joseph: (DI) Apr. 6, 1896, (A) 27Y, (B) 1869, (BP) Italy, (CO) St. Louis
Tassemeyer, Hermann: (DI) Oct. 6, 1890, (A) 40Y, (B) 1850, (BP) Germany, (CO) St. Louis
Tate, John R.: (A) 21Y, (BP) MO, (B) 1899, (Race) White, (CEN) 1920 Census, Edgewood, Siskiyou Co., CA
Tate, Joshua: (CEN) 1893 NE State Census, MO Veterans, (MIL) Mo State Militia, Co. B, (RES) Nora, NE
Tate, Susan T.: (ID) Apr. 18, 1891, (L) Springfield, (AN) MO5940.388, (CO) Taney
Tate, Verlinda: (B) Nov. 18, 1899, (D) Apr, 1984, (RES) Lynchburg, MO, (CO) Laclede
Tatum, Landrine J.: (ID) Nov. 10, 1882, (L) Booneville, (AN) MO3290.140, (CO) Hickory
Tatum, Landrine J.: (ID) May 25, 1883, (L) Booneville, (AN) MO3290.229, (CO) Hickory
Taylor, Charles: (A) 21Y, (BP) MO, (B) 1899, (Race) White, (CEN) 1920 Census, Township 11, Contra Costa Co., CA
Taylor, Horace W.: (ID) Nov. 15, 1892, (L) Springfield, (AN) MO5790.232, (CO) Taney
Taylor, J.: (CEN) 1893 NE State Census, MO Veterans, (MIL) 10th MO Infantry, Co. F, (RES) Chase, NE
Taylor, John: (OC) Blacksmith, (RES) Kansas City, MO, (CMTS) City Directory Kansas City, MO, 1899
Taylor, John: (ID) Apr. 14, 1888, (L) Springfield, (AN) MO5780.116, (CO) Taney
Taylor, John T.: (ID) Jan. 4, 1896, (L) Warsaw, (AN) MO2120.215, (CO)

Laclede
Taylor, Mary F.: (ID) Sep. 2, 1892, (L) Springfield, (AN) MO5970.409, (CO) Taney
Taylor, Neil: (DI) Feb. 13, 1895, (A) 26Y, (B) 1869, (BP) Scotland, (CO) St. Louis
Taylor, Sally H.: (ID) Jul. 11, 1892, (L) Springfield, (AN) MO5790.210, (CO) Taney
Taylor, Troy: (A) 21Y, (BP) MO, (B) 1899, (Race) White, (CEN) 1920 Census, Richmond, Contra Costa Co., CA
Taylor, Washington: (ID) Oct. 5, 1896, (L) Springfield, (AN) MO6020.129, (CO) Taney
Teague, Nathaniel P.: (ID) Oct. 5, 1896, (L) Springfield, (AN) MO6020.133, (CO) Taney
Tebbins, Herman: (CEN) 1893 NE State Census, MO Veterans, (MIL) 1st Engineers, Co. D, (RES) Omaha, NE
Teele, E. F.: (CEN) 1893 NE State Census, MO Veterans, (MIL) 1st Engineers, Co. A, (RES) Fremont, NE
Temple, Isaac M.: (CEN) 1893 NE State Census, MO Veterans, (MIL) 51th MO Infantry, Co. A, (RES) St Edward, NE
Tennison, Benjamin: (ID) May 4, 1885, (L) Springfield, (AN) MO5900.146, (CO) Taney
Terreter, Eugene: (DI) Apr. 2, 1896, (A) 27Y, (B) 1869, (BP) Ireland, (CO) St. Louis
Terry, R. O.: (CEN) 1893 NE State Census, MO Veterans, (MIL) 43th MO Infantry, Co. F, (RES) Elsie, NE
Terry, William P.: (ID) Dec. 26, 1891, (L) Booneville, (AN) MO3410.236, (CO) Hickory
Tharp, Newton T.: (ID) May 22, 1896, (L) Springfield, (AN) MO6010.439, (CO) Taney
Thayer, Henry O.: (ID) Apr. 18, 1891, (L) Springfield, (AN) MO5950.002, (CO) Taney
Thefeld, August: (OC) Blacksmith, (RES) Kansas City, MO, (CMTS) City Directory Kansas City, MO, 1899
Theodore Jacobson, O..: (OC) Blacksmith, (RES) Kansas City, MO, (CMTS) City Directory Kansas City, MO, 1899
Therien, Timothy: (OC) Blacksmith, (RES) Kansas City, MO, (CMTS) City Directory Kansas City, MO, 1899
Thieman, C. A.: (CEN) 1893 NE State Census, MO Veterans, (MIL) 2nd MO Artillery, (RES) Omaha, NE
Thoes, John: (OC) Blacksmith, (RES) Kansas City, MO, (CMTS) City Directory Kansas City, MO, 1899
Thomas, Amon: (CMTS) 1899 Tax List, Crawford Twp., Halleck, (CO) Buchanan
Thomas, Claude: (A) 21Y, (B) 1899, (BP) MO, (Race) White, (CEN) 1920 Census, Gasconade, Laclede Co., MO
Thomas, Daniel A.: (ID) Jun. 13, 1899, (L) Springfield, (AN)

MO6060.300, (CO) Laclede
Thomas, Daniel E.: (ID) Apr. 9, 1892, (L) Booneville, (AN) MO3410.317, (CO) Hickory
Thomas, Elcie C.: (ID) Apr. 9, 1892, (L) Springfield, (AN) MO5790.163, (CO) Taney
Thomas, Eli: (ID) Oct. 20, 1882, (L) Springfield, (AN) MO5890.321, (CO) Laclede
Thomas, Erba: (A) 21Y, (BP) MO, (B) 1899, (Race) White, (CEN) 1920 Census, Redondo Beach, Los Angeles Co., CA
Thomas, George: (MD) Apr. 17, 1881, (Spouse) Eliza Carrol, (CO) Laclede
Thomas, George B.: (OC) Blacksmith, (RES) Kansas City, MO, (CMTS) City Directory Kansas City, MO, 1899
Thomas, Harrison A.: (ID) Sep. 7, 1894, (L) Springfield, (AN) MO5790.389, (CO) Taney
Thomas, Henry A.: (ID) Apr. 2, 1897, (L) Springfield, (AN) MO6020.309, (CO) Taney
Thomas, James A.: (ID) Feb. 12, 1892, (L) Springfield, (AN) MO5960.093, (CO) Taney
Thomas, James A.: (ID) Jun. 11, 1895, (L) Springfield, (AN) MO6000.476, (CO) Taney
Thomas, James A.: (ID) Jul. 20, 1886, (L) Springfield, (AN) MO5770.335, (CO) Taney
Thomas, John W.: (ID) Feb. 24, 1894, (L) Booneville, (AN) MO3420.259, (CO) Hickory
Thomas, Joseph M.: (MD) Jun. 26, 1881, (Spouse) Mary I. Browning, (CO) Laclede
Thomas, R. H.: (CMTS) 1899 Tax List, Crawford Twp., Halleck, (CO) Buchanan
Thomas, Thomas N.: (OC) Blacksmith, (RES) Kansas City, MO, (CMTS) City Directory Kansas City, MO, 1899
Thomas, William: (ID) Feb. 12, 1892, (L) Springfield, (AN) MO5960.164, (CO) Laclede
Thomas, William: (OC) Blacksmith, (RES) Kansas City, MO, (CMTS) City Directory Kansas City, MO, 1899
Thomas, William J.: (ID) Apr. 9, 1892, (L) Booneville, (AN) MO3410.332, (CO) Hickory
Thomason, William A.: (ID) Oct. 10, 1896, (L) Springfield, (AN) MO5800.064, (CO) Taney
Thompson, Albert V.: (OC) Blacksmith, (RES) Kansas City, MO, (CMTS) City Directory Kansas City, MO, 1899
Thompson, Andrew M.: (OC) Blacksmith, (RES) Kansas City, MO, (CMTS) City Directory Kansas City, MO, 1899
Thompson, Andrew R.: (OC) Blacksmith, (RES) Kansas City, MO, (CMTS) City Directory Kansas City, MO, 1899
Thompson, Chas: (CEN) 1893 NE State Census, MO Veterans, (MIL)

50th MO Infantry, Co. H, (RES) Bellwood, NE
Thompson, Earnest: (A) 21Y, (BP) MO, (B) 1899, (Race) White, (CEN) 1920 Census, Santa Ana, Orange Co., CA
Thompson, Ellis: (B) 1898, (BP) MO, (CEN) 1920 Census, Lebanon, Laclede Co., MO
Thompson, Erwin E.: (ID) Sep. 5, 1895, (L) Springfield, (AN) MO5790.453, (CO) Laclede
Thompson, Timothy L.: (ID) Jul. 20, 1886, (L) Springfield, (AN) MO5770.364, (CO) Taney
Thompson, Walter S.: (OC) Blacksmith, (RES) Kansas City, MO, (CMTS) City Directory Kansas City, MO, 1899
Thomson, John D.: (ID) Jul. 10, 1883, (L) Booneville, (AN) MO3380.454, (CO) Laclede
Thorin, Charles: (OC) Blacksmith, (RES) Kansas City, MO, (CMTS) City Directory Kansas City, MO, 1899
Thornhill, John N.: (ID) Dec. 26, 1891, (L) Booneville, (AN) MO3410.156, (CO) Hickory
Thornlough, David W.: (OC) Blacksmith, (RES) Kansas City, MO, (CMTS) City Directory Kansas City, MO, 1899
Thornton, Henry: (ID) Nov. 30, 1894, (L) Springfield, (AN) MO6000.124, (CO) Taney
Thornton, William G.: (ID) Apr. 9, 1892, (L) Springfield, (AN) MO5790.085, (CO) Taney
Thriewn, Charles: (OC) Blacksmith, (RES) Kansas City, MO, (CMTS) City Directory Kansas City, MO, 1899
Thurman, Calvin J.: (ID) Aug. 24, 1897, (L) Springfield, (AN) MO6020.473, (CO) Taney
Thurman, Charles R.: (MD) Jan. 27, 1881, (Spouse) Sarah J. Porter, (CO) Laclede
Thurmond, Benjamin J.: (ID) Dec. 3, 1892, (L) Springfield, (AN) MO5980.231, (CO) Taney
Thurmond, John S.: (ID) Mar. 7, 1892, (L) Springfield, (AN) MO5960.324, (CO) Taney
Tiaden, Henry: (CEN) 1893 NE State Census, MO Veterans, (MIL) 11th MO Infantry, Co. F, (RES) Duncan, NE
Tiede, Christian: (ID) May 25, 1883, (L) Booneville, (AN) MO3290.200, (CO) Osage
Tiede, Lucy: (B) Jun. 11, 1899, (D) Mar 14, 1989, (RES) Lebanon, MO, (CO) Laclede
Tilford, James M.: (ID) Jun. 1, 1882, (L) Booneville, (AN) MO3290.099, (CO) Hickory
Tilley, Samuel: (MD) Sep. 11, 1881, (Spouse) Eliza E. Morelock, (CO) Laclede
Timmermeyer, Joseph: (CEN) 1893 NE State Census, MO Veterans, (MIL) 9th MO Infantry, Co. I, (RES) Lincoln, NE
Tinschard, George: (OC) Blacksmith, (RES) Kansas City, MO, (CMTS)

Tiston, Bertha: (A) 21Y, (BP) MO, (B) 1899, (Race) White, (CEN) 1920 Census, Fullerton, Orange Co., CA
Tittsworth, William D.: (ID) Dec. 20, 1881, (L) Springfield, (AN) MO5890.090, (CO) Taney
Titworth, John L.: (ID) Apr. 22, 1889, (L) Springfield, (AN) MO5920.057, (CO) Laclede
Tobermann, John: (DI) Aug. 3, 1891, (A) 34Y, (B) 1857, (BP) Bohemia, (CO) St. Louis
Tocco, Philip: (DI) Apr. 6, 1896, (A) 21Y, (B) 1875, (BP) Italy, (CO) St. Louis
Todd, J. L.: (CMTS) 1899 Tax List, Crawford Twp., Faucett, (CO) Buchanan
Todd, John H.: (ID) Nov. 12, 1894, (L) Springfield, (AN) MO6000.023, (CO) Taney
Todd, Leona A.: (A) 21Y, (BP) MO, (B) 1899, (Race) White, (CEN) 1920 Census, Pomona, Los Angeles Co., CA
Todd, Thomas: (CMTS) 1899 Tax List, Crawford Twp., Faucett, (CO) Buchanan
Todd, W. J.: (CMTS) 1899 Tax List, Crawford Twp., Faucett, (CO) Buchanan
Tofte, Erick Johanson: (DI) Oct. 11, 1894, (A) 37Y, (B) 1857, (BP) Sweden, (CO) St. Louis
Tolle, Marshall: (CEN) 1893 NE State Census, MO Veterans, (MIL) 23th MO Infantry, Co. B, (RES) Fairfield, NE
Tolliver, John W.: (ID) Nov. 28, 1896, (L) Booneville, (AN) MO3430.280, (CO) Hickory
Tomah, Otto G.: (A) 21Y, (BP) MO, (B) 1899, (Race) White, (CEN) 1920 Census, Sacramento, Sacramento Co., CA
Tomlin, Edith: (A) 21Y, (BP) MO, (B) 1899, (Race) White, (CEN) 1920 Census, Long Beach, Los Angeles Co., CA
Tomlinson, Josiah C.: (ID) Nov. 1, 1890, (L) Booneville, (AN) MO3400.272, (CO) Laclede
Toms, A. J.: (CMTS) 1899 Tax List, Crawford Twp., Dearborn, (CO) Buchanan
Toms, Perry: (CMTS) 1899 Tax List, Crawford Twp., Dearborn, (CO) Buchanan
Tonner, Lawrence H.: (A) 21Y, (BP) MO, (B) 1899, (Race) White, (CEN) 1920 Census, Oakland, Alameda Co., CA
Towne, Herman O.: (A) 21Y, (BP) MO, (B) 1899, (Race) White, (CEN) 1920 Census, Brighton, Sacramento Co., CA
Townsend, Major: (ID) Feb. 20, 1891, (L) Springfield, (AN) MO5940.058, (CO) Taney
Tracey, William H.: (ID) Sep. 2, 1882, (L) Booneville, (AN) MO3380.317, (CO) Adair
Tracy, John: (DI) Apr. 6, 1896, (A) 32Y, (B) 1864, (BP) Ireland,

(CO) St. Louis
Trader, Claude: (A) 21Y, (BP) MO, (B) 1899, (Race) White, (CEN) 1920 Census, Los Angeles, Los Angeles Co., CA
Trammel, David M.: (OC) Postmaster, Cedar Creek, Feb. 9, 1881, (CO) Taney
Trammell, Amanda M.: (ID) Sep. 5, 1890, (L) Springfield, (AN) MO5930.373, (CO) Taney
Trammell, Davis M.: (ID) Aug. 1, 1898, (L) Springfield, (AN) MO6040.080, (CO) Taney
Trantina, Vaclao: (DI) Apr. 3, 1896, (A) 46Y, (B) 1850, (BP) Bohemia, (CO) St. Louis
Travis, Claude W.: (A) 21Y, (B) 1899, (BP) MO, (Race) White, (CEN) 1920 Census, Smith, Laclede Co., MO
Travis, William H.: (ID) Apr. 6, 1898, (L) Springfield, (AN) MO6030.167, (CO) Taney
Tresner, Sarah: (ID) Oct. 7, 1893, (L) Springfield, (AN) MO5990.258, (CO) Laclede
Trick, Claud E.: (A) 21Y, (B) 1899, (BP) MO, (Race) White, (CEN) 1920 Census, Franklin, Laclede Co., MO
Trimble, Albert B.: (CEN) 1893 NE State Census, MO Veterans, (MIL) 5th MO Cavalry, Co. F, (RES) Alma, NE
Triplet, Bushrod: (ID) Nov. 13, 1885, (L) Springfield, (AN) MO5770.223, (CO) Taney
Triplett, Bushrod: (ID) Feb. 20, 1891, (L) Springfield, (AN) MO5940.149, (CO) Taney
Triplett, E.: (CEN) 1893 NE State Census, MO Veterans, (MIL) 27th MO Cavalry, Co. D, (RES) Cook, NE
Triplett, William R.: (A) 21Y, (BP) MO, (B) 1899, (Race) White, (CEN) 1920 Census, Angel Island, Marin Co., CA
Trote, Marvin: (CEN) 1893 NE State Census, MO Veterans, (MIL) 27th MO Infrantry, (RES) Kearney, NE
Troutman, J. H.: (CMTS) 1899 Tax List, Crawford Twp., Dearborn, (CO) Buchanan
Troutt, Roland: (B) May 19, 1899, (D) May 15, 1969, (RES) Lebanon, MO, (CO) Laclede
Truax, James M.: (CEN) 1893 NE State Census, MO Veterans, (MIL) 48th MO Infantry, Co. K, (RES) Taylor, NE
Tryon, Clarence A.: (A) 21Y, (B) 1899, (BP) KS, (Race) White, (CEN) 1920 Census, Mayfield, Laclede Co., MO
Tryon, Frank: (A) 21Y, (BP) MO, (B) 1899, (Race) White, (CEN) 1920 Census, Whittier, Los Angeles Co., CA
Tuggle, Sarah E.: (ID) Dec. 3, 1892, (L) Springfield, (AN) MO5980.215, (CO) Laclede
Tullos, Oscar: (A) 21Y, (BP) MO, (B) 1899, (Race) White, (CEN) 1920 Census, Granite, Sacramento Co., CA
Tully, Nellie: (A) 21Y, (BP) MO, (B) 1899, (Race) White, (CEN)

1920 Census, Riverside, Riverside Co., CA
Turnage, Morgan: (B) 1811, (D) 1888, (CO) Ray, (C) Crowley Cemetery
Turner, Alvis: (CMTS) 1899 Tax List, Crawford Twp., Faucett, (CO) Buchanan
Turner, Benjamin F.: (ID) Mar. 25, 1896, (L) Booneville, (AN) MO3430.137, (CO) Hickory
Turner, Derrick C.: (ID) Sep. 27, 1892, (L) Booneville, (AN) MO3410.490, (CO) Adair
Turner, Ernest D.: (A) 21Y, (BP) MO, (B) 1899, (Race) White, (CEN) 1920 Census, El Centro, Imperial Co., CA
Turner, George W.: (ID) May 21, 1896, (L) Booneville, (AN) MO3430.170, (CO) Hickory
Turner, John: (CMTS) 1899 Tax List, Crawford Twp., Wallace, (CO) Buchanan
Turner, R. A.: (CEN) 1893 NE State Census, MO Veterans, (MIL) 11th MO Cavalry, Co. B, (RES) Red Cloud, NE
Turner, W. J.: (CEN) 1893 NE State Census, MO Veterans, (MIL) 5th MO Cavalry, Co. G, (RES) Red Cloud, NE
Turner, Wesley: (CMTS) 1899 Tax List, Crawford Twp., Faucett, (CO) Buchanan
Tuttle, Edward D.: (ID) Jun. 20, 1890, (L) Springfield, (AN) MO5920.198, (CO) Taney
Uhlin, Charles F.: (OC) Blacksmith, (RES) Kansas City, MO, (CMTS) City Directory Kansas City, MO, 1899
Uhlin, George: (OC) Blacksmith, (RES) Kansas City, MO, (CMTS) City Directory Kansas City, MO, 1899
Uhrig, Albert: (OC) Blacksmith, (RES) Kansas City, MO, (CMTS) City Directory Kansas City, MO, 1899
Underwood, Calloway: (CEN) 1893 NE State Census, MO Veterans, (MIL) 6th MO Cavalry, (RES) Carpenter, NE
Underwood, Eliza: (B) 1848, (D) 1886, (CO) Ray, (C) Crowley Cemetery
Underwood, James L.: (CEN) 1893 NE State Census, MO Veterans, (MIL) 44th MO Infantry, Co. D, (RES) Alliance, NE
Urbano, Barbato: (DI) Oct. 31, 1892, (A) 33Y, (B) 1859, (BP) Italy, (CO) St. Louis
Urie, Adison: (ID) Feb. 18, 1890, (L) Booneville, (AN) MO3400.221, (CO) Laclede
Ussery, Peter D.: (ID) Dec. 26, 1891, (L) Booneville, (AN) MO3410.167, (CO) Hickory
Vaca, Jack: (A) 21Y, (BP) MO, (B) 1899, (Race) White, (CEN) 1920 Census, Fresno, Fresno Co., CA
Van Buskirk, Morris: (ID) Jan. 20, 1881, (L) Springfield, (AN) MO5890.036, (CO) Taney
Van Homer, Maria: (A) 21Y, (BP) MO, (B) 1899, (Race) White, (CEN) 1920 Census, San Bernardino, San Bernardino Co., CA
Van Sickel, Lot: (ID) Oct. 30, 1882, (L) Booneville, (AN)

MO2630.114, (CO) Adair
Van Zant, Albert T.: (ID) Apr. 23, 1891, (L) Springfield, (AN) MO5950.023, (CO) Taney
Vance, Bruce O.: (A) 21Y, (BP) MO, (B) 1899, (Race) White, (CEN) 1920 Census, Beckwourth, Plumas Co., CA
Vance, Robert A.: (ID) Feb. 5, 1891, (L) Booneville, (AN) MO3400.480, (CO) Hickory
Vancleve, William M.: (ID) Jul. 20, 1886, (L) Booneville, (AN) MO3290.401, (CO) Adair
Vanderzraph, Perry: (A) 21Y, (B) 1899, (BP) MO, (Race) White, (CEN) 1920 Census, Hooker, Laclede Co., MO
Vandike, Griffey: (CEN) 1893 NE State Census, MO Veterans, (MIL) 23th MO Infantry, Co. H, (RES) Huntley, NE
Vanzandt, James R.: (ID) Feb. 9, 1898, (L) Springfield, (AN) MO6030.109, (CO) Taney
Vanzandt, George: (OC) Postmaster, Cedar Creek, Apr. 5, 1898, (CO) Taney
Vanzandt, Thomas J.: (OC) Postmaster, Kirbyville, Jan. 14, 1884, (CO) Taney
Vanzandt, George W.: (OC) Postmaster, Kirbyville, Oct. 13, 1892, (CO) Taney
Vaughan, James R.: (ID) Feb. 6, 1892, (L) Springfield, (AN) MO5790.051, (CO) Taney
Vaughan, James R.: (ID) Apr. 9, 1892, (L) Springfield, (AN) MO5790.078, (CO) Taney
Vaughan, James R.: (ID) Apr. 9, 1892, (L) Springfield, (AN) MO5790.094, (CO) Taney
Vaughan, James R.: (ID) Oct. 10, 1896, (L) Springfield, (AN) MO5800.048, (CO) Taney
Vaughan, Jeremiah: (ID) Jun. 30, 1884, (L) Booneville, (AN) MO3390.018, (CO) Hickory
Vaughan, William C.: (ID) May 20, 1885, (L) Booneville, (AN) MO3390.114, (CO) Osage
Vaughn, Edmund B..: (ID) Aug. 24, 1897, (L) Booneville, (AN) MO3430.433, (CO) Laclede
Vaughn, Paul S · (A) 21Y, (BP) MO, (B) 1899, (Race) White, (CEN) 1920 Census, San Luis Obispo, San Luis Obispo Co., CA
Vaughn, W. J.: (CMTS) 1899 Tax List, Crawford Twp., Faucett, (CO) Buchanan
Vaught, Andrew J.: (ID) Feb. 17, 1890, (L) Springfield, (AN) MO5920.422, (CO) Laclede
Vaught, Andrew J.: (MD) Aug. 21, 1881, (Spouse) Sarah E. Rippy, (CO) Laclede
Vejsicky, Josef: (DI) Apr. 3, 1896, (A) 38Y, (B) 1858, (BP) Bohemia, (CO) St. Louis
Vennemann, William: (DI) Apr. 1, 1896, (A) 29Y, (B) 1867, (BP)

Germany, (CO) St. Louis
Vernon, Adam: (ID) Oct. 20, 1891, (L) Booneville, (AN) MO3410.089, (CO) Laclede
Vernon, Isaac: (ID) Mar. 20, 1886, (L) Springfield, (AN) MO5900.271, (CO) Laclede
Vernon, Mattie A.: (B) Jan., 1884, (BP) MO, (A) 16Y, (Status) Married 3 years, (Spouse) Wiley Vernon, (CEN) 1900 Census, Ed. 89, (CO) Pemiscot
Vernon, Robert E.: (MD) Aug. 27, 1881, (Spouse) Lulu Moore, (CO) Laclede
Vernon, Washington: (ID) Apr. 6, 1897, (L) Booneville, (AN) MO3430.340, (CO) Laclede
Vesper, Adam: (CEN) 1893 NE State Census, MO Veterans, (MIL) 13th MO Cavalry, Co. K, (RES) Ord, NE
Vesper, Christopher: (CEN) 1893 NE State Census, MO Veterans, (MIL) 7th MO Cavalry, Co. C, (RES) Ord, NE
Vestal, Frank: (CMTS) 1899 Tax List, Crawford Twp., Wallace, (CO) Buchanan
Vestal, James M.: (CMTS) 1899 Tax List, Crawford Twp., Wallace, (CO) Buchanan
Vestal, O. M.: (CMTS) 1899 Tax List, Crawford Twp., Wallace, (CO) Buchanan
Vestal, R. L.: (CMTS) 1899 Tax List, Crawford Twp., Wallace, (CO) Buchanan
Vete, Fred: (CEN) 1893 NE State Census, MO Veterans, (MIL) 49th MO Infantry, Co. E, (RES) Fairbury, NE
Vickers, C. Wayne: (A) 21Y, (BP) MO, (B) 1899, (Race) White, (CEN) 1920 Census, Fresno, Fresno Co., CA
Vikstrom, Jacob A.: (ID) Feb. 5, 1891, (L) Booneville, (AN) MO3400.385, (CO) Hickory
Vincent, J. W.: (CMTS) 1899 Tax List, Crawford Twp., Faucett, (CO) Buchanan
Vincent, William F.: (A) 21Y, (BP) MO, (B) 1899, (Race) White, (CEN) 1920 Census, Angel Island, Marin Co., CA
Vining, Erastus C.: (ID) Feb. 12, 1892, (L) Springfield, (AN) MO5960.089, (CO) Taney
Vining, John: (ID) Dec. 20, 1892, (L) Springfield, (AN) MO5980.361, (CO) Taney
Vit, Frank: (DI) Apr. 6, 1896, (A) 28Y, (B) 1868, (BP) Bohemia, (CO) St. Louis
Vit, Venclelaus: (DI) Apr. 6, 1896, (A) 22Y, (B) 1874, (BP) Bohemia, (CO) St. Louis
Voerster, Dr. Engelbert: (Song) *Vita*, (PUB) Kunkel Bros., St. Louis, 1882
Voge, Claus: (CEN) 1893 NE State Census, MO Veterans, (MIL) 29th MO Infantry, Co. H, (RES) Germantown, NE
Vogel, Fred: (CMTS) 1899 Tax List, Crawford Twp., Faucett,

(CO) Buchanan
Vogelsang, George: (DI) Apr. 6, 1896, (A) 32Y, (B) 1864, (BP) Germany, (CO) St. Louis
Vollar, Antonio: (DI) Apr. 4, 1896, (A) 45Y, (B) 1851, (BP) Italy, (CO) St. Louis
Vollar, Gottardo: (DI) Apr. 4, 1896, (A) 28Y, (B) 1868, (BP) Italy, (CO) St. Louis
Vollar, Thomas: (DI) Apr. 4, 1896, (A) 25Y, (B) 1871, (BP) Italy, (CO) St. Louis
Volz, Henry: (DI) Oct. 6, 1890, (A) 34Y, (B) 1856, (BP) Germany, (CO) St. Louis
Voorhies, Ethel: (A) 21Y, (BP) MO, (B) 1899, (Race) White, (CEN) 1920 Census, Los Angeles, Los Angeles Co., CA
Wade, Pleasant C.: (ID) Aug. 10, 1888, (L) Springfield, (AN) MO5910.240, (CO) Taney
Waele, Ernst: (DI) Jan. 5, 1891, (A) 28Y, (B) 1863, (BP) Germany, (CO) St. Louis
Wagoner, Milan: (ID) May 6, 1896, (L) Springfield, (AN) MO6010.420, (CO) Taney
Wagoner, Orville: (B) Oct. 21, 1899, (D) Nov, 1969, (RES) Lebanon, MO, (CO) Laclede
Wakeman, William H.: (ID) Apr. 22, 1889, (L) Springfield, (AN) MO5920.015, (CO) Taney
Walden, William W.: (ID) Apr. 3, 1896, (L) Springfield, (AN) MO6010.380, (CO) Taney
Walder, William H.: (A) 21Y, (BP) MO, (B) 1899, (Race) White, (CEN) 1920 Census, Los Angeles, Los Angeles Co., CA
Waldorf, William: (OC) Blacksmith, (RES) Kansas City, MO, (CMTS) City Directory Kansas City, MO, 1899
Walkenhaust, Otto: (CEN) 1893 NE State Census, MO Veterans, (MIL) 10th MO Infantry, Co. B, (RES) Alexandria, NE
Walker, Drew W.: (ID) Oct. 2, 1896, (L) Springfield, (AN) MO6020.066, (CO) Laclede
Walker, Enoch: (ID) Aug. 14, 1893, (L) Booneville, (AN) MO3420.196, (CO) Laclede
Walker, Henry: (ID) May 23, 1889, (L) Springfield, (AN) MO5780.253, (CO) Taney
Walker, Hepsiba A.: (ID) Jan. 25, 1896, (L) Springfield, (AN) MO6010.309, (CO) Taney
Walker, J. B.: (CEN) 1893 NE State Census, MO Veterans, (MIL) 1st MO Cavalry, Co. H, (RES) Grant, NE
Walker, John M.: (ID) Apr. 16, 1892, (L) Booneville, (AN) MO3410.394, (CO) Laclede
Walker, Manis L.: (A) 21Y, (BP) MO, (B) 1899, (Race) White, (CEN) 1920 Census, San Jose, Santa Clara Co., CA
Walker, William: (ID) Jun. 27, 1898, (L) Booneville, (AN)

MO6030.479, (CO) Laclede
Wall, James H.: (ID) Jan. 7, 1885, (L) Springfield, (AN) MO5900.011, (CO) Laclede
Wallace, D. R.: (A) 21Y, (BP) MO, (B) 1899, (Race) White, (CEN) 1920 Census, Vallejo, Solano Co., CA
Wallace, Henry: (ID) Jun. 30, 1884, (L) Booneville, (AN) MO3390.049, (CO) Adair
Wallace, Mary A.: (ID) Jun. 20, 1882, (L) Springfield, (AN) MO5890.204, (CO) Taney
Wallace, Orie J.: (A) 21Y, (BP) MO, (B) 1899, (Race) White, (CEN) 1920 Census, Corcoran, Kings Co., CA
Wallace, Washington I.: (ID) Mar. 10, 1886, (L) Springfield, (AN) MO5770.336, (CO) Laclede
Wallace, Washington J.: (ID) Sep. 28, 1898, (L) Springfield, (AN) MO1150.355, (CO) Laclede
Waller, T. V.: (CMTS) 1899 Tax List, Crawford Twp., Faucett, (CO) Buchanan
Wallin, James T.: (ID) Apr. 5, 1883, (L) Springfield, (AN) MO5890.406, (CO) Laclede
Walling, Robert G.: (A) 21Y, (BP) MO, (B) 1899, (Race) White, (CEN) 1920 Census, Glendale, Los Angeles Co., CA
Wallingford, S. B.: (CMTS) 1899 Tax List, Crawford Twp., Wallace, (CO) Buchanan
Wallover, C.: (CEN) 1893 NE State Census, MO Veterans, (MIL) 48th MO Infantry, Co. H, (RES) Oconto, NE
Walls, Edgar: (ID) Oct. 21, 1891, (L) Springfield, (AN) MO5950.173, (CO) Taney
Walsh, Harriet C.: (A) 21Y, (BP) MO, (B) 1899, (Race) White, (CEN) 1920 Census, Los Angeles, Los Angeles Co., CA
Walters, Raymond H.: (A) 21Y, (BP) MO, (B) 1899, (Race) White, (CEN) 1920 Census, Pasadena, Los Angeles Co., CA
Waltman, Martin: (OC) Postmaster, Kirbyville, Sep. 14, 1889, (CO) Taney
Waltman, Martin: (OC) Postmaster, Layton's Mill, Jun. 18, 1889, (CO) Taney
Walton, Ralph E.: (A) 21Y, (BP) MO, (B) 1899, (Race) White, (CEN) 1920 Census, Los Angeles, Los Angeles Co., CA
Wameke, John: (CEN) 1893 NE State Census, MO Veterans, (MIL) 1st MO Infantry, Co. D, (RES) Cramer, NE
Ward, Alfred: (A) 21Y, (BP) MO, (B) 1899, (Race) White, (CEN) 1920 Census, Modesto, Stanislaus Co., CA
Ward, Bellie J.: (A) 21Y, (BP) MO, (B) 1899, (Race) White, (CEN) 1920 Census, Los Angeles, Los Angeles Co., CA
Ward, Joan A.: (CMTS) 1899 Tax List, Crawford Twp., Wallace, (CO) Buchanan
Ward, Matthew: (OC) Blacksmith, (RES) Kansas City, MO, (CMTS) City

Directory Kansas City, MO, 1899

Ward, Mildred: (B) Nov. 25, 1899, (D) Jan. 5, 1994, (RES) Lebanon, MO, (CO) Laclede

Ware, Harry: (A) 21Y, (BP) MO, (B) 1899, (Race) White, (CEN) 1920 Census, McKittrick, Kern Co., CA

Ware, Smiley: (ID) Nov. 30, 1894, (L) Springfield, (AN) MO6000.131, (CO) Laclede

Ware, Tinsley: (ID) Feb. 21, 1893, (L) Springfield, (AN) MO5990.005, (CO) Laclede

Warner, Edwin H.: (ID) Jan. 21, 1893, (L) Springfield, (AN) MO5980.427, (CO) Taney

Warner, L. A.: (CEN) 1893 NE State Census, MO Veterans, (MIL) 11th MO Infantry, Co. I, (RES) Maple Creek, NE

Warner, W. S.: (CEN) 1893 NE State Census, MO Veterans, (MIL) 11th MO Infantry, Co. I, (RES) Humphrey, NE

Warren, Barton L.: (ID) Jan. 20, 1881, (L) Springfield, (AN) MO5890.043, (CO) Laclede

Warren, H. J.: (CMTS) 1899 Tax List, Crawford Twp., Wallace, (CO) Buchanan

Warren, Harden: (ID) Nov. 13, 1894, (L) Springfield, (AN) MO6000.026, (CO) Taney

Warren, James M.: (ID) Jul. 14, 1893, (L) Springfield, (AN) MO5990.186, (CO) Taney

Warren, Martha A.: (ID) May 22, 1896, (L) Springfield, (AN) MO6010.463, (CO) Taney

Wartman, Herman: (A) 21Y, (BP) MO, (B) 1899, (Race) White, (CEN) 1920 Census, San Bernardino, San Bernardino Co., CA

Wasburn, W. E.: (Song) *Bonita*, (CMTS) Dedicated to Joseph Lacalle, (PUB) W. E. Washburn, St. Louis, 1895

Wasson, Gordon E.: (A) 21Y, (BP) MO, (B) 1899, (Race) White, (CEN) 1920 Census, San Francisco, San Francisco Co., CA

Waterman, Eluie: (B) Sep. 1, 1899, (D) Nov, 1969, (RES) Eldridge, MO, (CO) Laclede

Waterman, Mark: (CMTS) 1899 Tax List, Crawford Twp., Halleck, (CO) Buchanan

Waterman, William E.: (ID) Jan. 10, 1885, (L) Booneville, (AN) MO3390.064, (CO) Laclede

Waters, Violet: (A) 21Y, (BP) MO, (B) 1899, (Race) White, (CEN) 1920 Census, Los Angeles, Los Angeles Co., CA

Waters, Violet: (A) 21Y, (BP) MO, (B) 1899, (Race) White, (CEN) 1920 Census, Venice, Los Angeles Co., CA

Watkins, Henry J.: (ID) Dec. 7, 1896, (L) Booneville, (AN) MO3430.302, (CO) Laclede

Watkins, John M.: (ID) Mar. 2, 1897, (L) Springfield, (AN) MO6020.230, (CO) Laclede

Watmeyer, James: (OC) Blacksmith, (RES) Kansas City, MO, (CMTS)

City Directory Kansas City, MO, 1899
Watson, Andrew J.: (ID) Feb. 17, 1890, (L) Springfield, (AN) MO5920.433, (CO) Taney
Watson, F. M.: (CEN) 1893 NE State Census, MO Veterans, (MIL) 4th MO Infantry, Co. K, (RES) Fullerton, NE
Watson, Ira C.: (ID) Jun. 7, 1889, (L) Booneville, (AN) MO3400.138, (CO) Hickory
Watson, William: (CMTS) 1899 Tax List, Crawford Twp., Wallace, (CO) Buchanan
Watson, William H.: (ID) Dec. 1, 1897, (L) Booneville, (AN) MO2630.127, (CO) Adair
Watterson, John D.: (ID) Mar. 7, 1892, (L) Springfield, (AN) MO5960.453, (CO) Laclede
Waugh, Eline: (A) 21Y, (B) 1899, (BP) MO, (Race) White, (CEN) 1920 Census, Union, Laclede Co., MO
Wavra, Bernard: (DI) Apr. 3, 1896, (A) 47Y, (B) 1849, (BP) Bohemia, (CO) St. Louis
Waye, Milo L.: (ID) Feb. 13, 1899, (L) Springfield, (AN) MO6060.020, (CO) Taney
Weaner, Fannie M: (B) 1898, (BP) MO, (CEN) 1920 Census, Union, Laclede Co., MO
Weatherford, James M.: (ID) Jun. 6, 1890, (L) Booneville, (AN) MO3400.234, (CO) Hickory
Weatherman, Abraham L.: (ID) Jan. 11, 1892, (L) Springfield, (AN) MO5950.462, (CO) Taney
Weatherman, Christopher C.: (ID) Apr. 22, 1889, (L) Springfield, (AN) MO5920.089, (CO) Taney
Weatherman, James P.: (ID) Feb. 10, 1883, (L) Springfield, (AN) MO5890.374, (CO) Taney
Weatherman, Miles S.: (CEN) 1893 NE State Census, MO Veterans, (MIL) 25th MO Infantry, Co. H, (RES) Benkelman, NE
Weatherman, William P.: (ID) Mar. 13, 1895, (L) Springfield, (AN) MO6000.350, (CO) Taney
Weathers, Clarance A.: (A) 21Y, (BP) MO, (B) 1899, (Race) White, (CEN) 1920 Census, Casmalia, Santa Barbara Co., CA
Weaver, Andrew J.: (MD) Sep. 11, 1881, (Spouse) Arminta Jinkins, (CO) Laclede
Weaver, Edward L.: (ID) Dec. 30, 1884, (L) Springfield, (AN) MO5760.448, (CO) Taney
Weaver, Joel: (MD) Feb. 6, 1881, (Spouse) Hannah Davis, (CO) Laclede
Weaver, Myron C.: (A) 21Y, (B) 1899, (BP) SD, (Race) White, (CEN) 1920 Census, Smith, Laclede Co., MO
Weaver, W. W.: (CEN) 1893 NE State Census, MO Veterans, (MIL) 1st MO Cavalry, Co. B, (RES) Burchard, NE
Webb, Samuel E.: (ID) Aug. 15, 1888, (L) Springfield, (AN) MO5910.403, (CO) Taney

Webb, Willis: (CEN) 1893 NE State Census, MO Veterans, (MIL) 15th MO Cavalry, Co. G, (RES) Wymore, NE
Weber, Andrew J.: (A) 21Y, (BP) MO, (B) 1899, (Race) White, (CEN) 1920 Census, Los Angeles, Los Angeles Co., CA
Weber, Pendrew J.: (A) 21Y, (BP) MO, (B) 1899, (Race) White, (CEN) 1920 Census, Los Angeles, Los Angeles Co., CA
Weddle, Fred: (A) 21Y, (BP) MO, (B) 1899, (Race) White, (CEN) 1920 Census, Taft, Kern Co., CA
Wedge, George W.: (ID) Oct. 17, 1890, (L) Springfield, (AN) MO5940.005, (CO) Laclede
Weeden, John: (CEN) 1893 NE State Census, MO Veterans, (MIL) 1st MO Infantry, Co. K, (RES) Bartley, NE
Weeks, Luther: (B) Sep. 26, 1899, (D) Jan. 20, 1999, (RES) Conway, MO, (CO) Laclede
Wehrley, William W.: (ID) Apr. 25, 1898, (L) Springfield, (AN) MO1150.285, (CO) Laclede
Weidman, Gerald: (A) 21Y, (BP) MO, (B) 1899, (Race) White, (CEN) 1920 Census, Los Angeles, Los Angeles Co., CA
Weigend, Frank: (DI) Dec. 1, 1890, (A) 45Y, (B) 1845, (BP) Austria, (CO) St. Louis
Weiherer, Alvis: (ID) Mar. 20, 1893, (L) Springfield, (AN) MO5990.078, (CO) Laclede
Weis, Henry: (DI) Apr. 6, 1896, (A) 23Y, (B) 1873, (BP) France, (CO) St. Louis
Weiss, Charles: (A) 21Y, (BP) MO, (B) 1899, (Race) White, (CEN) 1920 Census, Lomita, Los Angeles Co., CA
Weithers, H. A.: (CMTS) 1899 Tax List, Crawford Twp., Faucett, (CO) Buchanan
Welch, George W.: (ID) Nov. 15, 1894, (L) Booneville, (AN) MO3420.337, (CO) Hickory
Welden, W. G.: (CEN) 1893 NE State Census, MO Veterans, (MIL) 43th MO Infantry, Co. E, (RES) Lexington, NE
Weldon, Benedict: (ID) Apr. 24, 1893, (L) Plattsburg, (AN) MO4860.125, (CO) Grundy
Welker, Edgar: (A) 21Y, (BP) MO, (B) 1899, (Race) White, (CEN) 1920 Census, Los Angeles, Los Angeles Co., CA
Wells, E. R.: (CMTS) 1899 Tax List, Crawford Twp. DeKalb, (CO) Buchanan
Wells, George M.: (ID) Apr. 18, 1891, (L) Springfield, (AN) MO5940.497, (CO) Taney
Wells, Mary A.: (ID) Nov. 30, 1894, (L) Springfield, (AN) MO6000.116, (CO) Taney
Wells, Jesse T.: (OC) Postmaster, Hercules, Dec. 16, 1887, (CO) Taney
Wende, Roy: (A) 21Y, (BP) MO, (B) 1899, (Race) White, (CEN) 1920 Census, Vallejo, Solano Co., CA
Wertz, David: (CEN) 1893 NE State Census, MO Veterans, (MIL)

38th MO Infantry, Co. E, (RES) Burwell, NE
Wesolonski, Frank: (DI) Apr. 4, 1896, (A) 28Y, (B) 1868, (BP) Germany, (CO) St. Louis
West, Everett B.: (A) 21Y, (BP) MO, (B) 1899, (Race) White, (CEN) 1920 Census, Alhambra, Los Angeles Co., CA
West, Ida B: (B) 1898, (BP) OK, (CEN) 1920 Census, Auglaize, Laclede Co., MO
West, Riley W.: (A) 21Y, (B) 1899, (BP) MO, (Race) White, (CEN) 1920 Census, Lebanon, Laclede Co., MO
West, Van J.: (ID) Dec. 3, 1892, (L) Springfield, (AN) MO5980.221, (CO) Laclede
Westerhoff, John: (CEN) 1893 NE State Census, MO Veterans, (MIL) 2 S M, Co. D, (RES) Germantown, NE
Westmoreland, Benjamin F.: (ID) Feb. 17, 1890, (L) Springfield, (AN) MO5920.405, (CO) Taney
Westmoreland, Benjamin F.: (ID) Apr. 14, 1888, (L) Springfield, (AN) MO5780.145, (CO) Taney
Westmoreland, Benjamin F.: (ID) Apr. 2, 1891, (L) Springfield, (AN) MO5780.444, (CO) Taney
Westmoreland, Benjamin F.: (ID) Apr. 2, 1891, (L) Springfield, (AN) MO5780.445, (CO) Taney
Westmoreland, Benjamin F.: (ID) Apr. 2, 1891, (L) Springfield, (AN) MO5780.458, (CO) Taney
Westmoreland, Benjamin F.: (ID) Apr. 9, 1892, (L) Springfield, (AN) MO5790.104, (CO) Taney
Westmoreland, Benjamin F.: (ID) May 15, 1884, (L) Springfield, (AN) MO5760.360, (CO) Taney
Westmoreland, Benjamin F.: (ID) Nov. 23, 1888, (L) Springfield, (AN) MO5780.242, (CO) Taney
Westmoreland, Benjamin F.: (ID) Nov. 3, 1891, (L) Springfield, (AN) MO5780.487, (CO) Taney
Westmoreland, Hiram H.: (ID) May 25, 1883, (L) Springfield, (AN) MO5760.288, (CO) Taney
Westmoreland, Hiram H.: (ID) May 15, 1884, (L) Springfield, (AN) MO5760.333, (CO) Taney
Westmoreland, Hiram H.: (ID) Nov. 23, 1888, (L) Springfield, (AN) MO5780.242, (CO) Taney
Weston, James W.: (ID) Jan. 30, 1892, (L) Springfield, (AN) MO5950.495, (CO) Taney
Westrope, Velma: (A) 21Y, (BP) MO, (B) 1899, (Race) White, (CEN) 1920 Census, Los Angeles, Los Angeles Co., CA
Wey, Fred: (CEN) 1893 NE State Census, MO Veterans, (MIL) 25th MO Infantry, Co. D, (RES) Omaha, NE
Weyant, George E.: (A) 21Y, (BP) MO, (B) 1899, (Race) White, (CEN) 1920 Census, Los Angeles, Los Angeles Co., CA
Weyhrauh, Fritz: (ID) Oct. 16, 1895, (L) Booneville, (AN)

MO3430.063, (CO) Hickory
Whalen, Frank: (OC) Blacksmith, (RES) Kansas City, MO, (CMTS) City Directory Kansas City, MO, 1899
Whalen, Frank L.: (A) 21Y, (BP) MO, (B) 1899, (Race) White, (CEN) 1920 Census, San Francisco, San Francisco Co., CA
Whalen, Joseph A.: (OC) Blacksmith, (RES) Kansas City, MO, (CMTS) City Directory Kansas City, MO, 1899
Wharton, Jeptha A.: (ID) Oct. 21, 1891, (L) Springfield, (AN) MO5950.081, (CO) Taney
Wheeler, Ashael: (MD) Mar. 11, 1881, (Spouse) Nettie Hunter, (CO) Laclede
Wheeler, John S.: (ID) Jun. 6, 1896, (L) Springfield, (AN) MO5790.489, (CO) Taney
Wheeler, John W.: (ID) Nov. 20, 1882, (L) Booneville, (AN) MO3380.365, (CO) Laclede
Whelan, Patrick: (DI) Apr. 6, 1896, (A) 22Y, (B) 1874, (BP) Ireland, (CO) St. Louis
Whelchel, Samuel J.: (ID) Jan. 7, 1897, (L) Springfield, (AN) MO6020.213, (CO) Taney
Whipple, Attis A.: (ID) Apr. 16, 1892, (L) Booneville, (AN) MO3300.271, (CO) Hickory
White, J. F.: (CMTS) 1899 Tax List, Crawford Twp., Faucett, (CO) Buchanan
White, J. W.: (CEN) 1893 NE State Census, MO Veterans, (MIL) 9th MO Cavalry, Co. M, (RES) Nelson, NE
White, James: (CEN) 1893 NE State Census, MO Veterans, (MIL) 13th MO Cavalry, Co. H, (RES) Cedar Rapids, NE
White, Joel C.: (ID) Apr. 6, 1897, (L) Booneville, (AN) MO3430.333, (CO) Hickory
White, John: (ID) Dec. 26, 1891, (L) Booneville, (AN) MO3410.128, (CO) Hickory
White, John M.: (ID) Jan. 4, 1898, (L) Springfield, (AN) MO6030.077, (CO) Laclede
White, Joseph G.: (ID) Sep. 5, 1890, (L) Springfield, (AN) MO5930.454, (CO) Taney
White, Joseph H.: (A) 21Y, (BP) MO, (B) 1899, (Race) White, (CEN) 1920 Census, Los Angeles, Los Angeles Co., CA
White, Nicholas: (OC) Blacksmith, (RES) Kansas City, MO, (CMTS) City Directory Kansas City, MO, 1899
White, Ray E.: (A) 21Y, (BP) MO, (B) 1899, (Race) White, (CEN) 1920 Census, Madera, Madera Co., CA
White, Sarah A.: (ID) Sep. 9, 1892, (L) Springfield, (AN) MO5970.436, (CO) Taney
White, Thomas: (ID) Mar. 10, 1889, (L) Plattsburg, (AN) MO4670.285, (CO) Holt
White, William: (ID) Oct. 11, 1886, (L) Springfield, (AN) MO5900.355,

(CO) Taney
White, Martha E.: (OC) Postmaster, Mincy, Oct. 21, 1899, (CO) Taney
Whitehead, James E.: (ID) Jun. 19, 1895, (L) Springfield, (AN) MO5790.443, (CO) Taney
Whiteis, Robert L.: (ID) Oct. 18, 1892, (L) Springfield, (AN) MO5980.063, (CO) Laclede
Whiting, Gordon O.: (A) 21Y, (BP) MO, (B) 1899, (Race) White, (CEN) 1920 Census, Pasadena, Los Angeles Co., CA
Whitlow, Reuben W.: (ID) Feb. 10, 1883, (L) Booneville, (AN) MO3290.194, (CO) Adair
Whitney, C. W.: (CEN) 1893 NE State Census, MO Veterans, (MIL) 30th MO Infantry, Co. F. and C, (RES) Republican City, NE
Whitteker, Elijah: (ID) Feb. 12, 1892, (L) Springfield, (AN) MO5960.092, (CO) Taney
Whitteker, Susannah: (ID) Feb. 12, 1892, (L) Springfield, (AN) MO5960.092, (CO) Taney
Whittemore, F. A.: (CEN) 1893 NE State Census, MO Veterans, (MIL) 21th MO Infantry, Co. F, (RES) Long Pine, NE
Whittenburg, E. S.: (CEN) 1893 NE State Census, MO Veterans, (MIL) 6th MO Cavalry, Co. L, (RES) Beaver City, NE
Whittington, E. S.: (CMTS) 1899 Tax List, Crawford Twp., Wallace, (CO) Buchanan
Whittington, Lee: (CMTS) 1899 Tax List, Crawford Twp., Wallace, (CO) Buchanan
Whittington, W. W.: (CMTS) 1899 Tax List, Crawford Twp., Wallace, (CO) Buchanan
Whitwell, George: (MD) Feb. 27, 1881, (Spouse) Hannah Jones, (CO) Laclede
Whitwell, Orma: (A) 21Y, (BP) MO, (B) 1899, (Race) White, (CEN) 1920 Census, Sacramento, Sacramento Co., CA
Whitwell, William W.: (MD) Jul. 3, 1881, (Spouse) Margaret I. Kiltour, (CO) Laclede
Wibser, Harold N.: (A) 21Y, (BP) MO, (B) 1899, (Race) White, (CEN) 1920 Census, San Diego, San Diego Co., CA
Wickham, Joel: (CEN) 1893 NE State Census, MO Veterans, (MIL) 43rd MO Infantry, Co. G, (RES) Wilber, NE
Wickham, Orval R.: (A) 21Y, (BP) MO, (B) 1899, (Race) White, (CEN) 1920 Census, Pasadena, Los Angeles Co., CA
Wickland, Laurence: (A) 21Y, (BP) MO, (B) 1899, (Race) White, (CEN) 1920 Census, Los Angeles, Los Angeles Co., CA
Wickliffe, Louis H.: (A) 21Y, (BP) MO, (B) 1899, (Race) White, (CEN) 1920 Census, Township 15, Kern Co., CA
Wicks, John K.: (OC) Postmaster, Bluff, Nov. 4, 1897, (CO) Taney
Widdicombe, Thomas: (ID) Aug. 18, 1898, (L) Booneville, (AN) MO1150.270, (CO) Holt
Widener, Anthon P.: (A) 21Y, (BP) MO, (B) 1899, (Race) White, (CEN)

1920 Census, Vallejo, Solano Co., CA
Wiedeberg, Edward: (CEN) 1893 NE State Census, MO Veterans, (MIL) 1st MO Artillery, Co. A, (RES) Weeping Wtr, NE
Wiggans, Valentine L.: (ID) Jul. 14, 1893, (L) Springfield, (AN) MO5990.203, (CO) Taney
Wiggans, Valentine L.: (ID) Nov. 15, 1892, (L) Springfield, (AN) MO5980.186, (CO) Taney
Wiggington, Abner: (CMTS) 1899 Tax List, Crawford Twp., Halleck, (CO) Buchanan
Wiggins, J. M.: (CEN) 1893 NE State Census, MO Veterans, (MIL) 8th MO Infantry, Co. F, (RES) Gibbon, NE
Wilborn, William T.: (ID) Jan. 25, 1896, (L) Springfield, (AN) MO5790.471, (CO) Laclede
Wilcher, Hansford: (ID) May 4, 1885, (L) Springfield, (AN) MO5900.128, (CO) Taney
Wilcox, Edward: (OC) Blacksmith, (RES) Kansas City, MO, (CMTS) City Directory Kansas City, MO, 1899
Wilde, Richard: (ID) Dec. 3, 1895, (L) Springfield, (AN) MO5790.465, (CO) Taney
Wiley, Jacob: (ID) May 21, 1896, (L) Booneville, (AN) MO3430.165, (CO) Hickory
Wilhoit, John: (CMTS) 1899 Tax List, Crawford Twp., Dearborn, (CO) Buchanan
Wilkerson, Hannye: (A) 21Y, (BP) MO, (B) 1899, (Race) White, (CEN) 1920 Census, Richmond, Contra Costa Co., CA
Wilkins, Etta: (A) 21Y, (BP) MO, (B) 1899, (Race) White, (CEN) 1920 Census, Township 3, Fresno Co., CA
Wilkins, Mearl: (A) 21Y, (BP) MO, (B) 1899, (Race) White, (CEN) 1920 Census, Township 8, Fresno Co., CA
Willard, Daisy: (B) Aug. 28, 1899, (D) Oct, 1985, (RES) Lebanon, MO, (CO) Laclede
Willard, Don: (B) Jan. 4, 1899, (D) Oct, 1981, (RES) Lebanon, MO, (CO) Laclede
Willen, Hermann: (DI) Oct. 6, 1890, (A) 26Y, (B) 1864, (BP) Germany, (CO) St. Louis
Willett, Walsie J.: (A) 21Y, (BP) MO, (B) 1899, (Race) White, (CEN) 1920 Census, Los Angeles, Los Angeles Co., CA
Willhite, Clyde: (A) 21Y, (BP) MO, (B) 1899, (Race) White, (CEN) 1920 Census, McKittrick, Kern Co., CA
Willhite, Daniel W.: (ID) Apr. 18, 1891, (L) Springfield, (AN) MO5940.465, (CO) Laclede
Williams, Ada: (B) Jul. 4, 1899, (D) Nov, 1978, (RES) Lebanon, MO, (CO) Laclede
Williams, Ada: (B) Feb. 18, 1899, (D) Aug, 1980, (RES) Lebanon, MO, (CO) Laclede
Williams, Beulah: (A) 21Y, (BP) MO, (B) 1899, (Race) White, (CEN)

1920 Census, Long Beach, Los Angeles Co., CA
Williams, Mrs. Chaney: (CMTS) 1899 Tax List, Crawford Twp., Dearborn, (CO) Buchanan
Williams, Charles: (A) 21Y, (BP) MO, (B) 1899, (Race) White, (CEN) 1920 Census, Oakland, Alameda Co., CA
Williams, Charles C.: (ID) Aug. 1, 1898, (L) Springfield, (AN) MO6040.110, (CO) Taney
Williams, Clarence: (A) 21Y, (BP) MO, (B) 1899, (Race) White, (CEN) 1920 Census, Oakland, Alameda Co., CA
Williams, David D.: (ID) Nov. 9, 1891, (L) Booneville, (AN) MO3300.197, (CO) Hickory
Williams, David D.: (ID) Jul. 30, 1891, (L) Booneville, (AN) MO3410.082, (CO) Hickory
Williams, Dewey H.: (A) 21Y, (BP) MO, (B) 1899, (Race) White, (CEN) 1920 Census, San Antonio, Los Angeles Co., CA
Williams, Earl: (B) 1898, (BP) MO, (CEN) 1920 Census, Gasconade, Laclede Co., MO
Williams, Edith: (B) 1881, (D) 1910, (CO) Ray, (C) Crowley Cemetery
Williams, Elijah: (ID) May 25, 1883, (L) Booneville, (AN) MO3290.203, (CO) Hickory
Williams, Ephraim C.: (ID) Nov. 30, 1894, (L) Springfield, (AN) MO6000.149, (CO) Laclede
Williams, Ezra: (ID) Feb. 1, 1893, (L) Springfield, (AN) MO5790.272, (CO) Taney
Williams, Frederick: (OC) Blacksmith, (RES) Kansas City, MO, (CMTS) City Directory Kansas City, MO, 1899
Williams, George: (CMTS) 1899 Tax List, Crawford Twp., Wallace, (CO) Buchanan
Williams, Henry: (OC) Blacksmith, (RES) Kansas City, MO, (CMTS) City Directory Kansas City, MO, 1899
Williams, Hiram: (CMTS) 1899 Tax List, Crawford Twp., Wallace, (CO) Buchanan
Williams, Isaac: (B) Sep. 1, 1899, (D) Apr, 1984, (RES) Lebanon, MO, (CO) Laclede
Williams, J. D.: (CMTS) 1899 Tax List, Crawford Twp., Dearborn, (CO) Buchanan
Williams, James: (CEN) 1893 NE State Census, MO Veterans, (MIL) 33th MO Infantry, Co. B, (RES) Hyannis, NE
Williams, James S.: (ID) Mar. 13, 1895, (L) Springfield, (AN) MO6000.333, (CO) Taney
Williams, Jenkin: (CMTS) 1899 Tax List, Crawford Twp., Wallace, (CO) Buchanan
Williams, John E.: (ID) May 25, 1883, (L) Springfield, (AN) MO5760.280, (CO) Taney
Williams, John J.: (ID) Jun. 27, 1898, (L) Booneville, (AN) MO6030.480, (CO) Adair

Williams, John L.: (ID) May 4, 1885, (L) Springfield, (AN) MO5900.129, (CO) Taney
Williams, John N.: (ID) Jun. 28, 1890, (L) Springfield, (AN) MO5920.468, (CO) Laclede
Williams, John S.: (ID) Sep. 5, 1895, (L) Springfield, (AN) MO5790.459, (CO) Taney
Williams, John S.: (ID) Sep. 5, 1895, (L) Springfield, (AN) MO5790.461, (CO) Taney
Williams, Mintex: (B) 1811, (D) 1896, (CO) Ray, (C) Crowley Cemetery
Williams, Samuel J.: (ID) Jan. 22, 1895, (L) Springfield, (AN) MO5790.411, (CO) Taney
Williams, Samuel J.: (ID) Nov. 23, 1888, (L) Springfield, (AN) MO5780.226, (CO) Taney
Williams, Washington: (ID) Mar. 7, 1892, (L) Springfield, (AN) MO5970.005, (CO) Laclede
Williams, William H.: (ID) Feb. 20, 1891, (L) Springfield, (AN) MO5940.202, (CO) Taney
Williamson, Christopher C.: (ID) Sep. 1, 1896, (L) Booneville, (AN) MO3430.200, (CO) Hickory
Williamson, Vernon: (A) 21Y, (BP) MO, (B) 1899, (Race) White, (CEN) 1920 Census, Sacramento, Sacramento Co., CA
Willick, Herve D: (B) 1898, (BP) MO, (CEN) 1920 Census, Lebanon, Laclede Co., MO
Willis, Charles I.: (CMTS) 1899 Tax List, Crawford Twp., Wallace, (CO) Buchanan
Willis, James E.: (CMTS) 1899 Tax List, Crawford Twp., Wallace, (CO) Buchanan
Willoughby, Charles T.: (ID) Oct. 23, 1895, (L) Springfield, (AN) MO6010.208, (CO) Laclede
Wills, David: (B) Aug. 2, 1899, (D) Feb, 1976, (RES) Phillipsburg, MO, (CO) Laclede
Wills, Lottie: (B) Sep. 29, 1899, (D) May 16, 1992, (RES) Phillipsburg, MO, (CO) Laclede
Wilson, Agnes. (A) 21Y, (BP) MO, (B) 1899, (Race) Mulatto, (CEN) 1920 Census, Imperial, Imperial Co., CA
Wilson, Benjamin: (CEN) 1893 NE State Census, MO Veterans, (MIL) 6th MO Infantry, Co. A, (RES) Doniphan, NE
Wilson, C. Martin: (CEN) 1893 NE State Census, MO Veterans, (MIL) 4th MO Cavalry, Co. I, (RES) Brady Island, NE
Wilson, Charles M.: (MD) Jun. 25, 1881, (Spouse) Clara S. Farrar, (CO) Laclede
Wilson, Daniel: (OC) Blacksmith, (RES) Kansas City, MO, (CMTS) City Directory Kansas City, MO, 1899
Wilson, Daniel A: (B) 1898, (BP) MO, (CEN) 1920 Census, Smith, Laclede Co., MO
Wilson, David: (ID) Jun. 30, 1884, (L) Booneville, (AN)

MO3390.013, (CO) Hickory
Wilson, David: (ID) Feb. 11, 1891, (L) Springfield, (AN) MO5780.415, (CO) Taney
Wilson, Elbert N.: (ID) Jun. 27, 1898, (L) Booneville, (AN) MO6030.460, (CO) Laclede
Wilson, Ellis H.: (A) 21Y, (BP) MO, (B) 1899, (Race) White, (CEN) 1920 Census, Fresno, Fresno Co., CA
Wilson, Frances R.: (ID) Jun. 20, 1882, (L) Springfield, (AN) MO5890.201, (CO) Laclede
Wilson, Frank: (ID) Jul. 9, 1895, (L) Springfield, (AN) MO6010.079, (CO) Taney
Wilson, Frederick W.: (OC) Blacksmith, (RES) Kansas City, MO, (CMTS) City Directory Kansas City, MO, 1899
Wilson, George W.: (ID) Jun. 27, 1898, (L) Booneville, (AN) MO6030.474, (CO) Laclede
Wilson, Hugh C.: (ID) Feb. 1, 1894, (L) Springfield, (AN) MO5990.408, (CO) Taney
Wilson, Hugh T.: (ID) May 31, 1899, (L) Springfield, (AN) MO6060.271, (CO) Taney
Wilson, J. E.: (CEN) 1893 NE State Census, MO Veterans, (MIL) 11th MO Infantry, Co. E, (RES) Indianola, NE
Wilson, J. W.: (CEN) 1893 NE State Census, MO Veterans, (MIL) 11th MO Infantry, Co. B, (RES) Kearney, NE
Wilson, James H.: (CMTS) 1899 Tax List, Crawford Twp. DeKalb, (CO) Buchanan
Wilson, James L.: (ID) Jul. 10, 1883, (L) Booneville, (AN) MO3380.448, (CO) Hickory
Wilson, James W.: (ID) Apr. 21, 1888, (L) Booneville, (AN) MO3290.485, (CO) Laclede
Wilson, James W.: (ID) Feb. 13, 1899, (L) Springfield, (AN) MO6040.410, (CO) Taney
Wilson, John: (CEN) 1893 NE State Census, MO Veterans, (MIL) 30th MO Infantry, Co. C, (RES) Clarks, NE
Wilson, John: (OC) Blacksmith, (RES) Kansas City, MO, (CMTS) City Directory Kansas City, MO, 1899
Wilson, John R.: (ID) Mar. 13, 1895, (L) Springfield, (AN) MO6000.378, (CO) Taney
Wilson, Josephus: (ID) May 21, 1896, (L) Booneville, (AN) MO3430.175, (CO) Laclede
Wilson, Lenora: (A) 21Y, (BP) MO, (B) 1899, (Race) White, (CEN) 1920 Census, San Francisco, San Francisco Co., CA
Wilson, Leslie: (ID) Jan. 7, 1885, (L) Springfield, (AN) MO5900.014, (CO) Taney
Wilson, Marian F.: (ID) May 8, 1889, (L) Springfield, (AN) MO5780.252, (CO) Taney
Wilson, Mary J.: (ID) Jul. 26, 1899, (L) Booneville, (AN) MO6060.339,

(CO) Laclede
Wilson, Meletias F.: (ID) Jul. 26, 1899, (L) Booneville, (AN)
MO6060.339, (CO) Laclede
Wilson, Thomas A.: (ID) Jan. 21, 1893, (L) Springfield, (AN)
MO5980.377, (CO) Laclede
Wilson, Timothy E.: (ID) Mar. 17, 1892, (L) Springfield, (AN)
MO5970.104, (CO) Taney
Wilson, W. B.: (CEN) 1893 NE State Census, MO Veterans, (MIL)
20th MO Infantry, Co. K, (RES) Ragan, NE
Wilson, William L.: (MD) Jun. 22, 1881, (Spouse) Mattie L. Shipman,
(CO) Laclede
Wimberely, J. C.: (A) 21Y, (BP) MO, (B) 1899, (Race) White, (CEN)
1920 Census, Vallejo, Solano Co., CA
Winchester, Thomas: (CEN) 1893 NE State Census, MO Veterans, (MIL)
79th MO Cavalry, Co. C, (RES) Max, NE
Windsor, John: (ID) Sep. 27, 1892, (L) Booneville, (AN) MO3410.486,
(CO) Hickory
Winfrey, Edmund: (ID) Apr. 6, 1897, (L) Booneville, (AN)
MO3430.345, (CO) Laclede
Winfrey, John: (ID) Apr. 18, 1895, (L) Booneville, (AN) MO3420.485,
(CO) Laclede
Winfrey, John C.: (ID) Apr. 23, 1889, (L) Springfield, (AN)
MO5920.192, (CO) Laclede
Wingerath, Henry: (ID) May 7, 1888, (L) Booneville, (AN)
MO3290.534, (CO) Osage
Winkle, Jeremiah: (OC) Blacksmith, (RES) Kansas City, MO, (CMTS)
City Directory Kansas City, MO, 1899
Winn, Jackson: (CEN) 1893 NE State Census, MO Veterans, (MIL)
2nd MO S. M., Co. C, (RES) Arapahoe, NE
Winn, Thomas R.: (OC) Blacksmith, (RES) Kansas City, MO, (CMTS)
City Directory Kansas City, MO, 1899
Wion, Peter W.: (OC) Postmaster, Irma, Jun. 20, 1899, (CO) Taney
Wirth, Fritz: (CEN) 1893 NE State Census, MO Veterans, (MIL)
2nd MO Med. Staff, (RES) Omaha, NE
Wisdom, Thomas M.: (ID) Nov. 11, 1895, (L) Springfield, (AN)
MO6010.224, (CO) Taney
Wise, John: (ID) Mar. 10, 1889, (L) Plattsburg, (AN) MO4670.257, (CO)
Holt
Wise, John: (ID) Mar. 10, 1889, (L) Plattsburg, (AN) MO4670.258, (CO)
Holt
Wister, Robert M.: (OC) Postmaster, Bauff, Aug. 24, 1888, (CO) Taney
Witten, James S.: (ID) Mar. 10, 1889, (L) Plattsburg, (AN)
MO4670.280, (CO) Grundy
Witten, John T.: (ID) Mar. 10, 1889, (L) Plattsburg, (AN) MO4670.282,
(CO) Grundy
Woblewski, Peter: (DI) Apr. 6, 1896, (A) 27Y, (B) 1869, (BP) Poland,

(CO) St. Louis
Woff, C. W.: (CEN) 1893 NE State Census, MO Veterans, (MIL)
3rd MO Cavalry, Co. F, (RES) Burchard, NE
Wolf, Elmer C.: (ID) Nov. 28, 1896, (L) Springfield, (AN)
MO6020.177, (CO) Taney
Wolf, Ferdinand: (ID) Sep. 7, 1894, (L) Springfield, (AN)
MO5790.382, (CO) Taney
Wolf, John: (CEN) 1893 NE State Census, MO Veterans, (MIL)
43rd MO Infantry, (RES) Kilmer, NE
Wolf, John F.: (CEN) 1893 NE State Census, MO Veterans, (MIL)
5th MO Cavalry, Co. D, (RES) Wilson, NE
Wolfe, Ferdinand: (ID) Mar. 10, 1886, (L) Springfield, (AN)
MO5770.283, (CO) Taney
Wolfe, Ferdinand: (ID) May 15, 1884, (L) Springfield, (AN)
MO5760.359, (CO) Taney
Wolfe, Jacob A.: (CEN) 1893 NE State Census, MO Veterans, (MIL)
1st MO Infantry, Co. B, (RES) North Bend, NE
Wolfe, Patrick: (ID) Nov. 23, 1891, (L) Springfield, (AN) MO5950.321, (CO) Laclede
Wolgren, John W.: (ID) Jun. 30, 1884, (L) Booneville, (AN)
MO3290.277, (CO) Osage
Wollenberg, Marian: (DI) Apr. 6, 1896, (A) 24Y, (B) 1872, (BP) Poland, (CO) St. Louis
Wood, Albert J.: (OC) Blacksmith, (RES) Kansas City, MO, (CMTS) City Directory Kansas City, MO, 1899
Wood, Albert L.: (MD) Sep. 16, 1881, (Spouse) Hannah A. Proffer, (CO) Laclede
Wood, Daniel T.: (ID) Dec. 30, 1881, (L) Booneville, (AN) MO3380.166, (CO) Hickory
Wood, David W.: (ID) Jun. 11, 1895, (L) Springfield, (AN)
MO6000.435, (CO) Laclede
Wood, Faye: (B) Dec. 16, 1899, (D) Apr, 1981, (RES) Lebanon, MO, (CO) Laclede
Wood, Gulford R.: (A) 21Y, (BP) MO, (B) 1899, (Race) White, (CEN) 1920 Census, Los Angeles, Los Angeles Co., CA
Wood, J. W.: (CMTS) 1899 Tax List, Crawford Twp., Wallace, (CO) Buchanan
Wood, John H.: (ID) Dec. 15, 1892, (L) Springfield, (AN) MO5980.316, (CO) Taney
Wood, Lewis A.: (ID) Jul. 11, 1892, (L) Springfield, (AN)
MO5790.200, (CO) Taney
Wood, Lewis A.: (ID) Nov. 15, 1892, (L) Springfield, (AN)
MO5790.228, (CO) Taney
Wood, Nancy E.: (ID) Jul. 15, 1899, (L) Springfield, (AN)
MO6060.333, (CO) Taney
Wood, Thomas L.: (ID) Apr. 6, 1898, (L) Springfield, (AN)

MO6030.193, (CO) Laclede
Wood, Thomas L.: (ID) Jan. 25, 1888, (L) Springfield, (AN) MO5780.021, (CO) Laclede
Wood, Thomas W.: (ID) Feb. 21, 1893, (L) Springfield, (AN) MO5980.462, (CO) Taney
Wood, William M.: (ID) Jul. 15, 1899, (L) Springfield, (AN) MO6060.333, (CO) Taney
Woodcock, Henry: (ID) May 20, 1885, (L) Booneville, (AN) MO3390.116, (CO) Laclede
Woodhouse, J. W.: (CMTS) 1899 Tax List, Crawford Twp., Dearborn, (CO) Buchanan
Wooding, Pearl: (A) 21Y, (BP) MO, (B) 1899, (Race) White, (CEN) 1920 Census, Bakersfield, Kern Co., CA
Woods, Luther: (B) 1898, (D) 1908, (CO) Ray, (C) Crowley Cemetery
Woods, W. H.: (CEN) 1893 NE State Census, MO Veterans, (MIL) 10th MO Infantry, Co. B, (RES) Ft Calhoun, NE
Woods, William: (ID) May 20, 1897, (L) Springfield, (AN) MO6020.327, (CO) Taney
Woodward, J. L.: (CMTS) 1899 Tax List, Crawford Twp., Faucett, (CO) Buchanan
Woodworth, Samuel: (Song) *Old Oaken Bucket*, (PUB) Conover Bros., Kansas City, 1895; J. L. Peters, St. Louis, 1895
Wooley, James: (CMTS) 1899 Tax List, Crawford Twp., Wallace, (CO) Buchanan
Wooley, John W.: (CMTS) 1899 Tax List, Crawford Twp., Wallace, (CO) Buchanan
Worchley, John R.: (CEN) 1893 NE State Census, MO Veterans, (MIL) 38th MO Infantry, Co. G, (RES) North Platte, NE
Worden, Carl: (A) 21Y, (BP) MO, (B) 1899, (Race) White, (CEN) 1920 Census, Sherman Oaks, Los Angeles Co., CA
Worden, Ira J.: (ID) Nov. 28, 1896, (L) Booneville, (AN) MO3430.278, (CO) Hickory
Worley, Joseph A.: (ID) Mar. 27, 1893, (L) Booneville, (AN) MO3420.134, (CO) Laclede
Worman, Henry L.: (A) 21Y, (BP) MO, (B) 1899, (Race) White, (CEN) 1920 Census, Township 19, Kern Co., CA
Wright, A. J.: (CMTS) 1899 Tax List, Crawford Twp., Faucett, (CO) Buchanan
Wright, Charles: (ID) Jun. 25, 1892, (L) Springfield, (AN) MO5970.364, (CO) Taney
Wright, Daniel B.: (ID) May 21, 1896, (L) Booneville, (AN) MO3430.163, (CO) Hickory
Wright, Effie J.: (ID) Jun. 25, 1892, (L) Springfield, (AN) MO5970.364, (CO) Taney
Wright, George W.: (ID) May 11, 1892, (L) Springfield, (AN) MO5970.316, (CO) Taney

Wright, George W.: (CEN) 1893 NE State Census, MO Veterans, (MIL) th MO Infantry, Co. A, (RES) Whitman, NE
Wright, H. G.: (CMTS) 1899 Tax List, Crawford Twp., Faucett, (CO) Buchanan
Wright, Harry: (OC) Blacksmith, (RES) Kansas City, MO, (CMTS) City Directory Kansas City, MO, 1899
Wright, James: (ID) Jun. 25, 1892, (L) Springfield, (AN) MO5970.364, (CO) Taney
Wright, John R.: (CEN) 1893 NE State Census, MO Veterans, (MIL) 1st MO Cavalry, Co. G, (RES) St Edward, NE
Wright, Joseph: (ID) Nov. 10, 1882, (L) Springfield, (AN) MO5760.154, (CO) Laclede
Wright, Lulu: (A) 21Y, (BP) MO, (B) 1899, (Race) White, (CEN) 1920 Census, Santa Maria, Santa Barbara Co., CA
Wright, Porter V.: (A) 21Y, (BP) MO, (B) 1899, (Race) White, (CEN) 1920 Census, Taft, Kern Co., CA
Wright, R. C.: (OC) Blacksmith, (RES) Kansas City, MO, (CMTS) City Directory Kansas City, MO, 1899
Wright, S. A.: (CEN) 1893 NE State Census, MO Veterans, (MIL) 43th MO Infantry, Co. C, (RES) St Edward, NE
Wright, Thomas P.: (ID) Nov. 11, 1895, (L) Springfield, (AN) MO6010.220, (CO) Taney
Wright, William L.: (ID) Feb. 5, 1891, (L) Booneville, (AN) MO3400.354, (CO) Hickory
Wright, Winfield: (CMTS) 1899 Tax List, Crawford Twp., Wallace, (CO) Buchanan
Wyant, Claude: (A) 21Y, (BP) MO, (B) 1899, (Race) White, (CEN) 1920 Census, Waterford, Stanislaus Co., CA
Wyatt, James R.: (ID) Jul. 17, 1890, (L) Springfield, (AN) MO5930.036, (CO) Taney
Wylds, May H.: (A) 21Y, (BP) MO, (B) 1899, (Race) White, (CEN) 1920 Census, Springville, Tulare Co., CA
Yandell, James W.: (ID) Aug. 7, 1890, (L) Springfield, (AN) MO5780.392, (CO) Taney
Yandell, John C.: (ID) May 25, 1883, (L) Springfield, (AN) MO5760.284, (CO) Taney
Yansky, William: (ID) Dec. 20, 1881, (L) Springfield, (AN) MO5890.109, (CO) Laclede
Yarnall, Annie I.: (ID) Feb. 13, 1899, (L) Springfield, (AN) MO6060.028, (CO) Taney
Yarnall, Joseph M.: (ID) Sep. 10, 1898, (L) Springfield, (AN) MO6040.193, (CO) Taney
Yarnall, Samuel A.: (ID) Feb. 13, 1899, (L) Springfield, (AN) MO6060.028, (CO) Taney
Yates, M. F.: (CMTS) 1899 Tax List, Crawford Twp., Dearborn, (CO) Buchanan

Yeary, Martha M.: (ID) Jun. 20, 1882, (L) Springfield, (AN) MO5890.202, (CO) Taney

Yerdes, Edzard: (ID) Apr. 29, 1882, (L) Booneville, (AN) MO3380.192, (CO) Laclede

Yong, Arthur: (A) 21Y, (BP) MO, (B) 1899, (Race) White, (CEN) 1920 Census, Los Angeles, Los Angeles Co., CA

York, Ben F.: (A) 21Y, (BP) MO, (B) 1899, (Race) White, (CEN) 1920 Census, Vallejo, Solano Co., CA

York, Charles: (CEN) 1893 NE State Census, MO Veterans, (MIL) 43th MO Infantry, Co. I, (RES) Helvey, NE

Youell, Robert: (A) 21Y, (BP) MO, (B) 1899, (Race) White, (CEN) 1920 Census, Fresno, Fresno Co., CA

Young, Andrew J.: (ID) Jun. 30, 1884, (L) Booneville, (AN) MO3390.021, (CO) Hickory

Young, Andrew J.: (ID) Sep. 25, 1894, (L) Springfield, (AN) MO5990.488, (CO) Taney

Young, Charles: (OC) Coach University of Missouri, 1897

Young, Claude C: (B) 1898, (BP) MO, (CEN) 1920 Census, Mayfield, Laclede Co., MO

Young, George W.: (ID) Dec. 3, 1886, (L) Springfield, (AN) MO5780.016, (CO) Taney

Young, J. L.: (CEN) 1893 NE State Census, MO Veterans, (MIL) 3rd MO Cavalry, Co. I, (RES) Tecumseh, NE

Young, James W.: (ID) Feb. 21, 1893, (L) Springfield, (AN) MO5980.492, (CO) Taney

Young, John: (ID) Apr. 6, 1897, (L) Booneville, (AN) MO3430.330, (CO) Laclede

Young, Joseph F.: (ID) Jun. 7, 1889, (L) Booneville, (AN) MO3400.115, (CO) Hickory

Young, Sarah A.: (ID) Dec. 26, 1891, (L) Booneville, (AN) MO3410.235, (CO) Hickory

Young, Thomas: (CEN) 1893 NE State Census, MO Veterans, (MIL) 1st MO S. M., (RES) Norfolk, NE

Young, Virgil H.: (ID) Oct. 10, 1896, (L) Springfield, (AN) MO5800.053, (CO) Taney

Youngblood, Jeremiah: (ID) Apr. 25, 1898, (L) Springfield, (AN) MO1150.275, (CO) Taney

Youngblood, Jeremiah: (ID) Aug. 15, 1888, (L) Springfield, (AN) MO5910.383, (CO) Taney

Younger, Alfred: (MD) Sep. 24, 1881, (Spouse) Gussie Clark, (CO) Laclede

Younger, George F.: (ID) Sep. 5, 1895, (L) Springfield, (AN) MO6010.155, (CO) Laclede

Yowell, James F.: (ID) Oct. 21, 1891, (L) Springfield, (AN) MO5950.142, (CO) Laclede .

Yulich, Michael G.: (OC) Blacksmith, (RES) Kansas City, MO, (CMTS)

City Directory Kansas City, MO, 1899
Zacharias, Aaron: (OC) Blacksmith, (RES) Kansas City, MO, (CMTS) City Directory Kansas City, MO, 1899
Zaremba, Antoine: (ID) Feb. 25, 1899, (L) Booneville, (AN) MO1150.415, (CO) Osage
Zarzenrsky, Andreas: (DI) Dec. 1, 1890, (A) 37Y, (B) 1853, (BP) Germany, (CO) St. Louis
Zib, Frank: (DI) Apr. 6, 1896, (A) 30Y, (B) 1866, (BP) Bohemia, (CO) St. Louis
Zielinski, Adolf: (DI) Apr. 4, 1896, (A) 21Y, (B) 1875, (BP) Russia, (CO) St. Louis
Zimmerman, Chas: (CEN) 1893 NE State Census, MO Veterans, (MIL) 29th MO Infantry, Co. B, (RES) Henderson, NE
Zink, Nathaniel: (CEN) 1893 NE State Census, MO Veterans, (MIL) 35th MO Infantry, Co. D, (RES) Stuart, NE
Zollikofer, Reinhardt: (DI) Mar. 30, 1896, (A) 30Y, (B) 1866, (BP) Germany, (CO) St. Louis
Zopfi, Jacob: (DI) Mar. 7, 1894, (A) 35Y, (B) 1859, (BP) Switzerland, (CO) St. Louis
Zucca, Francis R.: (A) 21Y, (BP) MO, (B) 1899, (Race) White, (CEN) 1920 Census, Los Angeles, Los Angeles Co., CA
Zumbrun, H. F.: (CEN) 1893 NE State Census, MO Veterans, (MIL) 6th MO Cavalry, Co. K, (RES) Nelson, NE
Zuzak, Albert: (DI) Apr. 3, 1896, (A) 51Y, (B) 1845, (BP) Bohemia, (CO) St. Louis
Zwanziger, Herman: (OC) Blacksmith, (RES) Kansas City, MO, (CMTS) City Directory Kansas City, MO, 1899